Muhammad

Die faszinierende Lebensgeschichte des letzten Propheten

Jotiar Bamarni

www.die-schreibfeder.de

1. Auflage Dezember 2008
2. Auflage Juli 2009
3., überarbeitete Auflage Mai 2010
4. Auflage März 2011
ISBN 978–3-9803633-3–4
Schreibfeder Verlag
Maße: 12,5 x 19 cm
Lektorat: Sara Madani, www.tuba-verlag.de
Typografie: stilus-design.de
Umschlaggestaltung: Walid Shashaa, www.alsafaintl.com

Printed in Germany

Zamzam

Mekka war ein ödes, unfruchtbares Tal ohne Ackerbau, ringsum von hohen Bergen umgeben. In der Mitte erhoben sich zwei niedrige Hügel.
In ihrer Nähe machte eines Tages ein alter Mann mit seiner jungen Frau und seinem kleinen Kind Halt. Plötzlich vernahm die Frau ein entsetzliches Löwengebrüll. Sie schrie auf und warf sich über ihr Kind. Ihr Herz schlug bis zum Hals, und vor Angst hatte sie das Gefühl, dass ihr Leib in Flammen stünde. Der alte Mann jedoch errichtete unbeirrt und mit ruhigen Handgriffen ein Zelt, in dem sie beide Unterkunft finden sollten. Dann holte er aus seinem abgewetzten Reisesack Essen und einen Schlauch voll Wasser. Er klopfte sich den Staub von seinem Gewand, winkte der Frau und dem Kind zum Abschied zu und schickte sich an, seinen Weg allein fortzusetzen.
Die Frau war entsetzt und klammerte sich weinend an ihren Mann. „Willst du uns etwa an diesem einsamen Ort mitten in der Wüste zurücklassen, Abraham?"
Da Abraham schwieg, begriff Hadschar, dass ihr Mann auf Befehl seines Herrn handelte; dass er einer Eingebung Allahs folgte. Zaghaft fragte sie: „Hat der Herr dir befohlen, uns hier zurückzulassen, Abraham?"
„Ja", antwortete er fest.
Diese Antwort beruhigte Hadschar. Voll Zuversicht sprach sie: „So vertraue auf Allah; denn du hast uns ja schon Ihm anvertraut, Ihm, bei dem keine Hoffnung verloren geht."[1]
Abraham nahm nun Abschied von ihr und küsste und herzte sie und seinen kleinen Sohn Ismael.
Kurz darauf brach er schweren Herzens auf. Als er eine Weile gegangen war, fiel er auf die Knie und flehte Allah an, Er möge diesen Ort fruchtbar werden lassen, damit die Menschen hier blieben.[2] Abraham reiste zurück nach Kanaan[3], woher er mit

---

1 At-Tabari I, S. 96, Ibn Kathir, S. 139-145
2 Koran 14: 37
3 Heutiges Palästina.

Hadschar und Ismael gekommen war.

Indessen hatte sich Hadschar mit dem Kind ins Zelt zurückgezogen und wartete ab, was die Tage brächten. Langsam verging die Zeit, und sie war mit ihrem Kind ganz allein. Ihr Glaube an ihren Schöpfer und Seinen Diener und Propheten Abraham verlieh ihr die Kraft, die Einsamkeit zu ertragen. Dieser Glaube gab ihr die Gewissheit, dass Allah[4] sie nicht vergessen würde – abgeschnitten von Städten, Dörfern und allen anderen Menschen.

Sie wandte sich an Allah: „Mein Herr! Abraham hat uns Dir anvertraut, und bei Dir ist keine Hoffnung verloren!"

Die Tage vergingen. Der Wasservorrat, den Abraham ihr gelassen hatte, war aufgebraucht.

„Herr, was soll ich machen?", fragte Hadschar. Sie verließ das Zelt, in dem sich ihr Kind vor Durst hin– und herwälzte. Wie viele Tage waren schon vergangen, ohne dass sie eine Karawane gesehen hatte! Sie bestieg einen Hügel, um nach Wasser oder Menschen Ausschau zu halten, aber sie fand nichts. So stieg sie wieder hinunter und lief, bis sie einen zweiten Hügel erreicht hatte. Dort blickte sie erneut umher, fand aber auch nichts. „O Allah, mein Herr, was soll ich tun?", rief sie, während sie ihren Kopf gen Himmel richtete.

Plötzlich vernahm sie eine Stimme von hinten. Erneut eilte sie zum ersten Hügel, um herauszufinden, was es damit auf sich hatte. Aber sie sah niemanden. Die Stimme drang ein zweites Mal an ihr Ohr – diesmal aus einer anderen Richtung. Jetzt kehrte sie zum zweiten Hügel zurück.

Sieben Mal eilte Hadschar zwischen den Hügeln hin und her[5], ohne etwas zu finden. Müde und verzweifelt kehrte sie schließlich zu Ismael zurück, um nachzuschauen, ob er noch lebte. Er-

---

4 Die Verwendung des Begriffes „Allah" darf nicht so verstanden werden, dass es sich dabei um einen eigenen Gott der Muslime handelt, der nicht auch Gott der Christen, Juden und aller Angehörigen der Offenbarungsreligionen ist. (Koranübersetzung: Bubenheim/Elyas)

In diesem Buch wird sowohl die Bezeichnung „Allah" als auch „Gott" für den absolut höchsten Wesen bezeichnet, den einzigen Gott, den Schöpfer aller Dinge; der Gott von Adam, Noah, Abraham, Moses, Jesus, Muhammad (Friede sei mit ihnen allen), der Gott der ganzen Menschheit. Auch in der Muttersprache Jesu, dem Aramäischen, nennt man Gott „Allaha". Arabische, chaldäische und assyrische Christen nennen Gott ebenfalls „Allah".

5 Dies gehört heute zu den Riten der Pilgerfahrt. Die Hügel heißen Safa und Marwa; vgl. Koran 2:158: *Gewiss, As–Safa und Al–Marwa gehören zu den [Orten der] Kulthandlungen Allahs. Wenn einer die Pilgerfahrt zum Hause [Kaaba] oder die Besuchsfahrt [Umra] vollzieht, so ist es keine Sünde für ihn, wenn er zwischen ihnen [beiden] den Gang macht. Und wer [von sich aus] freiwillig Gutes tut, so ist Allah dankbar und allwissend.*

neut hörte sie Löwengebrüll.[6] Als sie ihren Sohn endlich erreichte, blickte sie erstaunt auf ihn herab.

„O, wie wunderbar!", sagte sie überrascht, während sie auf etwas blickte, was sich zu Füßen ihres Kindes bewegte...

In der Nähe des Tales von Mekka zog am gleichen Tag ein Trupp der Dschurhum entlang. Verwundert beobachteten sie einen Schwarm Vögel, der über dem Berg Abu Qubais kreiste. „Was sind das für Vögel, die über den Bergen kreisen, wo kommen sie her?", fragte einer der Männer. Wie die benachbarten Stämme und Karawanen aus Syrien und dem Jemen wussten die Dschurhum, dass es im Innern des Tals von Mekka weder Wasser noch Vegetation gab. Wo lag diese Wasserstelle, von der die Vögel tranken?
Von Neugier gepackt, entsandten die Dschurhum zwei Kundschafter.

Hadschar traute ihren Augen nicht: Zwischen den Füßen ihres Sohnes, mit denen er den Boden aufgescharrt hatte, sprudelte klares Wasser, rege und lieblich. Verwundert beugte sie sich über das kühle Nass, schöpfte es mit beiden Händen, um das durstige Kind trinken zu lassen und ihren eigenen Durst zu stillen. Dann begann sie, das Wasser mit den Händen einzudämmen und mit Sand einzuschließen, um es in ihre Schläuche zu füllen, denn sie fürchtete, dass es verschwinden könnte. Dabei murmelte sie immer wieder „Zummi! Zummi", was so viel bedeutet wie „Dämme dein Wasser ein!"
So entstand der Name des Brunnens Zamzam.
Unterdessen vernahm Hadschar wieder die gleiche Stimme wie zuvor; sie rief ihr zu: „Fürchte keinen Durst, denn dies hier ist eine Wasserquelle zur Labung aller Gäste Allahs! Und fürchte nicht die nutzlose Verschwendung dieses Wassers, denn hier an dieser Stelle werden Abraham und sein Sohn das Haus Allahs erbauen!"
Hadschar begriff, dass Allah sie nicht vergessen hatte. Ihr war jetzt klar, dass die wundersame Stimme von einem der Engel Allahs gekommen war. Dankbar warf sie sich vor Allah nieder,

---

6 At-Tabari I/S. 97, Ibn Hischam, S. 56

um Ihm für die Wohltat, die Er ihr und ihrem Kind erwiesen
hatte, zu danken und Ihn für Seine Gnade zu preisen.

Hadschar sollte von nun an mit ihrem Sohn sicher in der Nähe
der Quelle wohnen.

Die Kundschafter der Dschurhum waren inzwischen bis zum
Grund des Tales vorgestoßen und in der Nähe der Hügel in seine Mitte gelangt. Zu ihrer Überraschung erblickten sie ein Zelt,
an dessen Eingang eine Frau mit einem Kind im Arm saß; neben
ihr floss eine klare Quelle, die wie Silber in der Sonne funkelte.

Den beiden Kundschaftern verschlug es fast die Sprache. Wie
oft schon waren sie und ihre Gefährten hier vorbeigekommen,
ohne eine Menschenseele, geschweige denn eine Quelle, gesehen zu haben! Wer war die Frau, und wer hatte das Wasser aus-
gegraben?

Unverzüglich kehrten sie zu ihrem Stamm zurück und erstatte-
ten atemlos Bericht.

Sofort machte sich erneut ein Trupp kundiger Männer auf den
Weg zu Hadschar und ihrem Sohn, um sich über sie zu erkun-
digen.

Hadschar erzählte den Ankömmlingen ihre Geschichte. Nachdem sich das erste Staunen gelegt hatte, fragten sie höflich: „Erlaubst du uns, dass wir uns in deiner Nachbarschaft niederlas-
sen?"

Hadschar stimmte zu.

Die Kundschafter kehrten zu ihrem Stamm zurück, um sich mit
ihren Angehörigen auf den Umzug in die neue Heimat vorzubereiten. Sie verließen ihren Lagerplatz und wohnten fortan in
der Nähe der wundersamen Quelle. Später kamen auch Karawanen aus Syrien und dem Jemen hinzu; sie alle entdeckten die
neue Wasserstelle an der Wegestation, an der sie sich sonst zu
treffen pflegten. Sie machten nun immer wieder Halt, um sich
mit Wasser zu versorgen und auszuruhen.

Auf diese Weise hatte Allah das Gebet Abrahams erhört: Das
Wasser, das Allah für Hadschar und ihr Kind hatte hervorspru-
deln lassen, brachte Menschen zu ihnen. Es brachte Karawanen,
die sie mit allem versorgten, was sie an Nahrung und Kleidung
benötigten, und es brachte ihnen Nachbarn, die in immer grö-

ßerer Zahl vom Stamme Dschurhum zu ihnen strömten und das Tal von Mekka mit Leben und Geselligkeit füllten.

Eines Tages kam Abraham zurück und sah, was Allah mit seiner Frau und seinem Sohn hatte geschehen lassen. Er hatte Allah gebeten: *„So mache ihnen die Herzen der Menschen zugeneigt und versorge sie mit Früchten, damit sie dankbar sein mögen."*[7] Seine Bitte war auf wunderbare Weise erfüllt worden.

---

7 Koran 14: 37

Ein gesegnetes Haus

*H*adschar sollte nicht mehr erleben, wie Abraham und Ismael die Kaaba, das Haus Allahs, erbauten: Kaum hatte ihr Sohn das Jugendalter erreicht, starb sie. Nachbarn vom Stamme Dschurhum gaben Ismael eine ihrer Töchter zur Frau, die fortan das Leben mit ihm teilte.[8]

Eines Tages kam Abraham und verkündete seinem Sohn, dass Allah ihnen beiden befohlen habe, Sein Haus in der Mitte des Tales von Mekka zu bauen. Der Bau sollte auf Fundamenten errichtet werden, die sich schon dort befanden.
Abraham und Ismael arbeiteten hart, um den schwierigen Auftrag auszuführen. Als die zwei Männer die Grundmauern der Kaaba errichtet hatten, bat Abraham: *„Unser Herr, nimm es von uns an; denn wahrlich, Du bist der Allhörende, der Allwissende!"*[9]
Voller Eifer rief Abraham nun die Menschen zum Glauben an Allah und zur Pilgerfahrt zu Seinem heiligen Haus auf und gründete damit das Zentrum der reinen Religion des Einzigen Gottes. Für die Zukunft vertraute er das Haus seinem Sohn an und erklärte ihm, wie er den Gläubigen die Riten der Pilgerfahrt und deren Handlungen beibringen sollte – so, wie Allah es ihn gelehrt hatte.
Schließlich kehrte Abraham nach Kanaan zurück. Ismael hütete die Kaaba, und nach ihm hüteten sie seine Kinder und deren Onkel von den Dschurhum.

Die Zeit verging; eine Generation folgte der nächsten, so wie die Tage und Nächte einander folgen. Unterdessen hatten sich manche von Ismaels Nachkommen auf der arabischen Halbinsel zerstreut, während andere in Mekka geblieben waren. Doch statt der reinen Religion Allahs zu folgen, zu der Abraham sie aufgerufen hatte, vergaßen viele sie und verfielen wieder dem törichten Aberglauben. Übles geschah nun beim Haus Allahs:

---

8 Attabari I/S. 118; 120
9 Koran 2:127.

Es wurde zu einem Ort der Götzenanbetung. Menschen aus allen Gegenden der Halbinsel pilgerten zu den Götzen, um ihnen Opfergaben und Schlachtopfer darzubringen. Kaum noch etwas erinnerte an die edle Absicht, mit der Abraham und Ismael die Kaaba im Auftrag Allahs erbaut hatten.

Dieser traurige Zustand fand seinen Tiefpunkt, als die Obhut der Stadt an Mudad Ibn Amro vom Stamme der Dschurhum überging.

Seine Herrschaft erfüllte alles andere als den Zweck, die Kaaba in Ehren zu halten. Vielmehr wurde sie dermaßen vernachlässigt, dass einige Bewohner Mekkas es wagten, die Gaben, die dem Haus für die Armen dargebracht worden waren und im Innern aufbewahrt wurden, zu stehlen. Sie schreckten nicht einmal davor zurück, Krieg in Mekka, dem Ort des Friedens, zu führen. Die süße reine Quelle Zamzam war den Menschen längst gleichgültig geworden – sie betrachteten sie als einen gewöhnlichen Brunnen. Zudem war ihr Wasser erschreckend knapp geworden.

Dies alles weckte die Aufmerksamkeit einiger der Nachbarstämme Mekkas, die sich des Brunnens bemächtigen und seine unachtsamen und nachlässigen Bewohner vertreiben wollten.

So stürzten sich die Stämme von Chuza'a[10] auf die Dschurhum und griffen sie an. Der erbitterte Kampf forderte so manches Opfer.

Bald zeigte sich, dass die gut gerüsteten Eindringlinge den überraschten Dschurhum weit überlegen waren. Als Mudad Ibn Amro sah, dass seine Herrschaft zu Ende ging und Mekka in die Hände der Chuza'a fallen würde, begriff er, dass es keinen anderen Ausweg gab, als Mekka zu verlassen. Wehmütig grub er den heiligen Brunnen tiefer, versenkte die für die Kaaba gestifteten Geschenke in ihm und schüttete die Stelle sorgfältig mit Sand zu, bis nichts mehr an den Brunnen erinnerte.

Schweren Herzens verließ er die Stadt. Als er ging, hoffte er inbrünstig, eines Tages die Herrschaft über Mekka zurückgewinnen zu können.

Mekka aber ging in die Hände der Chuza'a über.[11]

---

10 Ein Stamm, der den Süden der arabischen Halbinsel bewohnte. Die Chuza'a gehörten zu den Stämmen, welche wegen der Hungersnöte und Dürren in Richtung Norden zogen.
11 Ibn Hisham S. 56–59.

Der Schatz

Qusai Ibn Kilab, ein Nachkomme Ismaels, war Herrscher über Mekka geworden. Unter ihm lebten die Menschen ruhiger und zufriedener als zuvor, denn er war der erste, der befahl, Häuser zu bauen, um innerhalb sicherer, fester Wände zu wohnen statt in dünnen Lauben und Zelten. Bisher hatten die Bewohner sich gescheut, Häuser in der Nähe der Kaaba zu errichten.

Qusai machte sich daran, ein Rathaus zu bauen, in dem alle wichtigen Beschlüsse gefasst werden sollten. Auch vereinigte er die verschiedenen Ämter, die mit der Kaaba verbunden waren, in seiner Hand und verwaltete sie mit Tatkraft und Klugheit. Zu ihnen gehörte die *Siqaya*, die Bewirtung der Pilger, das heißt die Bereitstellung von Wasser, Dattelsaft und anderen Getränken sowie das Heranschaffen des Wassers von weit entfernten Brunnen, die an einigen Stellen Mekkas gegraben worden waren. Außerdem schuf Qusai das Amt der *Rifada*, das er den Quraisch[12] zur Pflicht machte. Es bedeutete, dass sie ihm einen Teil ihres Vermögens abzutreten hatten, damit er die armen Pilger speisen konnte. So festigte Qusai die zukünftige Macht der Quraisch. Die beiden Ämter gingen nach seinem Tod an seine Söhne und deren Nachkommen weiter, bis sie Abdul–Muttalib Ibn Haschim Ibn Abd Manaf Ibn Qusai übernahm.

Abdul–Muttalib war ein gutaussehender, freundlicher Mann von kräftiger Statur. Im Laufe der Jahre war er zu einigem Wohlstand gelangt, welchen er stets zum Wohle aller einsetzte.

Zu dieser Zeit hatte er nur einen Sohn, der Al-Harith hieß. Al-Harith arbeitete hart, um Wasser aus den äußeren Bezirken Mekkas heranzuschaffen, dessen Sauberkeit zu überwachen und es für die Pilger bereitzustellen.

---

12 Die Quraisch waren ein mächtiger Stamm in Mekka, sie gehörten zu den Stämmen, die den Norden und Osten der arabischen Halbinsel bewohnten. Einer ihrer Stammväter war Ismael, der Sohn Abrahams. Ihre Macht manifestierte sich in der Zeit Qusais, der die Sippen der Quraisch unter seiner Herrschaft einte. Der Stamm bestand aus zahlreichen Clans, die sich wiederum in Unterclans teilten. Die Clans waren: Bani Abdad-Dar, Bani Abdu Manaf (zu diesem Clan gehörten die Bani Haschim), Bani Machzum, Bani Zuhra, Bani Taim, Bani Uday, Bani Asad, Bani Dschumah und die Bani Sahm. Der Begriff Bani oder Banu bedeutet „die Kinder von" oder „die Söhne von". Von den einzelnen Sippen wird an anderer Stelle die Rede sein.

Als Abdul-Muttalib sah, wie sein Sohn sich abplagte, wünschte er, dass der berühmte Brunnen Ismaels, an den die Araber sich noch dunkel erinnerten, nicht zerstört worden wäre. Dann wäre Al-Harith das Amt der Wasser-Bereitstellung gewiss leichter gefallen! Der Wunsch beschäftigte ihn zunehmend; er konnte kaum noch an etwas anderes denken.

Während er eines Nachts im heiligen Bezirk nahe der Kaaba schlief, rief ihm jemand im Schlaf zu: „Grabe nach Taiba!"[13]

Abdul-Muttalib fragte verwirrt: „Aber was ist Taiba?"

Doch die Stimme schwieg, und Abdul-Muttalib erwachte.

In der folgenden Nacht schlief er wieder am gleichen Ort, und diesmal rief jemand ihm zu: „Grabe nach Barra!"[14]

Abdul-Muttalib fragte: „Doch was ist Barra?"

Der geheimnisvolle Rufer verschwand wie in der Nacht zuvor, und Abdul-Muttalib erwachte wieder verwirrt.

In der dritten Nacht rief die Stimme: „Grabe nach Madnuna!"[15]

Als Abdul-Muttalib wissen wollte, was Madnuna sei, schwieg die Stimme abermals.

In der vierten Nacht schließlich, als die unbekannte Stimme ihn aufforderte: „Grabe nach Zamzam!", fragte Abdul-Muttalib mehrmals: „Und wo ist Zamzam?"

Endlich beschrieb ihm die Stimme den Ort, an dem Zamzam zu finden war.

Als die Quraisch von Mekka erwachten, wunderten sie sich über Abdul-Muttalib und Al-Harith, die eifrig dabei waren, zwischen den im heiligen Bezirk aufgestellten Götzenbildern Isaf und Nayila[16] zu graben – genau dort, wo die Quraisch gewöhnlich ihre Schlachtopfer darzubringen pflegten. Sie fragten die beiden, was sie da täten.

Abdul-Muttalib gab ihnen zur Antwort: „Ich grabe nach dem Brunnen Zamzam, damit die Pilger daraus Wasser schöpfen können!"

Die Männer der Quraisch wollten Abdul-Muttalib daran hindern, zwischen ihren Götzenbildern zu graben. Ihre Drohungen

---

13 „Süße Reinheit", einer von mehreren Namen Zamzams (Ibn Hischam, S. 70)
14 „Reicher Überfluss", einer von mehreren Namen Zamzams (Ibn Hischam, S. 70)
15 „Verborgener Schatz", ein weiterer Name Zamzams (Ibn Hischam, S. 70)
16 Isaf und Nayila waren zwei der vielen Götzen, die auf der arabischen Halbinsel angebetet wurden.

und Versuche, ihn aufzuhalten, ließen Abdul–Muttalib jedoch unberührt – beharrlich grub er weiter, und sein Sohn stellte sich schützend hinter ihn.

„Bei Allah! Ich werde tun, was mir befohlen wurde", verkündete er mit fester Stimme. Als die Männer der Quraisch ihre Entschlossenheit sahen, ließen sie die beiden in Ruhe.

Plötzlich stieß Abdul-Muttalib einen Freudenschrei aus. Die Männer des Stammes Quraisch eilten herbei und scharten sich um ihn.

Neben dem Sand und der Erde, die Abdul–Muttalib und sein Sohn aus dem Boden gewühlt hatten, sahen sie einen Ring aus gemauerten Steinen.

Die Männer riefen aufgeregt: „Das ist der Brunnen unseres Stammvaters und Propheten Ismael! Wir haben ein Recht auf diesen Brunnen, Abdul-Muttalib! Du musst ihn mit uns teilen!"

Abdul-Muttalib jedoch erklärte mit ruhiger Stimme: „Das werde ich nicht tun! Die Verwaltung des Brunnens steht mir allein zu. Er wurde mir als einzigem unter uns zuteil!"

Die Männer der Quraisch gerieten außer sich vor Zorn. Lautstark beschimpften sie Abdul-Muttalib und stritten sich mit ihm um den Brunnen, obwohl sie kurz zuvor noch hatten verhindern wollen, dass er überhaupt nach ihm grub. Sie schrien durcheinander: „Wir werden keine Ruhe geben, bis wir mit dir einen Prozess um den Brunnen geführt haben!" Doch schließlich beruhigten sie sich wieder und gingen fort.

Abdul-Muttalib und Al-Harith aber gruben weiter. Es dauerte viele Stunden, die Steine und den Sand, die den Brunnen bedeckten, abzutragen. Doch die Mühe lohnte sich: In der Tiefe des Schachtes stieß Abdul-Muttalib zwischen den Sandmassen auf glänzendes Gold. „O Allah!", jubelte Abdul–Muttalib glücklich.

Sofort eilten wieder die Quraisch herbei, um zu sehen, warum Abdul-Muttalib gejubelt hatte. Sie staunten nicht wenig, als er aus dem Sand Schwerter, Rüstungen und am Ende sogar zwei Gazellen aus funkelndem Gold zog. Nun stießen die Quraisch ebenfalls Jubelrufe aus. Verwundert fragte Abdul-Muttalib, ob jemand wüsste, was das für wundersame Dinge seien, die er da gefunden habe.

„Dies sind die Gaben an die Kaaba, von denen man sich erzählt, dass sie Mudad vom Stamme Dschurhum einst vergraben habe", bekam er zur Antwort.

Alles, was er gefunden hatte, verwendete Abdul-Muttalib für die Kaaba. Aus den Schwertern ließ er eine herrliche Tür für sie schmieden, und die beiden Gazellen aus Gold dienten als prachtvoller Türschmuck. Auf diese Weise kehrten die Gaben, die sich einst im Inneren der Kaaba befunden hatten, zu ihr zurück.

Zunächst aber grub Abdul-Muttalib unermüdlich weiter am Ort des Brunnen Zamzam, bis ihm endlich das süße, köstliche Wasser entgegen sprudelte, mit dem er die Pilger erfrischen konnte.[17]

Seine Freude war zwar groß, dennoch vermochte er den Kummer und die Mühsal nicht zu vergessen, die ihn während des Ausgrabens begleitet hatten.

Die Quraisch hatten ihn und seinen Sohn bedroht. Niemand hätte ihnen Schutz gewährt, wenn es zu einer Konfrontation gekommen wäre. Abdul-Muttalib wollte nie wieder so schwach sein. Er schwor, dass, wenn ihm zehn Söhne geboren werden würden und diese das Alter erreichen würden, in dem sie ihm Stärke und Schutz gewähren könnten, er einen von ihnen opfern würde.

---

17 Ibn Hischam , S. 70–73

Zehn Söhne

ie Jahre vergingen, Abdul-Muttalib wurden zehn Söhne geboren – kräftige junge Männer, die ihm zu Stärke und Ansehen verhalfen. Als die Zeit gekommen war, seinen Schwur einzulösen, rief er sie zusammen. Nun, da alle Söhne, auch der jüngste und von ihm am meisten geliebte Abdullah, erwachsen geworden waren, schien es ihm fast unmöglich, einen auszuwählen.

Schließlich sollte das Los entscheiden. So ließ er jeden seiner Söhne einen Lospfeil mit seinem Namen bringen. Ausgerechnet der von Abdullah wurde gezogen. Als die Bani Machzum herausfanden, dass einer der Söhne ihrer Schwester geopfert werden sollte, schickten sie Mughira, das Oberhaupt der Sippe, zu Abdul-Muttalib.

Mughira, seine übrigen Söhne und auch die Quraisch flehten ihn an: „Bei Allah, opfere Abdullah nicht, ohne vorher an seiner Stelle etwas anderes geopfert zu haben! Auch wenn wir dafür unseren ganzen Besitz opfern. Wenn du das machst, wird dies ein Brauch, und die Araber werden immer weiter ihre Söhne opfern! Willst du das, Abdul-Muttalib? Willst du das wirklich?"[18]

Schließlich war Abdul-Muttalib mit dem Vorschlag einverstanden, eine weise Frau in Medina[19] zu Rate zu ziehen, von der man sagte, dass sie in solchen Fällen weiter wisse.[20]

In Begleitung seiner zwei ältesten Söhne und des jüngsten, Abdullah, ritt Abdul-Muttalib nach Medina.

Als sie die Frau fanden, erzählten sie ihr von dem Schwur und dem Los, das gefallen war und fragten sie, ob das Opfer vollbracht werden solle oder nicht. Die weise Frau bat Abdul-Muttalib und die Söhne, am nächsten Tag wiederzukommen.

Am nächsten Tag sprach die Frau zu ihnen: „Ich habe eine Antwort. Wie hoch ist euer Blutgeld normalerweise?"

„Zehn Kamele" antworteten sie.

---

18 Ibn Hischam, S. 73
19 Zu dieser Zeit hieß die Stadt noch Yathrib.
20 Ibn Hischam, S. 74

„Geht zurück in euer Land, stellt euren Sohn neben zehn Kamele und werft das Los dazwischen! Wenn der Pfeil auf ihn zeigt, dann stellt weitere Kamele dazu und werft das Los erneut. Werft solange, bis der Pfeil auf die Kamele weist. Dann opfert Kamele und nicht euren Sohn!"

Abdul–Muttalib und seine Söhne ritten zurück nach Mekka. Als sie ankamen, führten sie feierlich zehn Kamele in den Hof um die Kaaba. Dann warfen sie das Los. Der Pfeil fiel auf Abdullah.

Sie stellten zehn Kamele hinzu, doch wieder wies der Pfeil auf Abdullah. Immer mehr Kamele wurden gebracht, bis es schließlich hundert waren. Jetzt endlich deutete das Los auf die Kamele. Abdul-Muttalib aber wollte ganz sicher gehen: Ein einziger Pfeil war für ihn nicht Beweis genug. Er bestand darauf, das Los ein zweites und ein drittes Mal zu werfen. Als der Pfeil schließlich dreimal auf die Kamele zeigte, war er sicher, dass Gott sein Opfer angenommen hatte. Dankbar schlachtete er die hundert Kamele.[21]

Um die Kaaba herum standen zu jener Zeit zahlreiche Götzen, die von verschiedenen Stämmen angebetet wurden. Ihre Anbetung rechtfertigten die Menschen damit, dass schon ihre Väter und Großväter das Gleiche getan hätten und es deshalb nicht falsch sein könne. Sie behaupteten sogar, dass sie dem Propheten Abraham und seinem Sohn Ismael folgten.

Es gab aber immer noch einige unter ihnen, die die Figuren und Steine ablehnten und ihre Gegenwart bei der heiligen Kaaba als beschämend empfanden. Diese „Hanifen" genannte kleine Minderheit hatte sich die wahre Religion Abrahams bewahrt. Sie lehnten den Götzendienst ab und versuchten, ein tugendhaftes Leben zu führen.

Sowohl die Rabbis der Juden als auch die christlichen Gelehrten der Gegend erwarteten zu jener Zeit die Ankunft eines Propheten. Die Juden gingen davon aus, dass dieser Prophet ein Jude sein müsse, da sie sich als das von Allah auserwählte Volk betrachteten. Die Hanifen hofften, dass er unter den Arabern erscheinen würde, um der Götzendienerei ein Ende zu bereiten.

21 Ibn Hischam, S. 74-75; Ar-Rahiq Al-Machtum, S. 57

In dieser Zeit der Erwartung war Abdullah erwachsen geworden. Abdul-Muttalib fand, dass nun die Zeit gekommen sei, um nach einer Braut für ihn Ausschau zu halten. Abdullah war zu einem kräftigen Mann mit edlen Gesichtszügen herangewachsen. Keiner in Mekka hatte je einen schöneren Mann gesehen. Nach einigem Überlegen erwählte Abdul-Muttalib eine der edelsten jungen Frauen unter den Arabern: Amina, die Tochter des Wahb.

Amina war eine kluge und redegewandte Frau, die für ihren guten Charakter und ihre Schönheit bekannt war. Sie stammte aus einem der besten Häuser der Quraisch. Abdullah und Amina heirateten und es dauerte nicht lange, bis Amina schwanger wurde. Während der Zeit ihrer Schwangerschaft reiste Abdullah mit einer Handelskarawane nach Syrien und Palästina. Amina wartete geduldig und sehnsüchtig auf die Rückkehr ihres geliebten Mannes.

Das Kind in Aminas Bauch wuchs, und oft sah sie mit Erstaunen, wie ein Licht von ihr ausging, durch das sie die Paläste von Busra in Syrien sah. Was war das für ein eigenartiges Strahlen, und was sollte es bedeuten, fragte sie sich. Eine Stimme verkündete ihr, dass sie ein ganz besonderes Kind unter ihrem Herzen trug.

Neid und Tod

Nicht wenige der Bewohner der Halbinsel waren neidisch auf die Mekkaner, die in ihrer Mitte die erhabene Kaaba wussten. Seit Abrahams Gebet erhört worden war, wirkte die Kaaba wie ein Magnet, der Gläubige aus allen Himmelsrichtungen anzog. So ist es bis heute, und so soll es bis zum Jüngsten Tage bleiben.

Abraha[22], den Statthalter des Königs von Abessinien im Jemen erfüllte das religiöse Leben in Mekka mit bitterem Neid. Deshalb ließ er eine gewaltige Kirche in Sanaa errichten. Eifrig hoffte er, dass die Pilger nun dorthin kommen würden statt zu der Kaaba. Die Arbeiten wurden unbarmherzig vorangetrieben. Jedem Arbeiter, der erst nach Sonnenaufgang zur Arbeit erschien, ließ Abraha eine Hand abhacken. Während die Menschen in Sanaa hungerten, gab er prächtige Kreuze aus Gold und Säulen aus Elfenbein in Auftrag, und aus den Ruinen der Paläste der Königin von Saba ließ er Marmor herbeischleppen. Die neu erbaute Kirche nannte er Qulays.[23]

Abraha warb um Pilger für sein Bauwerk. Er ließ die Nachricht über die Schönheit und Pracht seiner Qulays verbreiten und sprach zugleich in herabsetzender Weise von der alten Kaaba. Ungeduldig wartete er auf die Massen von Pilgern, die er dem Negus von Abessinien versprochen hatte.

Er sollte jedoch vergeblich warten. Als die Pilgerzeit kam, sah er mit eigenen Augen, wie die mit Schätzen und Opfertieren beladenen großen Karawanen an seiner prächtigen Kirche vorbeizogen und sich in die Hitze der Wüste begaben – Mekka entgegen.

Als Abraha sah, dass die Araber sein Gotteshaus mieden und weiterhin ihre Wallfahrten nach Mekka unternahmen, kochte er vor Wut. All seine Werbeversuche waren wirkungslos geblieben, und als auch noch ein Mann vom Stamm der Bani Kinana[24]

---

22 Nicht zu verwechseln mit dem Propheten Abraham.
23 Ibn Kathir, S. 30; An-Nadwi, S. 80
24 Die Bani Kinana waren eine Art Überstamm, dem viele Stämme entsprangen, auch die Quraisch, sie bewohnten den Hidschaz, die Gegend um Mekka.

das Innere der Qulays beschmutzte, um Abrahas Schmähung der Kaaba zu rächen, stand Abrahas Entschluss fest. Die Kaaba musste zerstört werden. Er rüstete eine Armee, um das Haus von Abraham und Ismael zu zerstören. Viel zu lange schon hatte seine prächtige Kirche im Schatten der Kaaba gestanden!

Mit sechzigtausend Soldaten, neun weiblichen und dreizehn männlichen Elefanten[25] marschierte Abraha gegen Mekka. Unterwegs zerstörte er rücksichtslos, was ihm in den Weg kam. Auch nahm er einen Anführer des Stammes Chathaam[26] namens Nufail gefangen, welcher gezwungen wurde, ihnen den Weg nach Mekka zu zeigen.

Die Armee erreichte Taif, deren Einwohner zu Abraha eilten und ihm versicherten, dass es hier keine Kaaba gäbe. Sie befürchteten, er würde versehentlich ihren Götzen Al-Lat[27] zerstören. Ein Mann namens Abu Rughal[28] bot sich als Führer an, um der Armee den Weg zu zeigen. Kurz vor Mekka machten sie Halt und ergriffen alle Tiere, die sie als Beute für Abraha finden konnten – darunter auch zweihundert Kamele, die Abdul-Muttalib gehörten.

Die schwangere Amina wartete immer noch sehnsüchtig auf ihrem Mann und verbrachte viele Nächte draußen. In diesem Augenblick - während sie und alle Bewohner Mekkas in Angst und Schrecken lebten - hätte sie ihn am meisten gebraucht.

Als sie den übermächtigen Gegner herannahen sahen, beschlossen die Quraisch, nicht zu kämpfen. Abdul-Muttalib ging mit einem seiner Söhne zu Abraha und bat ihn um Verhandlungen. Einer von Abrahas Elefantenführern, der Unais hieß und Abdul-Muttalib kannte, empfahl ihm: „O König, hier ist der Herr der Quraisch und bittet um Erlaubnis, mit dir zu sprechen! Er ist jemand, der den Menschen und sogar den wilden Tieren auf den Berggipfeln zu essen gibt. Höre ihn an und sei gut zu ihm!" Abraha nickte. Er war von der Erscheinung des alten Mannes

---

25 Ar-Rahiq Al-Machtum, S. 57
26 Die Chathaam waren ein Stamm, der im Süden der arabischen Halbinsel ansässig war.
27 Al-Lat war ein weiblicher Götze, der als Tochter Gottes verehrt wurde, ihr Heiligtum war ein weißer Fels, um den eine Kultstätte errichtet worden war.
28 Abu Rughal starb in Maghmas kurz vor Mekka, wo man ihn begrub. Auch heute noch ist es ein Brauch bei den Arabern, Steine gegen sein Grab zu schleudern, um ihre Wut wegen seines Verrats gegen die Kaaba zum Ausdruck zu bringen. (Ibn Hischam, S. 26)

beeindruckt, stieg sogar von seinem königlichen Sitz herab und setzte sich neben ihn auf einen Teppich.

Als Abdul-Muttalib lediglich nach seinen zweihundert Kamelen fragte, wunderte sich Abraha. Er sei doch gekommen, um die Kaaba und seine Religion zu zerstören, erklärte er unverhohlen. Abdul–Muttalib stand langsam auf und sprach mit ruhiger Stimme: „Ich bin der Herr der Kamele. Die Kaaba hat einen Herrn, der sie beschützen wird!"

„Gegen mich und meine Armee kann niemand die Kaaba schützen", erwiderte Abraha.

„Wir werden sehen, was zwischen dir und dem Herrn der Kaaba geschehen wird", sagte Abdul-Muttalib.[29]

Er erhielt seine Kamele und ging zurück in die Stadt. Er hatte den Bewohnern geraten, Mekka zu verlassen und außerhalb der Stadt hinter den Hügeln abzuwarten, was geschehen würde. Abdul-Muttalib und einige Männer von seiner Familie gingen zur Kaaba und beteten zu Allah, dass Er Sein Haus schützen möge. Dann begaben sie sich zu den anderen Quraisch.

Am nächsten Tag, als die Soldaten ihre Waffen prüften und ihre Panzer anlegten, ging Nufail vom Stamm der Chathaam, den Abraha unter Zwang als Führer des Zuges eingesetzt hatte, auf einen der riesigen Kriegselefanten zu und flüsterte ihm ins Ohr: „Knie nieder, Mahmut, oder geh dorthin zurück, woher du gekommen bist; denn du bist in Allahs heiligem Land!" Dann stieg er auf einen Berg und verbarg sich zwischen den Felsen.

Als Unais, der Elefantenführer, kam, um den Elefanten für den Ritt Abrahas vorzubereiten, blieb er überrascht stehen. Was war mit dem Tier geschehen? Der Elefant kniete – so, wie Nufail es ihm befohlen hatte! Unais war verblüfft, denn noch nie zuvor hatte er einen Elefanten knien gesehen. Immer wieder murmelte er: „O Wunder, o Wunder!"

Eilig brachte er die Nachricht von dem knienden Elefanten zu den Männern, die in seiner Nähe lagerten, und sie eilten herbei, um ihn zu sehen.

Unais und die Männer um ihn herum versuchten, den Elefanten zum Aufstehen zu bewegen, aber es gelang ihnen nicht.

Die Nachricht vom knienden Elefanten verbreitete sich unter

29 Ibn Hischam, S. 27; At-Tabari; Ibn Kathir, S. 33

den Soldaten wie ein Lauffeuer und erreichte schließlich auch Abraha, der in ihr ein schlimmes Vorzeichen sah. Er befahl den Männern, den Elefanten zum Aufstehen zu bewegen – egal, wie. Die Soldaten schlugen ihn mit Eisenstangen und stachen ihn mit Lanzen, bis er vor Schmerzen schrie. Aber er blieb reglos wie ein Fels. Als sie jedoch versuchten, den Elefanten nach Jemen zu lenken, erhob er sich und lief los. Die Leute stürmten ihm nach, bis sie ihn eingeholt hatten. Sie packten ihn und versuchten, ihn zurück in Richtung Mekka zu drehen. Der Elefant aber weigerte sich mit aller Kraft, auch nur einen Schritt zu tun. Die Männer wendeten ihn nach Westen und nach Osten, und er lief los. Sobald sie ihn aber in Richtung Mekka drehten, blieb er stehen und ließ sich nieder.

Abraha wollte auf keinen Fall aufgeben. Die Kaaba musste zerstört werden.

Während er noch grübelte, wie er den ungehorsamen Elefanten zum Laufen bekommen konnte, geschah etwas Seltsames: Ein dunkler Schwarm Vögel näherte sich, schwoll an und bedeckte schließlich den gesamten Himmel wie eine schwarze Wolke. Schon kreiste die unheimliche Schar über der abessinischen Armee. Ein Hagel von Steinen prasselte auf das überraschte Heer nieder. Die schweren Panzerhemden der Soldaten konnten sie nicht schützen, denn es waren fürchterliche Höllensteine aus glühendem gebranntem Ton, die vom Himmel stürzten – zwar nur linsengroß, aber sie durchbohrten ihre Körper. Schon wanden sich viele unter qualvollen Schmerzen. Voll Todesangst versuchten diejenigen, die noch nicht getroffen waren, zu flüchten. Bis die Reste der einst so starken Armee endlich im Jemen angekommen waren, waren die meisten unterwegs gestorben. Abraha wurde schwer verletzt in seine Burg getragen, wo seine Kinder und seine Frau ihn in seinem schrecklichen Zustand kaum erkannten. Unter entsetzlichen Qualen starb er kurze Zeit später.

Unais, der Elefant Mahmut und einige wenige jedoch blieben verschont. Später berichteten sie immer wieder von dem schrecklichen Geschehen. Einige von ihnen blieben in der Gegend von Mekka.

„Was hat diese starken Männer getroffen?", fragten sich die

Menschen, als sie überall die Leichen liegen sahen. Wie eine ab-
gefressene Saat[30], fast vollständig zerrieben, war das Heer Abrahas dorthin zurückgekehrt, von wo es gekommen war, ohne
dass seine Soldaten Mekka betreten und ihre Augen das Heilige
Haus Allahs gesehen hatten! Gesund und stark, stolz auf ihre
Zahl und Ausrüstung, waren sie gekommen. Krank, schwach
und gedemütigt waren die Reste der Armee geflüchtet.

Groß war die Überraschung und Freude der Mekkaner, als sie
hörten, dass Abrahas Soldaten abgezogen waren, ohne die Kaaba erblickt zu haben. Abdul-Muttalib jedoch war nicht überrascht. Mit ruhiger Stimme erklärte er, dass er gewusst habe,
dass Allah Sein Haus verteidigen werde.

Die Männer Mekkas eilten dorthin, wo das Heer der Abessinier
gelagert hatte, um die Beute der Feinde in Besitz zu nehmen.
Die Mekkaner verfassten über die Rettung der Kaaba viele Gedichte.[31]

Ganz Arabien erfuhr, wie der Himmel die feindliche Armee vernichtet hatte. Bald gab es in ganz Mekka kein Haus mehr, in
dem nicht ein glanzvolles Freudenfest gefeiert wurde.

Das Jahr ging bald als „Jahr des Elefanten" in die Geschichte
ein.

In diesem Jahr sollte aber noch ein weiteres großes Ereignis geschehen.

---

30 Koran 105: 1–5.
31 Gedichte, die bis heute die Weltliteratur bereichern. Einige dieser Gedichte sind bei Ibn Hischam auf
Seite 28-33 zu lesen.

Die Geburt des Gepriesenen

Abdullah erlebte die Bedrohung durch Abraha und das Vogelwunder nicht mit, denn er war zu jener Zeit nicht in Mekka, sondern auf seiner Handelsreise nach Syrien und Palästina. Auf dem Rückweg erkrankte er schwer und musste in Medina[32] bei der Familie seiner Großmutter bleiben, während die Karawane weiter nach Mekka zog.

Als die Karawane ohne Abdullah zurückkehrte, erschraken Abdul-Muttalib, Amina und die ganze Familie. Sofort schickte Abdul–Muttalib seinen ältesten Sohn Al-Harith nach Medina. Doch schon bei seiner Ankunft spürte er, dass sein Bruder nicht mehr lebte.[33] Als Al-Harith mit der schrecklichen Nachricht zurück nach Mekka kam, trauerte man nicht nur in Abdul-Muttalibs Haus, sondern in der ganzen Stadt. Der Kummer der zarten und jungen Amina jedoch war am tiefsten. In zahlreichen rührenden Gedichten hat sie ihm Ausdruck gegeben.[34] Ihr Kind war Halbwaise, noch bevor es zur Welt kam. Ganz Mekka konnte ihr keinen Trost bieten – nur das ungeborene Kind von ihrem geliebten Mann, das sie unter dem Herzen trug. Sie konnte es kaum erwarten, das Baby zu sehen, das sie wie eine kleine Sonne in ihrem Leib spürte.

Medina wurde von zwei großen arabischen Stämmen bewohnt, den Aus und den Chazradsch. Die beiden Stämme lagen oft miteinander im Streit und hatten schon manchen Krieg gegeneinander geführt. Außerdem lebten dort drei jüdische Stämme, die Bani Qurayda, die Bani Nadir und die Bani Qaynuqa. Diese Stämme hatten sich auf der Flucht vor der römischen Unterdrückung in Medina niedergelassen. Sie waren mittlerweile arabisiert, was Sprache und Stammesleben betraf, allerdings fühlten sie sich weiterhin als Träger der Offenbarung von Moses und

---

32 Medina, die man in dieser Zeit noch Yathrib nannte, liegt ungefähr 450 Kilometer von Mekka entfernt. Anders als Mekka war ihr Boden fruchtbar, daher lebten die Bewohner vom Ackerbau und dem Anbau von Dattelpalmen.
33 Abdullah wurde in Dar An-Nabigha Alya´di bei Medina begraben, vgl. Ar-Rahiq Al-Machtum, S. 59.
34 Zu Aminas Gedichten siehe At-Tabaqat Al-Kubra von Ibn Saad I, S. 100; Ar-Rahiq Al-Machtum

lebten in der Erwartung eines neuen Propheten.

In dieser Zeit stieg ein Jude in Medina auf das Dach seines Hauses und schrie: „Ihr Juden!"

Als sie sich um ihn versammelt hatten, fragten sie, weshalb er sie gerufen habe. Er verkündete ihnen, dass in der Nacht der Stern erschienen sei, der zur Geburt des Gepriesenen[35] angekündigt worden war.

In diesem Augenblick hörte Amina eine Stimme, die zu ihr sprach: „Du bist mit dem Herrn dieses Volkes schwanger, und wenn er zur Welt kommt, sage: ‚Ich gebe ihn in den Schutz des Einzigen [Gottes] vor dem Bösen jedes Neiders!' Dann nenne ihn Muhammad." Amina nahm sich vor, der Stimme zu folgen.

Aminas Schwangerschaft und die Geburt verliefen trotz allen Kummers leicht. Sie gebar einen Sohn und nannte ihn Muhammad, wie die Stimme sie geheißen hatte. Sie gab ihn in den Schutz des Einzigen Gottes vor dem Bösen jedes Neiders.

Nach seiner Geburt ließ Amina Muhammads Großvater Abdul-Muttalib kommen und ihm ausrichten: „Dir ist ein Junge geboren! Komm her und schau ihn dir an!"

Abdul-Muttalib eilte zu Amina und betrachtete den Jungen. Amina erzählte ihm, was sie während der Schwangerschaft sah. Abdul-Muttalib nahm das Kind in seine Arme, trug es zur Kaaba und betete zu Allah, um Ihm für dieses Geschenk zu danken.

Nach der Geburt Muhammads machten sich seine Mutter und sein Großvater Sorgen, er könnte an einer Krankheit sterben. Selbst für Erwachsene war das Klima in Mekka damals gefährlich. Immer häufiger grassierten schwere Epidemien, an denen viele Menschen zugrunde gingen. In einer großen Handelsstadt, in die Menschen aus allen Orten der Erde strömten, um zu handeln oder zur Kaaba zu pilgern, war das kein Wunder. Die Reisenden blieben oft mehrere Monate und hinterließen nicht nur ihre Waren, sondern auch gefährliche Krankheiten. So starben viele Kinder kurz nach der Geburt. Daher gaben die wohlha-

35 Ibn Hischam, S. 76. Dies geschah an einem Montag im Jahre des Elefanten. Der Historiker Ibn Saad schreibt in seinem Werk „At-Tabaqat Al-Kubra", dass Muhammad sogar am gleichen Tag geboren wurde, an dem auch Abraha die Kaaba bedrohte. Hassan Ibn Thabit, ein Gefährte des Propheten, sagte, er sei sieben Jahre alt gewesen, als ein Jude vom Dach seines Hauses aus verkündete, dass der Stern des *Ahmad*, des „Hochgepriesenen", heute Nacht erschienen sei.

benden Bewohner Mekkas ihre Kinder in die Obhut von Ammen, die in den Bezirken außerhalb der Stadt lebten.

Aus Liebe zu ihrem Kind willigte Amina ein, dass Muhammad einen Teil seiner Kindheit bei den Beduinen außerhalb der Stadt verbringen sollte – nicht nur, um ihn vor den gefährlichen Krankheiten zu schützen, sondern auch, um ihn in der klaren Luft der Wüste zu stärken. Auch sollte er das kostbare Werkzeug der Weisheit erwerben, die arabische Sprache klar sprechen lernen und einen scharfen Verstand bekommen.

Schon bald war es soweit: Die Ammen kamen, um Pflegekinder aus wohlhabenden Familien mitzunehmen. Eine von ihnen war Halima von den Bani Saad[36], die mit anderen Frauen des Stammes zusammen mit ihrem Mann Harith und dem neugeborenen Sohn, den sie stillte, ihre Heimat verlassen hatte, um sich Säuglinge suchen.

Sie erzählte: „Es war ein Jahr der Trockenheit und uns blieb fast nichts mehr, als wir mit einer grauen Eselin und einer alten Kamelstute unterwegs waren. Bei Allah, das Euter der Kamelstute war so leer, dass sie uns keinen Tropfen Milch gab. Vor Hunger weinte unser Kind so sehr, dass wir die ganze Nacht nicht schlafen konnten.[37] Was in meiner Brust war, reichte ihm nicht. Wir hatten aber gehofft, dass es regnen würde und unsere Reise sich etwas erleichtern würde. Meine Eselin, auf der ich ritt, war so schwach und dünn, dass ich der Karawane nicht folgen konnte, sodass die anderen es auch schwer mit uns hatten, bis wir schließlich in Mekka ankamen, um die Suche nach Säuglingen aufzunehmen.

Amina bot ihren Sohn Muhammad einer Amme nach der anderen an, doch wir alle lehnten ab, weil er ein Waisenkind war. Was hätten seine Mutter und sein Großvater uns geben können? Amina und der Großvater des kleinen Muhammad waren sehr traurig, dass niemand den Jungen nehmen wollte. Sollte das Kind den gefährlichen Krankheiten Mekkas ausgesetzt bleiben und deshalb vielleicht früh sterben? Außer mir hatten alle Frauen, die mit mir gekommen waren, einen Säugling.

---

36 Die Bani Saad waren ein Stamm, der die Gegend um die Stadt Taif in der Nähe von Mekka bewohnte.
37 Ibn Hischam, S. 77; Ar-Rahiq Al-Machtum, S. 62 f.

Als wir uns versammelten, um heimzukehren, sagte ich zu meinem Mann: ‚Bei Allah! Ich kann doch nicht ohne einen Säugling zurückkehren! Ich nehme dieses Waisenkind!‘ ‚Tu das, vielleicht wird Allah uns durch ihn segnen‘, antwortete er. Ich nahm ihn nur, weil ich kein anderes Kind fand. Dann kehrte ich mit ihm zu unserem Lagerplatz zurück. Dort legte ich ihn an meine Brust, die plötzlich so viel Milch gab, bis er satt war. Danach trank mein eigener Sohn, bis auch er gestillt war. Dann schliefen beide ein. Vorher hatte unser Kind nicht schlafen können. Dann ging mein Mann zu der Kamelstute. Auch ihr Euter war voll Milch. Als er sie gemolken hatte, trank er und auch ich trank so viel, bis wir richtig satt waren. Wir schliefen gut und es war eine sehr schöne Nacht für uns.

Am nächsten Morgen sagte mein Mann: ‚Bei Allah, Halima, du hast ein gesegnetes Geschöpf zu dir genommen!‘, ‚Bei Allah, dies wünsche ich‘, antwortete ich.

Auf meiner Eselstute trug ich Muhammad, während diese auf einmal so schnell lief, dass kein anderer Esel ihr folgen konnte und alle riefen: ‚O Tochter des Abu Du'aib, hab Erbarmen mit uns. Ist das nicht die gleiche Eselin?‘, ‚Bei Allah, es ist die Gleiche!‘, rief ich.

Schließlich kamen wir in unserer Heimat an. Mir ist kein Land auf Allahs Erde bekannt, das trockener ist als unseres. Doch ab diesem Zeitpunkt kamen meine Schafe am Abend immer mit prallen Eutern zurück, während andere keinen Tropfen Milch aus den Eutern ihrer Tiere holten![38]

Wir erlebten Allahs Güte, bis Muhammad sein zweites Lebensjahr erreichte und ich ihn abstillte. Er gedieh wie kein anderer gleichaltriger Junge. Wir brachten ihn zu seiner Mutter zurück, obwohl wir ihn nach all dem Segen, den wir durch ihn erfahren hatten, gerne behalten hätten. Also bat ich sie: ‚Wenn du deinen Jungen doch bei mir ließest, bis er größer ist, weil ich Angst um ihn habe wegen der Pest in Mekka!‘ Wir redeten so lange auf sie ein, bis sie ihn mir aus Furcht, ihn in Mekka durch eine Krankheit zu verlieren, wieder gab. Wir kehrten mit ihm zurück."[39]

Halima berichtet weiter:

38 Ibn Hischam, S. 78
39 Ibn Hischam, S. 78; At-Tabari II/S. 158; Ibn Saad

„Bei Allah, einen Monat später spielte Muhammad mit seinem Milchbruder draußen, als unser Sohn rief: ‚Zwei Männer mit weißen Kleidern haben meinen quraischitischen Bruder zu Boden gelegt und seinen Bauch geöffnet, und sie schütteln ihn!' Wir eilten hinter die Zelte, sahen ihn dort mit blassem Gesicht stehen und fragten: ‚Was hast du, mein Kind?' ‚Zwei Männer, weiß gekleidet, kamen zu mir, legten mich nieder, öffneten meine Brust und suchten etwas darin, ich weiß aber nicht was sie suchten!' Ganz gleich, wie oft wir die Kinder befragten, sie erzählten immer wieder dieselbe Geschichte. Wir brachten Muhammad zum Zelt zurück."

Das seltsame Erlebnis verunsicherte die Familie der Amme. Was war mit dem Kind? War es krank oder gar von einem bösen Geist besessen? „Halima, gib ihn unverzüglich seiner Familie zurück!", riet ihr ihr Mann.

Halima und Harith brachten den kleinen Muhammad also wieder nach Mekka zu seiner Mutter.
Überrascht fragte sie: „Was hat dich wieder zu uns geführt, o Halima? Du hast dich doch dafür eingesetzt, dass er noch bei dir bleibt!"

„Das ist richtig, aber Allah hat das Kind wachsen lassen und ich habe meine Aufgabe getan. Ich mache mir Sorgen um ihn und bringe ihn dir, wie du es auch wolltest, zurück!"
„Das ist nicht dein Ernst. Sei mit mir wahrhaftig!" Amina bedrängte die Amme so lange, bis diese ihr alles erzählte.
„Hast du Angst bekommen? Fürchtest du den Satan?"
„Ja", gab Halima zu.

Amina beruhigte sie: „Nein, bei Allah, Satan kann ihm nichts anhaben! Große Dinge warten auf meinen kleinen Sohn. Soll ich dir etwas erzählen?"
Halima nickte.

Amina berichtete von dem Licht, das sie in der Schwangerschaft wahrgenommen hatte und das ihr die Schlösser von Busra in

Syrien gezeigt hatte. Und sie sprach von der leichten Schwangerschaft und Geburt. Amina verabschiedete sich von Halima, indem sie sprach: „So lasse ihn denn hier und komm gut nach Hause!"

Mutter und Sohn freuten sich, endlich zusammen zu sein und verbrachten drei glückliche Jahre in Mekka. Muhammad verstand sich gut mit seinem gleichaltrigen Onkel Hamza und seiner etwas jüngeren Tante Safiya; die drei wurden unzertrennliche Freunde.

Vollwaise

Aus Treue zu ihrem Mann beschloss Amina eines Tages, mit Muhammad das Grab seines Vaters und die dort lebenden Verwandten bei Medina zu besuchen.

Sie nahm ihre Dienerin Baraka, die auch Umm Aiman genannt wurde, mit, und sie schlossen sich der Karawane nach Medina an. Baraka, die den Knaben innig liebte, ritt mit ihm auf einem Kamel und Amina auf einem anderen. So legten sie fast fünfhundert Kilometer zurück.

Als sie ankamen, zeigte Amina dem Jungen, wo sein Vater gestorben und begraben war. Es war das erste Gefühl des Verlustes, das sich in die Seele des Knaben grub. Viel erzählte die Mutter ihm von dem geliebten Vater, der sie nach den wenigen Tagen, die er mit ihr gemeinsam gelebt hatte, verlassen hatte und dann bei Verwandten vom Tode überrascht worden war.

Nachdem sie sich einen Monat in Medina aufgehalten hatten, entschloss sich Amina zur Rückkehr. Unterwegs erkrankte sie. Vor einigen Tagen noch hatte Muhammad vor dem Grab seines Vaters gestanden – und jetzt war seine geliebte Mutter krank. Die Krankheit verschlimmerte sich, und bis nach Mekka war es noch ein weiter Weg. Bei Abwa, zwischen den beiden Städten Medina und Mekka, starb Amina; während ihrer letzten Atemzüge war der kleine Muhammad an ihrer Seite. Sie wurde in Abwa begraben.[40]

Baraka kehrte mit dem weinenden und einsamen Kind zurück. Sie tat ihr Bestes, um Muhammad zu trösten.

Muhammad spürte nun doppelt, dass er auf Erden verwaist war, und ihn überwältigte das Gefühl des Verlustes und des Schmerzes. Nur einige Tage zuvor hatte er die Trauer seiner Mutter über den Verlust ihres Mannes, seines Vaters, erlebt. Jetzt musste er auch noch den Tod seiner Mutter verkraften.

---

40 Ibn Hischam, S. 80; Ar-Rahiq Al-Machtum, S. 64

Muhammad wurde in dem Schutz seines Großvaters gegeben. Abdul-Muttalib hielt sich sehr gerne in der Nähe der Kaaba auf. Keiner seiner Söhne wagte, sich auf seinem Platz an der Kaaba niederzusetzen, als Ehrerbietung ihm gegenüber. Nur Muhammad durfte dort sitzen. Seine Onkel versuchten, es ihm zu verbieten, doch wenn Abdul-Muttalib dies sah, sagte er: „Lasst meinen Sohn in Ruhe! Bei Allah, Großes erwartet ihn!" Er streichelte seinen Rücken und freute sich über alles, was er tat.[41] Als Muhammad acht Jahre alt wurde, war für Abdul-Muttalib die Zeit gekommen – er lag im Sterben.

Weinend sagte Abdul-Muttalib zu seinem Sohn Abu Talib: „Ich weine, weil ich Muhammad nicht länger in die Arme schließen kann und habe Angst, meinem Enkel könnte etwas zustoßen!" Er vertraute ihn der Obhut Abu Talibs an, der auch sein Nachfolger als Oberhaupt der Bani Haschim wurde.[42] Als Abdul-Muttalib starb, sah Baraka, wie Muhammad in der Nähe des Bettes seines verstorbenen Großvaters saß und bitterlich weinte.[43]

Abu Talib, der Onkel Muhammads, nahm ihn auf, sorgte für ihn und liebte ihn innig. Auch seiner Frau Fatima gelang es, dem Kind neben ihren vielen eigenen Kindern eine liebevolle Mutter zu werden. Abu Talib war arm, denn Abdul-Muttalibs Reichtum war im Laufe der Jahre an die vielen Pilger geflossen.

Muhammad war hilfsbereit und fleißig und versuchte bald, sich selbst zu versorgen, um seinem Onkel die Ernährung der Familie zu erleichtern. So begann er, in Mekka für einen geringen Lohn Schafe und Ziegen zu hüten.

Als Muhammad zwölf Jahre alt wurde und Abu Talib mit einer Karawane nach Syrien reisen wollte, um Handel zu treiben, bat Muhammad ihn, mitkommen zu dürfen.

Abu Talib überlegte, ehe er zustimmte. „Bei Allah, ich nehme dich mit und wir trennen uns nie!"[44]

Bald machten sie sich auf den Weg. Im syrischen Busra machten die Reisenden aus Mekka gewöhnlich in der Nähe eines Klosters Rast. Busra war eine arabische Stadt, die von den Byzantinern besetzt war. Im Kloster lebten seit vielen Generationen

41 Ibn Hischam, S. 80; Ar-Rahiq Al-Machtum, S. 64
42 Ibn Hischam, S. 85
43 At-Tabaqat Al-Kubra von Ibn Saad
44 Ibn Dschauzi schreibt in Talqih Fuhum Ahlil Athar, S. 7, dass er 12 Jahre, 2 Monate und 10 Tage alt war. Vgl. Ibn Hischam, S. 85

christliche Mönche, die wertvolle alte Schriften aufbewahrten und einander vererbten. Darunter gab es auch ein Buch, in dem etwas über die Erscheinung eines Propheten unter den Arabern geschrieben stand. Zu dieser Zeit lebte dort ein Mönch namens Bahira, der jenes alte Buch auswendig kannte und geduldig auf das Kommen des neuen Propheten wartete. Sein einziger Wunsch war es, die wunderbare Erscheinung zu erleben, bevor er starb.

Die mekkanischen Reisenden waren schon oft bei Bahira vorbeigekommen und kaum von ihm beachtet worden. Doch diesmal sah er eine Wolke am Himmel, welche die Reisenden offenbar begleitete wie ein kühler Schatten. Schließlich breitete sie ihren Schatten über einen Baum, und dieser ließ seine Zweige tiefer hängen, damit jene, die darunter saßen, zweifachen Schatten genießen konnten. Als Bahira dies sah, kam er aus seinem Kloster hervor und rief: „Ich habe Essen für euch vorbereitet! Ich möchte euch alle einladen!"[45]

Sie hatten mehrere Tage in der Wüste verbracht und waren müde, durstig und hungrig. Sie wunderten sich.

„Heute muss es einen besonderen Anlass geben, Bahira! Noch nie hast du uns eingeladen, obwohl wir schon öfter bei dir vorbei kamen. Was ist der Grund dafür?"

„Ihr habt Recht, so ist es! Ihr seid meine Gäste, und ich möchte euch ehren, euch Essen vorbereiten, das ihr alle essen sollt!"

Bahira interessierte in Wahrheit nur das eine: Der erwartete Prophet! Konnte er unter jenen Leuten aus Mekka sein – dort, wo die heilige Kaaba sich erhob?

Alle kamen zu ihm in das Kloster. Nur Muhammad blieb unter dem Baum.

Bahira sah sich neugierig unter seinen Gästen um und fand keine der Beschreibungen, die er aus dem heiligen Buch kannte. Konnte es sein, dass nicht alle gekommen waren? Er rief wieder: „Nicht ein einziger von euch, Männer von Quraisch, soll zurückbleiben!"

„Nur der Jüngste von uns ist bei unserem Gepäck geblieben!"

„O nein! Ruft ihn, damit er auch mit euch essen kann!"

Ein Mann von den Quraisch holte Muhammad und ließ ihn zwi-

---

45 Ibn Hischam, S. 85

schen den Männern sitzen. Bahira begann, neugierig die Zeichen zu studieren, von denen er wusste, dass sie auf den neuen Propheten deuten sollten.

Nachdem seine Gäste gegessen und sich verstreut hatten, ging Bahira zu Muhammad und bat ihn: „O Junge, ich bitte dich bei Al-Lat und Al-Uzza[46], beantworte meine Fragen!"

Muhammad erwiderte: „Du sollst mich nicht bei Al-Lat und Al-Uzza bitten! Bei Allah, nichts hasse ich mehr als sie!"

„Dann bitte ich dich bei Allah, mir zu antworten!"

Muhammad erwiderte: „Frage mich, was du fragen möchtest!" Er fragte nach seinen Träumen, nach seinem Körper und nach vielen Angelegenheiten in seinem Leben.

Muhammads Antworten stimmten mit den Zeichen Bahiras überein, die er kannte. Bahira sah sich nun den Rücken Muhammads an, auf dem er das ovale Muttermal entdeckte, das den Propheten auszeichnen sollte. Nun wusste er, dass es sich bei dem Jungen um einen Gesandten Allahs handelte – einen Propheten, der es, wie Noah, Abraham, Moses und Jesus sehr schwer haben würde. Als er Muhammad zu seinem Onkel Abu Talib zurückbrachte, fragte er ihn: „Welcher Verwandtschaftsgrad besteht zwischen dir und diesem Jungen?"

„Er ist mein Sohn."

„Er kann nicht dein Sohn sein! Der Vater dieses Jungen soll nicht mehr am Leben sein!"

„Er ist der Sohn meines Bruders", berichtigte Abu Talib.

„Was ist seinem Vater zugestoßen?"

„Er ist starb, während die Mutter des Jungen mit ihm schwanger war."

„Du hast die Wahrheit gesagt! Bring deinen Neffen in seine Heimat zurück und beschütze ihn vor den Juden! Denn bei Allah, wenn sie wissen, was ich über ihn weiß, werden sie ihm Böses antun! Große Dinge erwarten deinen Neffen! Beeile dich und bring ihn nach Hause!"[47]

Kaum hatte Abu Talib seine Geschäfte in Asch-Scham erledigt,

---

46 Al-Uzza war ein weiblicher Götze, der wie Al-Lat als „Tochter Gottes" verehrt wurde. Ihr Heiligtum war ein Baum mit einer ihn umgebenden Kultstätte zwischen Mekka und Taif. Der Ort wurde Nachla genannt.
47 Ibn Hischam, S. 85, At-Tabari II/S. 277–279; At-Tirmidhi V/S. 550; Ar-Rahiq Al-Machtum, S. 65

eilte er, Bahiras Warnung folgend, mit Muhammad nach Mekka zurück.

Die Jahre vergingen und Muhammad wuchs zum Mann heran. Weil die Mekkaner Muhammad stets als ehrlichen, vertrauenswürdigen und freundlichen Menschen erlebten, nannten sie ihn „Al-Amin", den Vertrauenswürdigen. Händler der Stadt beauftragten ihn, ihre Ware mit Handelskarawanen ins Ausland zu bringen. Durch diese Reisen konnte Muhammad seine finanzielle Lage verbessern und dem Onkel manche Last abnehmen.

Auch Chadidscha, eine reiche und kluge Kaufmannswitwe, lebte zu jener Zeit in Mekka. Sie war schon zweimal verheiratet gewesen und hatte beide Männer verloren. Als sie von Muhammads Ehrlichkeit und seinem edlen Charakter hörte, schickte sie eines Tages nach ihm und machte ihm das Angebot, ihre Handelskarawane nach Asch-Scham zu bringen. Muhammad war zu dieser Zeit fünfundzwanzig Jahre alt. Sie bot Muhammad einen höheren Lohn als jedem anderen, und sie war sogar bereit, ihm einen ihrer Sklaven, einen Mann namens Maisara, zur Verfügung zu stellen.

Muhammad nahm ihr Angebot an und schloss sich mit Maisara der Handelskarawane an.

Als sie in Busra im Süden Syriens ankamen, ließ Muhammad sich im Schatten eines Baumes in der Nähe eines Klosters nieder, das einem Mönch namens Nestor gehörte.

Der Mönch fragte Maisara: „Wer ist dieser Mann, unter diesem Baum?"

„Er gehört zum Stamm Quraisch, zu den Leuten der Kaaba", antwortete Maisara.

„Unter diesem Baum haben bisher nur Propheten gesessen!" sagte der Mönch.[48]

Auf dem Markt verkaufte Muhammad Waren und wählte sorgfältig aus, was er den Mekkanern zum Kauf anbieten wollte. Maisara merkte, dass er einen Menschen begleitete, der anders war als alle Anderen. Schon die Worte Nestors hatten ihn verwundert. Es gab aber etwas, das ihn noch mehr verwunderte:

---

[48] Ibn Kathir I/S. 263; Ibn Hischam, S. 88

Während der Reise sah Maisara, wenn die Sonne stark schien, zwei Engel, die Muhammad Schatten gaben. Bei ihrer Rückkehr nach Mekka berichtete Maisara Chadidscha von den Worten des Mönches und von den zwei Engeln. „Du hast mich mit ihm geschickt, damit ich ihm diene. Dabei hat er mir gedient. Wenn ich krank war, pflegte er mich, wenn ich traurig war, tröstete er mich!", sagte Maisara.

Chadidscha ging zu ihrem Cousin Waraqa und erzählte ihm, was sie über Muhammad gehört hatte.

Waraqa Ibn Naufal war in seiner Jugend Christ geworden, er konnte Hebräisch lesen und schreiben und hatte Kenntnis von den heiligen Schriften der Juden und Christen. Im Alter war er erblindet, wurde aber in Mekka wegen seiner Weisheit geschätzt.

„Chadidscha! Wenn das stimmt, dann ist Muhammad der Prophet Allahs! Denn ich weiß seit langer Zeit, dass ein Prophet erwartet wird. Seine Zeit ist schon gekommen!", sagte er.

Chadidscha schickte Maisara zu Muhammad, um ihn zu holen.

Als Muhammad bei ihr eintraf, brachte sie gleich ihre Gefühle ihm gegenüber zum Ausdruck, besonders ihre Wertschätzung seiner Gerechtigkeit. Sie sagte ihm auch: „Ich schätze dich wegen deiner Beliebtheit in deiner Familie, wegen der Schönheit deines Charakters und deiner Ehrlichkeit." Nach diesen Worten bot sie ihm die Ehe an.[49] Muhammad stimmte zu.

Muhammad sprach mit seinen Onkeln über sein Vorhaben. Diese beauftragten darauf seinen Onkel Hamza, zu Chadidschas Familie zu gehen und - wie es der Brauch war - förmlich für Muhammad um ihre Hand anzuhalten. Hamza war wohl deswegen gut dafür geeignet, weil seine Schwester Safiya mit Chadidschas Bruder Awwam verheiratet war.

Die Verwandten der Brautleute freuten sich über die Heirat, und Muhammad schenkte seiner Braut zwanzig Kamele als Brautgabe. Chadidscha war zu diesem Zeitpunkt vierzig Jahre alt, Muhammad fünfundzwanzig.

---

49 Ibn Hischam, S. 89

Bald verließ Muhammad das Haus seines Onkels. Er lebte nun bei seiner Frau und führte eine glückliche Ehe. Sie gründeten eine große Familie, die nicht nur aus ihren eigenen Kindern bestand. Ihr erstes Kind war Qasim, der jedoch in seinem zweiten Lebensjahr starb.[50] Nach ihm gebar Chadidscha vier Töchter, die sie Zaynab, Ruqayya, Umm Kulthum und Fatima nannten. Das letzte Kind, ein Junge, den Muhammad Abdullah[51] nannte, starb ebenfalls früh.

Muhammad war sehr dankbar für seine Töchter, die er sehr liebte. Baraka, die Dienerin seiner Mutter, die ihre Freiheit von der Sklaverei Muhammad zu verdanken hatte, lebte auch bei ihnen, nachdem sie ihren Mann verloren hatte. Zaid, ein Sklavenjunge, den Muhammad freigelassen und auf eigenen Wunsch als Sohn angenommen hatte gehörte ebenfalls zur Familie.[52] Da Muhammads Onkel Abu Talib seine Kinder kaum ernähren konnte, weil er zu arm wurde, schlug Muhammad seinem Onkel Abbas vor, dass jeder von ihnen einen seiner Söhne aufnehmen sollte. Abu Talibs Sohn Dschaafar wurde von Abbas aufgenommen, sein Sohn Ali von Muhammad. So gehörte nun auch Ali zum Hause des Propheten.

---

50 Neben dem Namen *Ahmad* wird Muhammad (der Gepriesene) auch nach seinem ersten Kind *Abul-Qasim* (Qasims Vater) genannt. (Ibn Hischam, Sahih Buchari)

51 Ar-Rahiq Al-Machtum, S. 67

52 Zaids Vater Haritha war mit seinem Bruder Ka'b nach Mekka gekommen, um seinen Sohn freizukaufen, der bei einem Überfall auf sein Dorf mitgenommen und auf dem Sklavenmarkt verkauft worden war. Muhammad hatte ihn zuletzt als Geschenk bekommen. Er schenkte ihm aber die Freiheit und nahm ihn als seinen Sohn an. Als Haritha zu Muhammad kam, um seinen Sohn freizukaufen, wie es üblich war, sagte Muhammad, dass er ihn ihm ohne Lösegeld mitgeben würde – es sei denn, Zaid würde sich für Muhammad entscheiden. Zaid hatte schon entschieden, indem er sagte: „Muhammad ist für mich Vater und Mutter, denn ich habe bei diesem Mann Dinge erlebt, die mir keine andere Wahl lassen." Schließlich brachte Muhammad ihn zur Kaaba, versammelte die Menschen und sagte: „Ihr Anwesenden, bezeugt alle: Zaid ist mein Sohn." Sein Vater kehrte mit der Gewissheit zu seinem Stamm zurück, dass es seinem Sohn gut gehen würde.

Die Kaaba

ie friedliche Zeit in Mekka näherte sich ihrem Ende; eine schlimme Überschwemmung beschädigte die Kaaba und mancherlei dunkle Zeichen zeigten sich. Tag für Tag erschien auf den Mauern der Ruine der Kaaba eine riesige Schlange. Jeden, der sich ihr näherte, zischte sie an und versetzte alle in Angst und Schrecken. Daher konnte die Kaaba nicht wieder aufgebaut werden. War das furcht erregende Tier ein übles Vorzeichen? Ein paar Menschen beobachteten, dass die Schlange eines Tages in der Sonne lag und Allah einen Adler schickte. Er flog tiefer und tiefer, bis er sie schnappte und sogleich mit ihr verschwand.[53]

Die Quraisch sahen darin ein Zeichen, dass Allah mit ihrem Vorhaben, die Kaaba wieder aufzubauen, einverstanden war. Doch wer würde sich trauen, Allahs Haus zu berühren? Zwar waren die Mekkaner wieder Götzendiener geworden, aber an Allah und die Botschaft seiner Propheten Abraham und Ismael glaubten sie immer noch. Dass die Kaaba von ihrer Entstehung bis zum Tag der Auferstehung der Mittelpunkt der göttlichen Botschaft und ein Symbol der Einzigkeit Allahs war, wussten sie noch – aber in jener Zeit waren Unwissenheit, Götzendienst und Gewalt so verbreitet, dass sie manchmal nicht mehr zu unterscheiden vermochten, was zur Religion Abrahams gehörte und was zum Aberglauben. Würde Allah einen weiteren Gesandten schicken, um die Menschen wieder auf Seinen Weg zu führen? Reichten die Propheten Adam, Noah, Abraham, Ismael, Moses, Zacharias, Johannes, Jesus und alle anderen, die gesandt worden waren, nicht aus?

Die christlichen und jüdischen Gelehrten erwarteten jenen Propheten, der barmherzig zu aller Welt sein sollte, mit unbeirrbarer Sehnsucht. Dessen letzte Botschaft sollte der ganzen Menschheit gelten – nicht nur einem bestimmten Volk.

Die Geduld der Gelehrten, aber auch die der einfachen Men-

---

53 Ibr. Kathir 1/S. 276f.

36

schen war fast erschöpft. Wann nur war es endlich soweit? Wie lange sollten die Menschen noch ihre Töchter lebendig begraben? Wie lange noch sollten Sklaven und Frauen auf der ganzen Welt, ob im Westen oder Osten, im Morgenland oder im Abendland, unwürdig behandelt werden? Wie lange noch sollten die Menschen Steine anbeten und sich in ihrem Aberglauben damit rechtfertigen, dass diese ihnen den Befehl gäben, einander zu schlagen und zu ermorden?

Walid Ibn Mughira, Sippenoberhaupt der Bani Machzum, trat vor die Menschen und erklärte mutig: „Ich beginne mit dem Abbruch der Kaaba!"

Während Walid sich mit einer Spitzhacke in der Hand dem Haus Allahs näherte, betete er: „O Allah, wir wollen nur Gutes!" Dann begann er, an den Steinen der Kaaba zu arbeiten.

Als die anderen Männer am nächsten Tag sahen, dass Walid in der Nacht kein Unglück geschehen war, schlossen sie sich ihm an und rissen die alten Mauern bis zu den Fundamenten Abrahams nieder. Als ein Arbeiter eine Stange zwischen zwei grüne Steine des Fundaments steckte, um sie auseinander zu brechen, bebte ganz Mekka.[54] Die Arbeiter hörten mit dem Abriss auf. Das Fundament sollte unberührt bleiben. Sie hatten die Botschaft verstanden.

Nun begann der Wiederaufbau. Alle Sippen von Mekka nahmen daran teil, und die Arbeit ging zügig voran.

Bald erreichten die Mauern die Stelle, wo der schwarze Stein[55] an seinem angestammten Platz angebracht werden sollte. Plötzlich fingen die Männer an zu streiten, wer die Ehre haben sollte, den schwarzen Stein an seinen Platz zu setzen. Fünf Tage lang ruhte die Arbeit, und der Streit wogte hin und her, ohne dass sich die Männer einigen konnten. Jeder Stamm wollte den Ruhm für sich allein. Es drohte ein Kampf zu entbrennen – ausgerechnet vor dem Haus, das Abraham gebaut hatte, damit die Gläubigen sich dort vor Allah in Frieden und Sicherheit niederwerfen! Vor dem heiligen Haus des Friedens sollte es nun Krieg geben!

Abu Umayya, ein weiser alter Mann, rief: „Ihr Männer der

54 Ibn Hischam, S. 92; Ibn Kathir I/S. 278
55 Der schwarze Stein stammt aus dem Paradies, Abraham und Ismael hatten ihn in die Kaaba eingebaut. Imam Ahmad überlieferte, dass der Stein ursprünglich weiß wie Schnee war, doch durch die Sünden der Menschen wurde er schwarz.

Quraisch, beauftragt denjenigen, der als nächstes durch das Tor der Moschee tritt, darüber zu urteilen, wer die Ehre haben soll, den schwarzen Stein einzusetzen!" Er meinte das Tor, das zum Platz vor der Kaaba führte.

Der Vorschlag beruhigte die Streitenden. Alle waren einverstanden und warteten. Lange Zeit kam niemand. Endlich näherte sich eine Gestalt dem Tor.

„Es ist Al-Amin, der Vertrauenswürdige, Muhammad! Mit seinem Urteil sind wir einverstanden!"

Muhammad hörte sich an, worüber die Männer stritten. Dann breitete er ein Tuch auf dem Boden aus und legte den schwarzen Stein genau in die Mitte. Dann sagte er: „Ein Angehöriger jeder Sippe nimmt eine Ecke des Tuches, dann heben alle gleichzeitig den Stein hoch!"

Der Stein wurde zu seinem Platz gebracht. Dann nahm Muhammad den Stein und schob ihn an seine Stelle.[56]

Nun waren sie alle daran beteiligt, und ein Kampf war vermieden worden.

Muhammad war zu dieser Zeit fünfunddreißig. Er wurde von allen gelobt. Die Quraisch setzten große Hoffnungen in Muhammad, denn sie wussten, dass er nicht wie jeder andere war.

Hala hatte ihre Schwester Chadidscha und deren Familie sehr gern. Ihr Sohn Abul-As, ein edler Mann unter den Quraisch, bat Muhammad um die Hand seiner ältesten Tochter Zaynab. Muhammad sagte seiner Tochter, dass ihr Cousin sie heiraten wolle und wollte wissen, was sie dazu sagte. Durch ein Lächeln brachte Zaynab ihre Zusage zum Ausdruck. Chadidscha liebte ihren Neffen, daher freute sie sich über die Heirat.

Abu Lahab erschien eines Tages bei ihm und bat Muhammad um die Ehre, seine Töchter Ruqayya und Umm Kulthum mit Abu Lahabs Söhnen Utba und Utayba zu verloben. Nach Beratungen mit seinen Töchtern und seiner Frau war Muhammad einverstanden. Bald fand die Verlobung statt – die Heirat sollte aber erst zu einem späteren Zeitpunkt stattfinden.

---

56 Ibn Hischam, S. 93; Tabari II/S. 289-290

Gabriel

Während jener Zeit vollzogen sich bedeutsame Veränderungen in Muhammad. Ereignisse, die er im Traum sah, traten wirklich ein. Ihm wurde die Einsamkeit lieb, daher verbrachte er viele Nächte in einer einsamen Höhle auf dem Berg Hira.

Chadidscha und ihre Töchter machten sich große Sorgen, als Muhammad wieder einmal lange dort blieb. Sie schickten schließlich Boten auf den Berg, um ihn zu suchen. Doch vergeblich.

Während Chadidscha noch überlegte, wo er sein konnte, stand Muhammad plötzlich vor ihr – in einem verstörten, verängstigten Zustand. Was war mit ihm geschehen?
„Bedecke mich! Bedecke mich!", bat er seine Frau, die ihn sogleich mit einem Gewand zudeckte. „Ich fürchte um mein Leben!" fügte er hinzu.

Chadidscha beruhigte ihn. „Niemals wirst du in Gegenwart von Allah eine Schande erleben; denn du bist wahrlich jemand, der die Verwandtschaftsbande pflegt, den Schwachen hilft, den Mittellosen gibt, den Gast freundlich aufnimmt, nur Wahres spricht und dem Notleidenden unter die Arme greift!"[57]

Muhammad erzählte seiner Frau, was in jener Nacht in der einsamen Höhle geschehen war: Ihm war ein Engel erschienen!
„Der Engel erschien und befahl mir: ‚Lies!' Ich sagte: ‚Ich kann nicht lesen!' Aber der Engel packte und drückte mich; sodass ich dachte, ich müsste sterben. Er ließ von mir ab und befahl noch einmal: ‚Lies!' Ich antwortete erneut: ‚Ich kann nicht lesen.' Der Engel packte mich wieder, bis ich es nicht mehr ertragen konnte.

---

57 Ar-Rahiq Al-Machtum, S. 75; Sahih Buchari, Ibn Hischam, S. 111, Musnad Imam Ahmad VI/S. 233

Erst dann ließ er mich los und befahl mir wieder: ‚Lies!' Da rief
ich: ‚Was soll ich denn lesen?' Da begann der Engel mir vorzu-
sprechen:

Lies, im Namen deines Herrn, der erschuf.
Er erschuf den Menschen aus einem Blutklumpen.
Lies; denn dein Herr ist Allgütig,
der mit der Schreibfeder lehrt,
lehrt den Menschen, was er nicht wusste.[58]

„Es war, als ob die Worte in mein Herz geschrieben wurden",
erzählte Muhammad.[59] Als er aufgeregt die Höhle verließ, erschien der Engel erneut und rief: „Muhammad, du bist der Gesandte Allahs, und ich bin Gabriel!"
Muhammad sah den mächtigen Engel mit ausgebreiteten Flü-
geln am Horizont stehen; die gewaltige Gestalt füllte den ganzen Himmel aus. „In welche Richtung ich mich auch drehte,
überall sah ich ihn! Im Norden, Süden, Osten und Westen!"

Chadidscha, die nicht an seinen Worten zweifelte, rannte eilig
zu ihrem Cousin Waraqa und erzählte ihm, was Muhammad
erlebt hatte.
„Heilig! Heilig!", rief Waraqa. „Bei dem, der die Seele Waraqas
in den Händen hält, es war der große *Namus*[60], der Muhammad
erschienen ist, derselbe *Namus*, der auch Moses erschien! Wahrlich, Muhammad ist der Prophet! Sage ihm, er möge beharrlich
sein!"
Chadidscha erzählte Muhammad, was Waraqa gesagt hatte.
Schließlich wollte Waraqa aber aus Muhammads Mund hören,
was geschehen war. Muhammad berichtete ihm von dem Zu-
sammentreffen mit Gabriel. Der blinde Waraqa wiederholte seine Bestätigung und schwor: „Beim Schöpfer, in dessen Hand
meine Seele liegt, du bist der Prophet Allahs! Die Botschaft ist
zu dir gekommen, wie sie zu Moses kam. Wenn ich doch nur
ein junger Mann wäre! Wenn ich doch nur noch am Leben wäre,
wenn dein Volk dich vertreibt!"
„Werden sie mich wirklich vertreiben?", fragte Muhammad

58 Koran 96: 1–5
59 Ibn Hischam, S. 111, Musnad Imam Ahmad VI/S. 233
60 *Der große Namus*: Der Erzengel Gabriel

überrascht. Er konnte sich nicht vorstellen, wie ein so beliebter und harmloser Mensch wie er von seinem Volk vertrieben werden sollte.

„Ja, niemand ist bisher mit dieser Botschaft gekommen, ohne verfolgt zu werden!", antwortete Waraqa. Er ermutigte ihn dennoch, sich zu freuen und standhaft zu bleiben.[61]

Chadidscha bekannte sich als erste zum Islam. Sie war überzeugt davon, dass die Botschaften, die Muhammad erhielt, tatsächlich von Allah kamen. Von nun an besuchte Gabriel ihn häufig.

Als er ihm eine Zeit lang nicht erschien und keine Offenbarungen mehr brachte, wurde Muhammad bekümmert und traurig. Chadidscha aber bestärkte ihn, weiter zu warten, bis Gabriel ihm schließlich die berühmte Sure *Die Morgenhelle* überbrachte.[62]

Es folgten weitere himmlische Offenbarungen zur Bestätigung dessen, dass Muhammad *„dank der Gnade seines Herrn nicht besessen, sondern"* der Prophet Allahs *„von großartiger Wesensart"*[63] war.

Muhammad selbst hat die Art und Weise, wie ihm die göttlichen Offenbarungen zuteil wurden, so beschrieben: „Manchmal überkommt sie mich wie Glockengeläut, und das ist die schmerzhafteste Art. Sobald ich die Botschaft fassen kann, verklingt das Läuten. Manchmal erscheint der Engel vor mir in der Gestalt eines Menschen und spricht zu mir, und ich bewahre in meinem Gedächtnis, was er sagt."[64]

Der Prophet Muhammad, wie er nun von den Muslimen genannt wurde, begann, denjenigen aus seiner Sippe, zu denen er Vertrauen hatte, im Geheimen von seiner Botschaft zu berichten.

Als das Gebet zur Pflicht wurde, erschien Gabriel auf der höchs-

---

61 Ibn Hischam, S. 112; Ar-Rahiq Al-Machtum, S. 76; Sahih Buchari
62 Koran, 93: 1–11: *Im Namen Allahs, des Allerbarmers, des Barmherzigen! Bei der Morgenhelle und bei der Nacht, wenn sie alles umhüllt! Dein Herr hat dich weder verlassen noch verabscheut. Wahrlich, das Jenseits ist besser für dich als das Diesseits. Und wahrlich, dein Herr wird dir geben und du wirst wohlzufrieden sein. Hat Er dich nicht als Waise gefunden und aufgenommen, und dich irregehend gefunden und dann rechtgeleitet, und dich bedürftig gefunden und dann reich gemacht? Was nun die Waise angeht, so unterjoche sie nicht, und was den Bettler angeht, so fahre [ihn] nicht an, und was die Gunst deines Herrn angeht, so erzähle [davon].*
63 Koran 68: 2–4
64 Aischa berichtete über die Offenbarungen: „Und ich habe ihn im Zustand gesehen, als die Offenbarung zu ihm kam: An einem sehr kalten Tag lief der Schweiß von seiner Stirn herunter, als er (der Engel) ihn verließ." Beide Ahadith aus Sahih Buchari Nr. 2, 3215 bzw. Sahih Muslim 233

ten Stelle Mekkas und schlug mit einem Fuß ein Loch in die Erde, aus dem sogleich Wasser sprudelte. Der Engel verrichtete die rituelle Waschung, während Muhammad ihn dabei beobachtete und anschließend das Gleiche tat. Dann stellte der Engel sich zum Gebet auf, und Muhammad stellte sich neben ihn und betete mit ihm.[65]
Der Prophet ging zu Chadidscha, wusch sich und betete mit ihr, wie Gabriel mit ihm gebetet hatte, damit auch sie es lernte.[66]

Er begann, den Menschen die klare monotheistische Botschaft des Einzigen Gottes zu predigen und ermutigte sie, nur noch Allah zu dienen. Ihm war bewusst, dass diese Botschaft Gefahren mit sich brachte, denn die Gleichheit, die Allah für die Menschen wollte, bedeutete für viele reiche Männer in Mekka und in der übrigen Welt das Ende der Tyrannei gegenüber den Schwachen – vor allem gegenüber den Frauen.
Diejenigen, die hunderte Sklaven besaßen und sie wie Tiere behandelten, sollten sie nach der neuen Religion nämlich freilassen. Die Frau sollte ein Erbrecht erhalten und eigenen Besitz haben dürfen. Muhammad ermutigte die Menschen, Sklaven freizulassen. Männer durften nicht mehr eine unbegrenzte Anzahl von Frauen haben. Er bestand darauf, den Frauen Rechte, eine Aussteuer, Erbe und Eigentum zu geben. Er erklärte den zum Besten, der am freundlichsten zu seiner Frau ist.[67]
Die Mekkaner machten sich lustig über Muhammad, wenn er sich für die Rechte der Schwachen einsetzte und Tränen über Mädchen vergoss, die lebendig begraben wurden. Frauen wurden damals verachtet – nicht nur im vorislamischen Arabien, auch von den Römern und Persern. Der Koran verkündete offen, dass die Männer sich dafür einst verantworten werden müssen. „...und wenn das lebendig begrabene Mädchen gefragt wird: ‚Für welch ein Verbrechen wurdest du getötet?‘"[68]

65 Ibn Hischam, S. 114
66 Ibn Hischam, S. 115
67 Abu Dawud 4682, At-Tirmidhi 1162. Abu Dawuds Überlieferung beinhaltet nur den ersten Teil des Hadith. Sahih Al-Dschami As-Saghir 1232, As-Silsila As-Sahiha 284, Sahih Tirmidhi von Albani 928 und in Mischkat Al-Masabih 3264
68 Koran, 81: 8–9
Koran (Qur´an) bedeutet wörtlich "Lesung". Er ist die abschließende, verbale, in arabischer Sprache gesprochene, dem Propheten Muhammad offenbarte, an die gesammte Menschheit gerichtete Botschaft Allahs. (Koranübersetzung Bubenheim/Elyas)

42

Eines Tages erzählte einer seiner Gefährten dem Propheten, was er vor der Annahme des Islams getan hatte.

„O Gesandter Allahs, in der vorislamischen Unwissenheit haben wir unsere Kinder getötet! Ich hatte eine Tochter, die ich eines Tages zu einem Brunnen brachte, in den ich sie hinab stieß. Während sie fiel, schrie sie: ‚Vater! Vater!'"

Als der Prophet dies hörte, schluchzte er so sehr, als habe er eines seiner Kinder verloren. Er weinte so lange, bis sein Bart nass wurde, und doch konnte er den Mann für seine Tat nicht bestrafen. Er hatte ja bereut und dies nur erzählt, um zum Ausdruck zu bringen, wie schrecklich sich die Menschen vor dem Islam verhalten hatten.[69]

Viele Menschen begriffen bald, dass der Prophet, der so ungewöhnliche Dinge sagte und tat, nur das Beste für sie wollte, sie vom Aberglauben befreien und ihnen zeigen wollte, dass Götzen nur Steine waren, die den Menschen weder nützen noch schaden. Die Quraisch aber betrachteten die neue Religion, die durch Muhammad verkündet wurde, als Verunglimpfung ihrer Götter und Beleidigung ihrer Vorfahren. Der Kult um die Götzen, die um die Kaaba standen, war für die Quraisch aber auch die Grundlage ihres Wohlstands und ihrer Macht. Dass sich die Kaaba und die Götzen in ihrer Obhut befanden, war der Grund für ihre Vormachtstellung in Arabien. Der Handel, der während der Pilgerzeit getrieben wurde, war die Quelle ihres Reichtums.

Nach Chadidscha waren Ali, Zaid und Abu Bakr die Ersten, die sich dem Islam anschlossen. Abu Bakr war bekannt für seine große Weisheit und brauchte keine Bedenkzeit, um sich dem Propheten anzuschließen. Er kannte ihn besser als jeder andere und wusste, wie ehrlich und aufrecht sein Freund war. Er begann, die klugen Leute aufzufordern, dem Propheten zu folgen. Durch ihn wurden Abu Ubayda Ibn Al-Dscharah, Abdurrahman[70] Ibn Awf und später noch viele andere Muslime.

---

69 Sunan Ad-Darimi, Muqaddima, S. 7
70 Ursprünglich hieß er Abu Amr. Diesen und viele andere Namen, die einen Beigeschmack der Zeit der Unwissenheit hatten oder pessimistisch gestimmt waren, ersetzte der Prophet Muhammad durch angenehmere; zum Beispiel den Namen *Harb* - „Krieg" - oder „Hässlich" durch friedliche und schöne Namen wie „Dschamila", die Schöne.

Chalid war der Sohn des mächtigen Anführers der Bani Abd Schams[71], Said Ibn Al-As. Einmal träumte er, er stehe am Rande eines Abgrunds, in dem ein verzehrendes Feuer wütete. Plötzlich kam sein Vater und versuchte, ihn ins Feuer zu stoßen. Während sie miteinander rangen, spürte er den Griff zweier Hände, die seinen Vater zurückhielten. Er sah: Sein Retter war Al-Amin – der vertrauenswürdige Muhammad. Da erwachte er und ging gleich zu Abu Bakr.

„Freue dich!", rief Abu Bakr, „der Mann, der dich gerettet hat, ist der Gesandte Allahs! Folge ihm! Bestimmt wirst du ihm folgen, den Islam annehmen und so vor dem Feuer gerettet werden!"

Chalid begab sich zum Propheten, erzählte ihm seinen Traum und fragte ihn nach seiner Botschaft. Der Prophet lehrte ihn, was er wissen wollte. Chalid nahm den Islam an, hielt dies aber vor seiner Familie geheim.[72]

In jener Zeit war der Händler Uthman Ibn Affan in der Wüste von Syrien nach Mekka unterwegs gewesen. Während er schlief, weckte ihn eine Stimme: „Wache auf, in Mekka erschien bereits Ahmad[73], der Hochgepriesene!"[74]

Bevor er Mekka erreichte, begegnete er Talha, einem Cousin Abu Bakrs. Uthman erzählte ihm von der Stimme in der Wüste, während Talha von einem Erlebnis mit einem Mönch berichtete, der ihn fragte, ob der Prophet Ahmad erschienen sei.

Beide machten sich auf den Weg zu Abu Bakr, der sie, nachdem er sie angehört hatte, sogleich zu Muhammad brachte, damit sie den Islam annehmen könnten.

Noch wurde der Islam im Verborgenen verkündet. Der Prophet hatte sich bislang nicht öffentlich zu den Götzen geäußert, daher sahen die Quraisch in der Botschaft nur indirekt eine Bedrohung. Ihre Reaktion war entsprechend schwach. Das sollte sich aber nun ändern.

---

71 Die Bani Abd Schams waren einer der Unterclans der Bani Abdu Manaf, eines großen Stamms der Quraisch.
72 At-Tabaqat Al-Kubra von Ibn Saad
73 Der Superlativ *Ahmad* heißt „der Hochgepriesene" bzw. *Muhammad*, „der Gepriesene".
74 At-Tabaqat Al-Kubra von Ibn Saad

Anfeindungen

Den reichen Herrschern von Mekka war die soziale Gleichheit, die Muhammad predigte, ein Dorn im Auge. Deshalb wollten sie verhindern, dass er Anhänger um sich sammelte. Es hätte auch ihre Geschäfte ruiniert – denn einen einzigen, anbetungswürdigen Gott als unsichtbaren Schöpfer anzuerkennen und Ihm allein zu dienen, bedeutete, allen Götzen abzuschwören. Viele Menschen hatten Steine als Götzen um die Kaaba herum aufgestellt, beteten sie als Götter an und glaubten, dass sie für Glück, Reichtum und Ehre sorgten. In Mekka herrschte damals das Recht des Stärkeren: Wer reich und stark war, konnte sich alles erlauben. Frauen und Sklaven wurden ausgebeutet.

Die Botschaft war vom Propheten drei Jahre im Verborgenen verbreitet worden, doch nun wurde ihm von Allah der Befehl erteilt, sie öffentlich zu verkünden.

Zuerst sprach der Prophet mit seinem Clan, den Bani Haschim. Es bekannten sich zwar nur wenige von ihnen zum Islam, aber Abu Talib sicherte ihm den Schutz der Bani Haschim zu und sagte ihm, dass er mit der Verkündung seiner Botschaft fortfahren könne. Nur einer der Bani Haschim stellte sich gegen ihn: Muhammads Onkel Abu Lahab.

Am folgenden Tag stieg der Prophet auf den Hügel Safa in der Nähe der Kaaba und rief: "O Bani Machzum, o Bani Zuhra, o Bani…". So rief er alle Stämme der Quraisch.

Als sie hörten, dass es Muhammad war, der rief, eilten sie zum Hügel Safa. Nachdem die Stämme der Quraisch sich nun alle versammelt hatten, fragte der Prophet: „Würde ich euch berichten, dass sich hinter diesem Berg Reiter befinden, die euch angreifen wollen, würdet ihr mir glauben?" Sie antworteten: „Ja, wir haben von Dir noch nie eine Lüge gehört und kennen dich als jemanden, der immer die Wahrheit spricht". Da sagte der Prophet: "Ich bin für euch ein Warner vor einer schlimmen Strafe. Ich bin wie jemand, der einen Feind erspäht hat und nun seine Stammesangehörigen warnt". Er erzählte ihnen von seiner Botschaft und dem Auftrag, den Allah ihm gegeben hatte. Er schloss mit den Worten: „O Quraisch, glaubt an Allah, rettet euch vor dem Feuer der Hölle, denn ich kann euch nach dem Tode weder nutzen noch schaden!"[75] Damit wollte er ihnen erklären, dass vor Allah jeder Mensch für sich selbst verantwortlich ist. Vor Allah gibt es keinen Schutz durch Stämme oder durch Reichtum. Alle Menschen sind gleich.

Die Leute der Quraisch hatten zugehört, äußerten sich aber nicht dazu. Sie waren dabei zu gehen, als Abu Lahab rief: „Wehe dir, hast du uns dafür versammelt?"[76]

Dies sollte der Begin einer tiefen Feindschaft Abu Lahabs gegenüber seinem Neffen und den Muslimen sein.

Auch bei vielen der Anführer der Quraisch wuchs eine Gegnerschaft zum Islam. Sie versuchten, einerseits den Islam und den Propheten zu verleumden und andererseits die Vorteile des alten Glaubens hervorzuheben, was ihnen jedoch beides misslang. Nachdem es den Quraisch mit Argumenten und Worten nicht gelungen war, dem Islam etwas entgegnen zu setzen, wandten sie Gewalt an. Die Aggression traf als erstes die Schwachen und Schutzlosen. So begannen die Mächtigen der Quraisch, jene ihrer Sklaven und Diener zu foltern, welche den Islam angenommen hatten, um sie dazu zu zwingen, zum Götzendienst zurück zu kehren.

Der Gesandte Allahs prangerte die Misshandlung und Ausbeutung der Schwachen und Schutzlosen mit scharfen Worten an. Er verlangte ein Ende der betrügerischen Verträge und des Zinswuchers, der die Armen zu Sklaven machte. Er sprach eindringlich von den Rechten der Unterdrückten und Schwachen. Er warnte jeden, der gegen andere Gewalt anwandte, und sagte, dass jeder für seine Taten dereinst von Allah zur Rechenschaft gezogen werden würde. Er erklärte aber auch, er persönlich könne selbst für seinen Onkel Hamza, seine Tante Safiya oder für seine Tochter Fatima – sein eigen Fleisch und Blut – nichts tun.[77] Jeder sei also für sich selbst verantwortlich. Er sprach von den Wundern der Natur, die von der Einheit und Allmacht ihres

---

75 Ar-Rahiq Al-Machtum, S. 84
76 Wegen dieses Verhaltens von Abu Lahab wurde die Koran-Sura 111 herabgesandt, in der er getadelt wird.
77 Ar-Rahiq Al-Machtum, S. 85

Schöpfers zeugen. Er berichtete auch von der Gnade, Güte und Weisheit Allahs. Er rezitierte die bewegenden Verse des Korans, die seine Anhänger schnell aufnahmen und eilig weitergaben.

Die Freundlichkeit der Muslime war bald in aller Munde: Jeden Menschen, ob arm oder reich, grüßten sie mit dem Friedensgruß As-Salamu aleykum - Friede sei mit euch. Es waren die Worte, die Gabriel den Propheten gelehrt hatte. Je mehr Offenbarungen gesandt wurden, desto mehr wurde den Menschen klar, was für ein ungerechtes und würdeloses Leben sie geführt hatten. Wer ernsthaft nachdachte, begriff, dass die Werte und Verse des Koran nicht von Muhammad stammen konnten, sondern aus einer den Menschen überlegenen Quelle kamen.

Das einzige Argument der Götzendiener war, dass auch ihre Väter so gelebt hatten, wie sie es taten. Ganz gleich, was der Islam den Menschen brachte und wie ehrlich der Prophet Muhammad war – sie wollten ihre Lebensweise nicht ändern! Sein Onkel Abu Lahab erklärte ihn für verrückt. Manche nannten ihn einen Dichter, der die Herzen der Menschen nach der ersten Begegnung ändere – obwohl er vor der Sendung gar kein Talent zur Dichtkunst gezeigt hatte und des Lesens und Schreibens unkundig war. Die Quraisch fragten sich, wer ihm von heute auf morgen Poesie und Weisheit beigebracht haben konnte.

Schließlich gingen sie zu Abu Talib, der selbst kein Muslim geworden war. Aufgebracht forderten sie von ihm, dass der Prophet aufhören solle, die Religion ihrer Väter des Irrtums zu bezichtigen, was ja auch ihn selbst, Abu Talib, betreffe. Sie boten sogar an, Muhammad zu ihrem König zu machen, ihm so viele Frauen zu geben, wie er nur wollte, oder so viel Geld, dass er der Reichste unter ihnen würde. Er möge nur endlich mit der Verkündung der Offenbarungen und dem Fordern von Rechten für die Frauen, die Kinder, die Armen und die Schwachen aufhören! Das wurde ihre Geschäfte ruinieren.

Als die Mächtigen der Quraisch bei Abu Talib waren, musste der Propheten zu ihm kommen. Er berichtete ihm, was die Vertreter des Stammes ihm angeboten hatten. Dann bat er seinen Neffen: „Belaste uns nicht mit etwas, was ich nicht verkraften kann!"

Da fürchtete der Prophet, dass sein Onkel ihn nicht mehr unterstützen würde. Sein Volk aber tat ihm leid, und er wollte, dass sie die ersten waren, die vom Licht des Islam rechtgeleitet wurden.

Muhammad machte deutlich, dass er nie aufhören würde, selbst wenn er dafür sterben müsse. Dann stand er weinend auf.

Als er gehen wollte, rief Abu Talib ihn zurück und versprach: „Verbreite, was du möchtest, bei Allah, für nichts werde ich dich preisgeben!"[78]

Nach den ersten acht Muslimen erreichte die Zahl der Frauen und Männer, die den Islam annahmen, schnell einhundertdreißig. Unter ihnen waren einige Verwandte des Propheten, seine beiden Cousins Dschaafar und Zubair sowie Zubairs Mutter Safiya Ummul Fadl, die Frau des noch unsicheren Abbas, brachte ihre Schwestern Salma, Asma' und Maymuna zum Propheten. Dschaafar heiratete Asma', während Hamza ihre Schwester Salma heiratete.[79] Sie alle waren Quraischiten.

Chadidscha war weiterhin eine Stütze für den Propheten. Er liebte sie sehr und heiratete zu ihren Lebzeiten keine weitere Frau. Sie wurde bekannt als „At-Tahira", die Reine – sogar schon vor dem Islam. Deshalb wurden ihre Kinder „Banatut-Tahira", Töchter der Reinen, genannt. Ihre Tugenden und Vorzüge waren bald in ganz Mekka bekannt.

Um sich vor ihrem Stamm zu verstecken, gingen die Gefährten des Propheten zum Gebet in die Schluchten außerhalb Mekkas. Als Saad Ibn Abi Waqqas einmal mit einigen Gefährten dort beim Gebet war, kam eine Gruppe Mekkaner bei ihnen vorbei, stoppte sie, störte ihr Gebet, beschimpfte sie und wurde dann gewalttätig. Als sie sich nicht mehr anders wehren konnten, schlug Saad einen der Angreifer mit dem Kieferknochen eines Kamels und verletzte ihn am Kopf. Dies war das erste Blut, das zur Verteidigung der Muslime vergossen wurde.

Als Abu Talib seinen Sohn Ali mit dem Propheten beten sah,

---

78 Ibn Hischam, S. 122
79 Ibn Hischam S. 117–120; Ar-Rahiq Al-Machtum, S. 81

48

fragte er sie, was sie da täten. Die Beiden erklärten ihm den Sinn und die Wichtigkeit des Gebetes. Er hörte es sich an und ermutigte sie, geduldig zu bleiben.[80]

Die Quraisch merkten, dass Abu Talib weiterhin Muhammad die Unterstützung nicht entziehen würde. Deshalb dachten sie sich etwas Neues aus: Sie gingen mit Umara, dem Sohn des Al–Walid, zu ihm.

„Abu Talib! Das ist Umara. Er ist der stärkste Junge unter den Quraisch und der schönste! Nimm ihn! Sein Verstand und sein Nutzen gehören dir. Als deinen Sohn sollst du ihn haben, wenn du uns dafür deinen Neffen Muhammad übergibst, der sich von unserer und deiner Religion abgewendet hat, deine Gemeinschaft spaltet und ihre Regeln lächerlich macht, damit wir ihn töten. Dann steht es Mann für Mann!"

„Bei Allah, was für ein schlechtes Vorhaben ist das, was ihr da plant! Ihr wollt mir euren Sohn geben, damit ich ihn versorge, und ich soll euch meinen Sohn geben, damit ihr ihn tötet? Bei Allah, das wird nie geschehen!"

Mut'im Ibn Uday sagte: „Bei Allah, Abu Talib, dein Volk ist gerecht mit dir und ist bestrebt, zu vermeiden was du verachtest. Aber du akzeptierst nichts von ihm!"

„Bei Allah, es ist nicht gerecht mir gegenüber, vielmehr wollt ihr andere gegen mich aufhetzen. Deshalb tut, was ihr wollt!"[81]

Die Sache wurde immer schlimmer. Die Sippen hetzten gegen die Gefährten des Propheten, die sich zum Islam bekehrten. Jede Sippe peinigte die Muslime, die unter ihnen lebten und versuchte, sie mit Gewalt von ihrem Glauben abzubringen.

Als Abu Talib sah, was die Quraisch taten, rief er seine beiden Sippen, Haschim und die Abdul-Muttalibs, auf, ihm dabei zu helfen, den Propheten zu schützen. Denn als Oberhaupt des Stammes besaß er das Recht, dem Propheten Schutz zu gewähren, was er als Ehre empfand. Alle, mit Ausnahme Abu Lahabs, kamen seinem Wunsch nach und stellten sich auf seine Seite.

Der Islam begann, sich in Mekka auch unter den Männern und Frauen der quraischitischen Stämme auszubreiten, obwohl die

80 Ibn Hischam, S. 116; Sunan Abi Dawud, S. 26; Tabari II/S. 313 und Ar-Rahiq Al-Machtum, S. 81
81 Ibn Hischam, S. 122 f

Repressalien der Quraisch immer mehr zunahmen.

So kam es wieder zu einem Treffen mit dem Propheten. Sie sagten: „Muhammad, wenn du Besitz brauchst, geben wir dir von unserem Geld so viel, bis du der Reichste bist! Wir ernennen dich zu unserem König, wenn du möchtest. Solltest du aber von einem Geist besessen sein, werden wir unser ganzes Geld für dich ausgeben, um dir ein Heilmittel zu besorgen."

Der Prophet antwortete freundlich: „Es fehlt mir nichts von dem, wovon ihr sprecht! Ich brauche weder euren Besitz noch die Ehre und auch kein Königreich. Allah beauftragt mich als Prophet und hat mir ein Buch offenbart und ich habe den Befehl, euch Freudenbote und Warner zu sein. Ich bringe euch die Botschaften meines Herrn und habe euch einen guten Rat gegeben. Wenn ihr es von mir annehmen wollt, wird das euer Vorteil im Diesseits und Jenseits sein. Wenn ihr mich zurückweist, werde ich Allahs Urteil abwarten, bis Er zwischen mir und euch richtet."

Sie verspotteten ihn und verlangten von ihm, er solle ihnen die Berge entfernen, Flüsse wie im Irak und in Syrien fließen lassen und ihre verstorbenen Vorfahren wie Qusai Ibn Kilab lebendig machen, damit sie ihn fragen könnten, ob es stimmt, was er sagt.

Muhammad sagte ihnen nichts von sich aus, sondern war bemüht ihnen klar zu machen, dass er einen bestimmten Auftrag habe, den er treu weitergeben wollte.

Der Prophet stand auf, um zu gehen, da er erkannte, dass die Quraisch nur auf Streit aus waren.

Sein Cousin Abdullah Ibn Abi Umayya stand auch auf und rief: „Ich werde nicht an dich glauben, bevor ich gesehen habe, wie du auf einer Leiter zum Himmel steigst und mit vier Engeln zu uns kommst, die deine Worte bestätigen! Bei Allah, selbst wenn das geschieht, werde ich nicht an dich glauben!"[82]

Danach ging der Prophet zu seiner Familie zurück – traurig und enttäuscht.

Als der Prophet sie verließ, sagte Abu Dschahl zu den Anwesenden: „Männer von Quraisch! Ich verspreche euch, ich werde morgen mit einem großen Stein auf ihn warten, den ich kaum

---

82 Ibn Hischam, S. 135-136

tragen kann. Wenn er während des Gebets sich niederbeugt, schlage ich ihn damit den Kopf. Ihr könnt mich dann ausliefern oder beschützen. Seine Sippe Abdu Manaf soll dann machen, was sie will!"

„Bei Allah, wir werden dich nie ausliefern, führe aus, was du vorhast!"

Am nächsten Morgen nahm Abu Dschahl einen Stein, wie er ihn beschrieben hatte, setzte sich nieder und wartete auf den Propheten. Der Prophet kam und betete, während die Quraisch in ihrer Versammlung saßen und warteten, was Abu Dschahl tun würde. Als der Prophet sich im Gebet niederbeugte, nahm Abu Dschahl den Stein und ging auf den Propheten zu. Als er aber in seine Nähe kam, erschrak er und ließ den Stein fallen.

„Was ist mit dir, Abul Hakam?", riefen sie ihn.

„Ich ging zu ihm, um mit ihm zu machen, was ich euch gestern versprach. Als ich mich näherte, griff mich ein riesiges Kamel an. Bei Allah, mit so einem Kopf und solchen Zähnen, so eins habe ich nie zuvor gesehen! Es versuchte mich zu fressen!"

Der Prophet erklärte später, dies sei Gabriel gewesen und wenn Abu Dschahl noch nähergekommen wäre, hätte er ihn geschnappt."[83]

Nadr Ibn Al-Harith[84] sprach: „Ihr Männer von Quraisch! Bei Allah, ihr habt keine Lösung für euer Problem! Unter euch war Muhammad noch ein junger Mann, mit dem ihr am meisten zufrieden gewesen seid, der Ehrlichste und Zuverlässigste unter euch. Erst nachdem ihr seine grauen Haare gesehen habt und er mit seiner Botschaft kam, habt ihr ihn einen Zauberer genannt; ein Zauberer aber kann er nicht sein, denn wir haben die Zauberer, ihr Spucken und ihre Knoten gesehen. Ihr habt ihn einen Hellseher genannt, der er nicht sein kann. Ihr habt ihn einen Dichter genannt. Ein Dichter kann er auch nicht sein, denn wir kennen alle Dichtkünste. Schließlich habt ihr ihn als verrückt bezeichnet, was auch nicht sein kann. Denn man sieht kein Ersticken, Einflüstern und auch keine Verrücktheit. Männer von

---

83 Ibn Hischam, S. 136
84 Nadr war einer der schlimmsten Feinde des Propheten. Er kannte die Geschichten der persischen Könige und Fürsten. Um die Menschen abzulenken, begann er jedes Mal, Geschichten zu erzählen, wenn der Prophet versuchte, vom Islam zu sprechen. (Ibn Hischam, S. 137)

Quraisch, nehmt eure Sache ernst! Bei Allah, eine große Sache ist auf euch herabgesandt!"

Nadr war ein von den Quraisch, die den Propheten immer wieder kränkten, verspotteten und anfeindeten. Ihn beauftragten die Quraisch, in Begleitung eines weiteren Mannes, zu den jüdischen Rabbis nach Medina zu gehen, um ihnen den Propheten zu beschreiben. Sie sprachen zu ihnen „Ihr seid die Leute der Thora, und wir brauchen euren Rat, was wir mit Muhammad tun sollen!"

Die Rabbis antworteten: „Fragt ihn nach drei Sachen! Wenn er darüber berichtet, dann ist er ein Gesandter, ein Prophet Allahs. Stellt die erste Frage über die jungen Männer, die in alter Zeit fortgingen; fragt nach einem Wunder, das mit ihnen passierte. Dann fragt ihn nach einem Reisenden, der das Ende der Welt, den Osten und den Westen, erreichte. Und schließlich fragt ihn nach der Seele. Wenn er euch eine Antwort geben kann, so ist er bestimmt ein Prophet Allahs. Dann gehorcht ihm!"

Die Männer beeilten sich, nach Mekka zurückzukehren und berichteten den Quraisch, dass sie mit einer wichtigen Sache gekommen seien, die zwischen ihnen und Muhammad entscheiden würde. Dann gingen sie zu Muhammad und begannen, ihn nach den drei Sachen zu fragen.

Der Prophet sagte ihnen: „Morgen antworte ich auf eure Fragen", ohne jedoch „inscha' Allah", „wenn Allah will", hinzuzufügen.

Fünfzehn Nächte vergingen, doch Allah offenbarte ihm keine Antwort, und Gabriel kam auch nicht. Die Mekkaner sagten darüber in Mekka: „Muhammad versprach, uns am nächsten Tag zu antworten, und inzwischen haben wir fünfzehn Nächte hinter uns. Nicht einmal eine einzige Frage kann er beantworten!"

Das Ausbleiben der Offenbarungen und das Gerede der Mekkaner machten Muhammad sehr traurig.

Als er schon fast keine Hoffnung mehr hegte, brachte Gabriel die Antwort – die berühmte Sure „Die Höhle"[85], in der Allah den Propheten wegen seiner Trauer über das Gerede der Menschen

---

85 Ibn Hischam, S. 138. „Die Leute der Höhle" – unter dieser Bezeichnung werden im Koran jene Jünglinge aufgeführt, welche im Okzident gewöhnlich „die Siebenschläfer von Ephesus" genannt werden (vgl. Koran 18: 9–11).

tadelt: „...*und sprich von keiner Sache: »ich werde das morgen machen«, es sei denn [du fügst hinzu] »so Allah will«*"[86].

Der Prophet ging erleichtert zu den Mekkanern und berichtete ihnen, was Gabriel ihm offenbart hatte. Als er den Männern ihre Fragen beantwortete, begriffen sie, dass diese kraftvollen Worte richtig waren und er wirklich ein Prophet Allahs sein musste.

Die neue Offenbarung stärkte Muhammad und die Gläubigen noch mehr, und für manchen unsicheren Mekkaner bedeutete sie eine eindrucksvolle Bestätigung dessen, dass die Offenbarungen vom Himmel kamen und nicht von Muhammad. Er, der nicht schreiben und lesen konnte, war ja nicht in der Lage, sich selbst ein derartig schönes, aber auch verborgenes Wissen anzueignen - ganz gleich, wie lange er es versucht hätte.

Die erste Frage betraf die Geschichte von den jungen Schläfern von Ephesus, die dem reinen Glauben an Allah treu blieben und dafür von ihrem Volk, das Götzen verehrte, verfolgt wurden. Die jungen Gläubigen flüchteten in eine Höhle, in der Allah sie in einen tiefen Schlaf versetzte. Erst dreihundertundneun Jahre später erwachten sie. Die Genauigkeit und dazu noch die Schönheit, mit der der Koran diese Geschichte wiedergibt, verwunderte die Juden.[87]

Die zweite Frage betraf einen großen Reisenden, nämlich Dhul-Qarnain.[88] Auch hier fiel die Antwort des Korans durchaus klarer und ausführlicher aus.[89]

Über die dritte Frage - nach dem Wesen der menschlichen Seele - wurde offenbart, dass die Seele den menschlichen Verstand überfordere.[90]

Nach der Beantwortung der drei Fragen wurden weitere Offenbarungen über die Worte Allahs herabgesandt.[91] Sie waren Anlass für viele unsichere Mekkaner und auch für einige Juden, zum Islam zu konvertieren. Je größer die Zahl der Muslime wurde, desto größer wurden auch der Neid und die Verfolgung, die ihnen entgegenschlug.[92]

---

86 Koran: 18: 23–24
87 Koran 18: 9 bis 22
88 Hier handelt es sich um einen König, der bis an alle Grenzen der ihm bekannten Welt gereist war; er war von Allah mit großer Macht ausgestattet worden, die er zum Wohle der Menschheit nutzte.
89 Koran 18: 83 bis 98
90 Koran 17: 85
91 Koran, Ende der Sure 18
92 Ibn Hischam, S. 172

Auch in Medina gab es immer wieder Streit zwischen den Juden und den Götzendienern, die nicht an die Einzigartigkeit des Einen Gottes und die Auferstehung der Toten glauben wollten. Die Rabbis erwähnten oft, dass aus Mekka bald ein Prophet erscheinen würde. Manchmal drohten sie auch, wenn dieser Prophet käme, würden sie, die Juden, die Götzendiener ausrotten. Dazu kam noch die Lehre eines jüdischen Gelehrten namens Ibn Alhayaban, der einmal zu den jüdischen Stämmen gesagt hatte: „Was könnte der Grund sein, das Land von Wein und Brot zu verlassen und zum Land der Anstrengung und des Hungers zu kommen? Ich bin in dieses Land gekommen, weil ich auf einen Propheten warte, der bald erscheinen wird und in diese Stadt auswandern wird. Ich hatte die Hoffnung, ihn zu erleben und ihn zu folgen. Doch ihr werdet ihn erleben, also folgt ihm!"[93]
Es gab genügend Menschen, die all dies gehört hatten.

---

93 Ibn Hischam S. 99-100. Ibn Ishaq sagte: Dies haben wir von den Rabbinern erfahren.

Verleumdung, Unterdrückung und Hoffnung

ie Besucher und Pilger, die aus ganz Arabien nach Mekka kamen, um ihre Götzen zu verherrlichen, hörten immer mehr von dem neuen Propheten. Die Mekkaner sahen, wie schnell der Prophet die Menschen von den einfachen und praktischen Lehren seiner Religion überzeugte.

Schließlich versuchten die Quraisch, den Propheten der Zauberei zu bezichtigen. Zu allen Straßen wurden Männer entsandt, die die Besucher schon außerhalb der Stadt davor warnen sollten, mit Muhammad zu sprechen. So wollten die Quraisch verhindern, dass die Besucher Mekkas die Lehre des Islam zu hören bekämen.

Als Tufayl vom Stamm Bani Daus[94] Mekka besuchen wollte, hielt man auch ihn auf und warnte ihn, er solle Muhammad nicht zuhören, denn dieser sei gefährlich und würde jeden, der mit ihm sprach, für immer verzaubern und von seinem Stamm trennen. Tufayl war ein kluger Dichter und ein wichtiger Mann in seinem Stamm. Man hatte so lange auf ihn eingeredet, bis er Angst bekam, verzaubert zu werden. Als er die Moschee[95] betrat, stopfte er sich die Ohren mit Watte zu.

In der Moschee sah Tufayl den Propheten, der aus dem Koran rezitierte. Er sagte: „Allah wollte, dass ich etwas von den wunderbaren Worte hörte und ich sagte zu mir: ‚Ich bin doch ein kluger Mann und ein Dichter, der selbst unterscheiden kann, ob etwas gut oder nicht gut ist. Wenn es gut ist, werde ich es befolgen, und wenn es nicht gut ist, dann ignoriere ich es einfach.' Ich ging dem Propheten nach, bis er in dessen Haus kam und rief ihn: ‚Muhammad, die Leute haben mir so viel Angst vor dir gemacht, dass ich meine Ohren mit Watte zustopfte, damit ich dich nicht hören kann. Aber Allah wollte, dass ich dich doch höre! Sprich zu mir von deiner Wahrheit!'"

---

94 Die Bani Daus waren ein Stamm, der in Tihama im Süden der arabischen Halbinsel lebte.
95 Da die Kaaba schon immer eine Moschee, also ein Ort der Niederwerfung war, nannte man sie auch schon immer Masdschid.

Der Prophet rezitierte Koranverse und begann, vom Islam zu berichten. Bis dahin hatte Tufayl von den Gegnern Muhammads nur Unwahrheiten über den Islam gehört. Was er jetzt aus dem Mund des Propheten vernahm, überzeugte und begeisterte ihn, sodass er sich ihm anschloss.

Tufayl ging nach Hause, berichtete seiner Frau und seinem Vater von seiner Begegnung mit dem Propheten und überzeugte auch sie, sich dem Islam anzuschließen. Als er jedoch andere Mitglieder seines Stammes gewinnen wollte, lehnten diese ab. Daraufhin wurde Tufayl so traurig und wütend, dass er zum Propheten zurückkehrte und ihn aufforderte, sein Volk zu verfluchen.

Dies lehnte der Prophet ab. Im Gegenteil – er sprach für sie ein Bittgebet, schickte Tufayl nach Hause und bat ihn, sein Volk liebenswürdig zu behandeln. Darauf wurden nach und nach viele Familien seines Stammes Muslime.[96]

Ein Mann vom Stamm der Bani Ghifar[97] hielt sich ebenfalls zur Pilgerzeit in Mekka auf. Nach seiner Rückkehr hatte er seinem Bruder Abu Dharr erzählt, dass dort ein Prophet erschienen sei und von seinem Volk verfolgt werde, nur weil er gesagt hatte, dass es „keinen Gott außer Allah gibt" und er Götzen nicht verehren möchte.[98]

Abu Dharr, der fest an Allah glaubte und sich weigerte, Götzen zu verherrlichen, machte sich sofort auf den Weg nach Mekka. Schon bevor er in die Stadt kam, erzählten ihm die an den Straßen wartenden Quraisch, was für ein gefährlicher Mann Muhammad sei. Dennoch gelang es Abu Dharr, unbehelligt zum Haus des Propheten zu kommen. Abu Dharr begrüßte den Propheten ehrfürchtig.

Abu Dharr bat ihn: „Erzähle mir von deinem Werk".

„Ich bin kein Dichter und es sind nicht meine Worte, die ich vortrage, es ist der Koran, von Allah."

Der Prophet trug aus dem Koran vor.

---

96 Ibn Hischam, S. 176
97 Ein Stamm, der in der Nähe Medinas lebte
98 „Wegen dieses Satzes wollt ihr einen Menschen umbringen?", fragte Abu Bakr einmal weinend, als er sah, wie die Quraisch Muhammad behandelten. Sie griffen Abu Bakr an und verletzten ihn am Kopf, woraufhin er bewusstlos wurde. Als er wieder erwachte, war seine erste Frage, ob dem Propheten etwas zugestoßen sei.

Es dauerte nicht lange, und Abu Dharr war sich sicher, dass er wirklich einen Propheten vor sich hatte. Darauf sprach Abu Dharr das Glaubensbekenntnis, das einen zum Muslim macht. Als Abu Dharr berichtete, aus welchem Stamm er war, sagte der Prophet überrascht: „Allah leitet recht, wen er will."[99] In Mekka war bekannt, dass viele Männer vom Stamm der Bani Ghifar Straßenräuber waren.

Als Abu Dharr zu seinem Stamm zurückkehrte, konnte er viele von ihnen überzeugen, zum Islam zu konvertieren und damit das Straßenräuberleben aufzugeben, was mit dem Islam nicht vereinbar ist.

Da der Prophet Muhammad unter dem Schutz Abu Talibs als Oberhaupt der Bani Haschim stand, konnten die Quraisch ihren Plan, den Propheten zu ermorden, nicht so einfach ausführen. Deshalb begnügten sie sich vorerst damit, die Schwachen unter den Muslimen zu verfolgen, vor allem Sklaven, die in ihrer Gewalt waren.

Um sie vom Islam abzubringen, sperrten sie sie ein, folterten sie mit Schlägen, ließen sie hungern und dursten und setzten sie der Sonnenhitze aus, wenn diese mittags am stärksten war. Einige wurden so schwer misshandelt, dass sie ihren Folterern sagten, was diese hören wollten, während sie aber innerlich Muslime blieben; andere jedoch ertrugen die Qualen und blieben standhaft. Der Römer Sinan wurde unter der Folter so oft bewusstlos, dass er am Ende nicht mehr wusste, was er sprach. Chabbab, ein Schmied, wurde mit einer glühenden Eisenstange gefoltert, damit er Muhammad abschwor. Er ertrug jedoch die Qualen, und sein Glaube wurde umso stärker. Ein Mann namens Abu Fukayha wurde in Ketten gelegt, man riss ihm die Kleider vom Leib und legte einen gewaltigen Stein auf seinen Rücken, sodass er sich nicht mehr bewegen konnte. Einmal band man sogar einen Strick um ihn und zog ihn bis zur Ramda[100], wo man ihn für tot erklärte. Abu Bakr kam weinend zu ihm, rettete ihn und kaufte ihn von seinen Peinigern los; dann ließ er ihn frei.[101]

---

99 At-Tabaqat Al-Kubra von Ibn Saad IV/S. 164

100 Ramda war ein Ort nahe Mekka, der dafür bekannt war, dass er keinerlei Schutz vor der Sonne bot, da es dort weder Felsen noch Bäume gab. Dieser Ort wurde von den Quraisch oft genutzt, um die Muslime zu foltern.

101 Asadul Ghabah I/S. 591; Ar-Rahiq Al-Machtum, S. 91

Zunayra, eine römische Sklavin, hatte durch furchtbare Folter ihr Augenlicht verloren. Man sagte ihr, die Götzen Al-Lat und Al-Uzza hätten sie blind gemacht. Sie erwiderte: „Bei Allah, das stimmt nicht, und Allah wird es wieder in Ordnung bringen!" Am nächsten Tag konnte sie wieder sehen. Die Quraisch sagten, dies sei etwas vom Zauberwerk Muhammads.[102]

Umayya folterte Bilal, wenn die Mittagshitze nicht zu ertragen war. Im Tal von Mekka warf er ihn auf den Rücken, dann befahl er seinen Männern, Bilal einen großen Stein auf die Brust zu wälzen und sprach: „Du wirst solange so bleiben, bis du stirbst oder Muhammad verleugnest und zu den Göttinnen Al–Lat und Al–Uzza betest!"

Ahadun Ahad, Einer! Einer!", rief Bilal und bekannte sich so trotz seiner Bedrängnis zu Allah, dem Einzigen und Einen.

Waraqa Ibn Naufal ging vorüber und sah, wie Bilal gequält wurde und seine beschwörenden Worte rief. Er bekräftigte ihn in seinem mutigen Glauben: „Bei Allah, so ist es Bilal, Er ist Einer, Einer!"

Dann rief er Umayya und die anderen vom Stamm Dschuma[103], die Bilal folterten: „Ich schwöre bei Allah, wenn ihr ihn dafür tötet, dass er standhaft blieb, werde ich sein Grab zu einer Pilgerstätte machen!"

Abu Bakr wohnte in dem Viertel und kam eines Tages vorbei, als die Bani Dschuma wieder einmal Bilal folterten. Er fragte Umayya: „Hast du keine Furcht vor Allah, wegen dem, was du diesem Armen antust? Wie lange noch?"

„Du hast ihn verdorben, also rette ihn doch", zischte Umayya wütend.

Darauf bot Abu Bakr an, Bilal zu kaufen, und Umayya willigte ein.

Abu Bakr nahm Bilal mit und schenkte ihm die Freiheit, so wie er es schon mit vielen anderen Sklaven getan hatte.

Unter denen, die Abu Bakr befreit hatte, waren auch Amr Ibn Fuhayra, An-Nahdiya mit ihrer Tochter, die unter schlimmer Folter zu leiden gehabt hatten, sowie Zunayra, die römische

---

102 At-Tabaqat Al-Kubra von Ibn Saad VIII/S. 256; Ibn Hischam, S. 146–147; Ar-Rahiq Al-Machtum, S. 91
103 Die Bani Dschuma waren einer der Stämme der Quraisch.

Sklavin, die ihr Augenlicht vorübergehend verloren hatte.

Weil Abu Bakr so viele Sklaven befreite, wurde er von seinem Vater Abu Quhafa getadelt. Er fragte ihn, weshalb er nur die Schwächsten freikaufe, die ihm keinen Nutzen brächten. Abu Bakr antwortete, dass er es für Allah tue und nicht zu seinem eigenen Vorteil. Das Lob für diese Taten Abu Bakrs findet sich in einem Koranvers, welcher die Menschen motiviert, solange diese Erde existiert, Gutes zu tun, ohne deswegen im Diesseits einen Nutzen zu erwarten.[104]

Es war vor allem Abu Dschahl, der die Quraisch gegen die schwachen Muslime aufhetzte. Wenn er hörte, dass jemand von einer adligen Sippe seinen Angehörigen Schutz gewährte, machte er ihn lächerlich und sagte zu ihm: „Du verlässt die Religion deines Vaters, und er ist besser als du. Wir erklären dich für wahnsinnig und werden deinen Ruf ruinieren!" Wenn es sich um einen Händler handelte, sagte er zu ihm: „Wir ruinieren deine Geschäfte und vernichten dein Vermögen!" Wenn es ein Schwacher war, folterte er ihn, hetzte die anderen gegen ihn auf, und gemeinsam verspotteten sie ihn und seinen Glauben.

Durch Offenbarungen sprach Allah zu Muhammad: *„Schon vor dir wurden Gesandte verspottet, doch das, worüber sie spotteten, erfasste die Spötter unter ihnen. (…) Und sprich: "Gekommen ist die Wahrheit und dahin geschwunden ist die Falschheit; wahrlich, das Falsche verschwindet bestimmt."*[105] *(…) Und verkünde den Gläubigen die frohe Botschaft, dass ihnen von Allah große Huld zuteil werde."*[106]

Yassir war als junger Mann mit seiner Frau nach Mekka gezogen. Da er ein Fremder war, begab er sich unter den Schutz der Bani Machzum. Sie lebten fortan in Mekka und bekamen einen Sohn, den sie Ammar nannten. Als dieser herangewachsen war, gehörte er zu den ersten, die den Islam annahmen. Er überzeugte auch seine Eltern, Muslime zu werden. Nun traf die drei der Zorn der Bani Machzum; da sie unter deren Schutz standen, waren sie ihnen ausgeliefert. Alle drei wurden auf einem Platz der

---

104 Koran 92: 5–6, 19–21; Ibn Hischam, S. 147; At-Tabaqat Al-Kubra VIII/S. 256; Ar-Rahiq Al-Machtum, S. 92
105 Koran 17: 81
106 Koran 33: 47

Mittagshitze ausgesetzt und gefoltert. Doch sie ertrugen die Demütigungen und Qualen voller Geduld. Immer wenn der Prophet Muhammad an ihnen vorbei kam, sagte er zu ihnen: „Habt Geduld, Familie von Yassir, euer Treffpunkt wird das Paradies sein."[107]

Eines Tages kam Abu Dschahl an Sumayya vorbei, während sie gefoltert wurde. Er beschimpfte sie auf die übelste Weise. Als sie ihm keine Beachtung schenkte, stach er seinen Speer in ihren Schoß. Sumayya starb. Die schwache, magere, alte Frau war die erste Märtyrerin für die Sache Allahs. Ihr Mann Yassir starb ebenfalls kurze Zeit später unter der Folter. Ihr Sohn Ammar wurde von Abu Dschahl weiter gefoltert, um ihn zu zwingen, den Propheten zu beschimpfen und die Götzen zu loben. Nachdem er seine Eltern hatte sterben sehen und die Folter nicht nachließ, sagte er, was Abu Dschahl hören wollte.

Nach seiner Freilassung ging er weinend zum Propheten und berichtete, was er getan hatte. Muhammad beruhigte ihn, und kurz darauf wurde ein Koranvers offenbart, in dem den Muslimen mitgeteilt wurde, dass sie nicht für Dinge getadelt oder bestraft werden, zu denen sie gezwungen werden.[108]

Eines Tages, als der Prophet sich in der Nähe des Hügels Safa aufhielt, kam Abu Dschahl vorbei und begann ihn schrecklich zu beschimpfen. Der Prophet wurde nie ausfallend oder stritt sich mit anderen – ganz gleich, wie schwer er beleidigt wurde. Er schwieg, sah Abu Dschahl nur an, und als dieser fertig war, wandte er sich von ihm ab und ging. Da bewarf er den Propheten mit einem Stein und verletzte ihn. Danach setzte sich Abu Dschahl zu einer Gruppe von Männern der Quraisch, welche sich gewöhnlich in der Nähe der Kaaba trafen.

Kurz darauf kehrte Hamza, mit seinem Bogen in der Hand, von der Jagd zurück. Er pflegte immer, wenn er von der Jagd nach Mekka heimkehrte, die Kaaba zu umrunden und anschließend die Männer der Quraisch, welche sich dort trafen, zu begrüßen und mit ihnen zu sprechen.

Als er nun auf dem Weg zur Kaaba war, hielt ihn eine Frau auf und erzählte ihm, was Abu Dschahl dem Propheten angetan

---

107 Ibn Hischam, S. 147
108 Koran: 16: 106. Ibn Hischam, S. 147; At-Tabaqat Al-Kubra von Ibn Saad III/S. 248; Ar-Rahiq Al-Machtum, S. 91

hatte. Bebend vor Zorn ging er zu dem Treffpunkt der Quraisch. Hamza lief ohne zu grüßen oder sonst etwas zu sagen auf Abu Dschahl zu. „Du beschimpfst meinen Neffen, obwohl ich seiner Religion angehöre", sagte er und schlug Abu Dschahl so fest mit seinem Bogen ins Gesicht, dass er ihm eine tiefe Wunde zufügte. „Schlag zurück, wenn du kannst!", rief er. Die anwesenden Bani Machzum – Abu Dschahls Sippe - wollten Hamza angreifen, doch da sprach Abu Dschahl: „Lasst ihn, denn ich habe seinen Neffen wirklich schlimm beschimpft".[109]
Nun war ein starker und gefürchteter Held der Quraisch Muslim geworden, was die Position der Muslime natürlich verbesserte.

Dass die Muslime immer zahlreicher wurden verärgerte die Quraisch. Deshalb schickten sie Utba Ibn Rabi'a, das mächtige Oberhaupt des Stammes Abdu Schams, zum Propheten, um mit ihm zu sprechen. Nachdem ihm der Prophet, wie es seine Art war, höflich zugehört hatte, bat er darum, auch ihm zuzuhören, denn er wollte erklären, was er tat und warum. Utba hörte mit großen Augen zu. Dann kehrte er zu der Versammlung der Quraisch zurück.
Als sie ihn kommen sahen, waren sie über den veränderten Ausdruck seines Gesichts überrascht. Sie riefen: „Was ist mit dir geschehen, Utba?"
Er antwortete: „Noch nie habe ich solche wunderbaren Worte gehört! Bei Allah, sie sind weder Dichtung noch Zauberei. Ihr Männer von Quraisch, hört, was ich euch sage: Lasst diesen Mann tun, was er tut. Lasst ihn! Denn bei Allah, was ich von ihm hörte, wird eine große Sache werden. Wenn die Araber ihn niederschlagen, dann habt ihr ihn durch andere erledigen lassen, wenn er sie aber unterwirft, dann ist seine Herrschaft eure Herrschaft und seine Macht eure Macht und ihr werdet durch ihn die glücklichsten aller Menschen sein!"
Die Männer verspotteten Utba und riefen zornig: „Mit seiner Zunge, o Abul Walid, hat er dich verzaubert!"[110]
Obwohl immer wieder das eine oder andere Wunder die Bot-

109 Ibn Hischam, S. 133; Ar-Rahiq Al-Machtum, S. 102 f.
110 Ibn Hischam, S. 134; Mu'dscham As-Saghir von Tabarani I/S. 265; Ar-Rahiq Al-Machtum, S. 107

schaft des Propheten bestätigte, blieben die Offenbarungen der Verse des Koran selbst doch das deutlichste aller Zeichen. Wenn die Quraisch vom Propheten eigennützige Wunder verlangten, machte er ihnen klar, dass es ihm nicht möglich war, seinen Herrn um so etwas zu bitten. Ohnehin wurden alle Wunder, die er mit Allahs Hilfe bewirkte, als Zauberei bezeichnet, ganz gleich, welcher Art sie waren. Die Quraisch verhielten sich in diesem Punkt nicht anders als die Völker der anderen im Koran erwähnten Propheten, die ihre Gesandten als Zauberer verleumdeten.

Die Quraisch wollten einfach nicht wahrhaben, dass Muhammad ein Prophet war, daher bedrängten sie ihn immer wieder, ihnen ein Wunder zu zeigen.

In einer Vollmondnacht gingen einige Götzendiener zum Propheten und baten ihn, den Mond zu spalten. Da geschah dieses Wunder tatsächlich; der Mond spaltete sich vor den Augen der Mekkaner in zwei Teile; jede Hälfte erhellte einen Teil des Berges. Der Prophet sprach: „Ihr seid meine Zeugen!"[111]

Dieses Wunder stärkte den Glauben der Muslime; außerdem nahmen weitere Frauen und Männer den Islam an. An jene, die jenes Zeichen gesehen hatten und das Prophetentum Muhammads dennoch verleugneten, wandte sich folgende Offenbarung: *„Näher ist die Stunde [der Auferstehung] gekommen, und gespalten hat sich der Mond. Und wenn sie ein Zeichen sehen, wenden sie sich ab und sagen: »Fortdauernde Zauberei«."*[112]

Die Offenbarungen ermahnten den Propheten und die Muslime jedoch zur Geduld.[113]

---

111 Sahih Buchari
112 Koran 54: 1–2
113 *Ertrage in Geduld, was sie sprechen, und halte dich fern von ihnen mit einem höflichen Gruß* (Koran 73: 10) und auch: *Behandele sie freundlich* (Koran 54:17).

Vor dem Negus[114]

𝒰m den ständigen Verfolgungen und Demütigungen durch die Mekkaner zu entgehen, fasste der Prophet einen Plan. „Wenn ihr in das Land der Abessinier geht, findet ihr dort einen König, bei dem euch kein Unrecht zustoßen wird", sprach er zu den Muslimen. So wurden also Vorbereitungen für die Reise getroffen.

Um nicht von den Quraisch gefangen genommen zu werden, verließen die ersten Muslime heimlich im Schutze der Nacht Mekka. Ihre Flucht blieb den Quraisch jedoch nicht lange verborgen. Es wurde eine Truppe entsandt, um die Auswanderer zurückzuholen.

Zu jener Zeit - man schrieb das Jahr 615 - wurde Abessinien[115] von einem christlichen Negus regiert, der ein gerechter König von aufrichtigem Glauben war, wie der Prophet ihn beschrieb. Unter den Auswanderern war auch eine Tochter des Propheten, Ruqayya, mit ihrem Mann Uthman. Der Prophet sagte, dass „es sich hier um die erste Familie handelt, die auf dem Weg Allahs ausgewandert ist, nach der Auswanderung der Propheten Abraham und Lot."

Die Auswanderer eilten zum Hafen Schuayba. Als ihre Verfolger von den Quraisch den Strand erreichten, waren sie schon mit zwei Handelsschiffen in See gestochen und damit gerettet.[116]

Vom Negus wurden die Muslime herzlich begrüßt. Fortan konnten sie in Freiheit leben und ihre Religion ungestört ausüben. Einige Tage später folgte ihnen eine größere Gruppe nach. Für diejenigen, die in Mekka zurückblieben, wurde das Leben nun immer schwieriger.

Abessinien war ein wichtiger Handelspartner Mekkas. Die Quraisch pflegten gute Kontakte zum Negus und seinem Hof.

---

114 *Negus* – auf Amharisch, der Sprache Äthiopiens, der damals in Abessinien gebräuchliche Titel für „König"
115 Das heutige Äthiopien
116 Zadul Mi´ad I/S. 24; Ar-Rahiq Al-Machtum, S. 98; Ibn Hischam, S. 148. Es waren etwa 80 Auswanderer; ihre Namen finden sich bei Ibn Hischam auf S. 149.

Daher waren die Quraisch sehr verärgert darüber, dass die Muslime in Abessinien Zuflucht suchten. Sie dachten sich: "Nun genügt es Muhammad nicht mehr, bei uns zu Hause für Unruhe zu sorgen, jetzt stört er auch noch unsere Außenbeziehungen!". Also fassten sie einen Plan: Sie wollten den Abessiniern Geschenke machen, um sie zur Auslieferung der Muslime zu bewegen. Mit diesem Auftrag schickten die Mekkaner eine Delegation, zu der auch der angesehene Amr Ibn Al-As gehörte, nach Abessinien.

Umm Salama berichtet: „Als wir in das Land der Abessinier kamen, bereiteten uns die Leute den besten Empfang. Unter dem Negus erhielten wir die Sicherheit, unseren Glauben zu praktizieren, und wir dienten Allah, ohne Unrecht zu erleben oder etwas Verletzendes zu hören. Als diese Nachricht die Quraisch erreichte, beschlossen sie, unseretwegen zwei Männer zum christlichen Negus zu entsenden. Aus Mekka sollten sie für den Negus wertvolle Geschenke mitnehmen. Was man besonders gerne aus Mekka nach Abessinien lieferte, war Leder. Sie packten nun für den Negus viel Leder zusammen, auch für seine Generäle. Zur Übergabe der Geschenke schickten die Quraisch Abdullah Ibn Abi Rabi'a und Amr Ibn Al-As nach Abessinien und gaben ihnen die Befehle, zuerst den Generälen die Geschenke zu geben und diese darum zu bitten, ihnen die Auswanderer auszuliefern, bevor diese mit dem König sprechen würden.

Erst dann sollten sie dem Negus die Geschenke geben. Sie ritten los, bis sie zum Negus kamen. Als sie den Generälen ihre Geschenke gaben, sprachen sie: "Es sind in das Land des Königs einige unserer jungen Besessenen gekommen. Sie verließen die Religion ihres Volkes und haben auch eure Religion nicht angenommen. Sie sind mit einer neuen Religion gekommen, die weder ihr noch wir kennen. Die Edlen ihres Volkes schicken uns zu eurem König, damit er sie abschiebt. Wenn wir nun mit dem König gesprochen haben, sagt ihm, er soll sie uns übergeben, ohne mit ihnen gesprochen zu haben. Denn ihr Volk weiß ja am besten Bescheid über ihre Taten!"

Die Generäle waren einverstanden. Die Mekkaner händigten nun auch dem Negus die Geschenke aus und begannen über die Auswanderer zu reden. Sie wollten auf jeden Fall verhindern, dass der Negus mit den Auswanderern sprechen würde.

Die Generäle versuchten auch, den Negus zu überreden.

Das Ganze machte den Negus wütend, und er sprach zu seinen Gefolgsleuten: „Nein, bei Allah, ich werde sie nicht übergeben! Leute, die mich wählten und mein Land aussuchten, werde ich nie ausliefern, ohne sie vorher angehört zu haben. Wenn es stimmt, werde ich sie zu ihrem Volk zurückschicken. Wenn es aber nicht stimmt, werde ich sie vor den Quraisch beschützen, solange sie mich brauchen."

Dann ließ er die Gefährten des Propheten kommen. Auch seine Bischöfe ließ er mit ihren heiligen Schriften kommen.

Die beiden Mekkaner hatten gehofft, dieses Treffen würde nicht stattfinden und die Muslime würden nicht zu Wort kommen.

Als die muslimischen Frauen und Männer zum Thronsaal geführt wurden, merkten die Abessinier, dass diese ihnen viel sympathischer waren als die Quraischiten. Schon bevor sie zu sprechen begannen, waren der König und die Anwesenden bewegt.[117]

Der Negus fragte die Muslime: „Welche Religion ist es, wegen der ihr euer Volk verlassen habt, während ihr weder meine noch eine andere Religion eines anderen Volkes angenommen habt?"

Dschaafar, der Sohn Abu Talibs, sprach für die Muslime: „O König, wir waren ein Volk der *Jahiliya* - Unwissenheit, beteten Götzen an, aßen Kadaver, begingen Freveltaten, behandelten die Nachbarn schlecht, und die Starken unter uns nutzten die Schwachen aus. Auf diese Weise lebten wir, bis Allah uns von uns selber einen Propheten schickte. Wir kennen seine Abstammung, seine Ehrlichkeit, Vertrauenswürdigkeit und Keuschheit. Er lehrte uns, die Einzigkeit Allahs anzuerkennen, Ihm alleine zu dienen und nicht Steinen und Götzen. Er lehrte uns, stets die Wahrheit zu sprechen, Treue zu wahren, Versprechen zu halten, die Rechte der Familie und Nachbarn zu achten und kein Blut zu vergießen. Er verbot uns, falsche Zeugenaussagen zu machen oder den Besitz der Waisen zu veruntreuen und un-

---

117 Die ruhige und fromme Haltung der Muslime offenbarte eine natürliche Schönheit. Besonders zwei angenehme und sympathische Paare, Dschaafar mit seiner Frau Asma' und Uthman mit Ruqayya, waren eine wichtige Quelle der Kraft und Hoffnung für die Auswanderer. Der Prophet hatte zu Dschaafar gesagt: „Du ähnelst mir im Aussehen und im Charakter" (Tabaqat Ibn Saad). Es waren noch viele Cousins des Propheten und viele Söhne und Töchter der reichen Mekkaner dabei.

schuldige Frauen zu verleumden. Er befahl uns, nur Allah anzubeten und Ihm keine Götter beizugesellen, den Armen Almosen zu geben und zu fasten. Wir glauben ihm und der Offenbarung, mit der er von Allah kam. Wir beten Allah alleine an, ohne Ihm Partner beizugesellen. Was Allah uns verboten hat, betrachten wir als verboten, und was Er uns erlaubt hat, betrachten wir als erlaubt. Aber unser Volk fing an, uns zu foltern, damit wir unseren Glauben aufgeben und anstelle Allahs Götzen anbeten und diese schrecklichen Sachen der Vergangenheit wieder als erlaubt anerkennen. Nachdem sie uns unterdrückten, uns das Leben und die Praktizierung unseres Glaubens erschwerten, wählten wir dein Land. Wir sind überzeugt, o König, dass wir bei dir kein Unrecht erleiden werden!"

Der Negus fragte: „Ist etwas von dem, was von Allah offenbart wurde, bei dir?"

„Ja."

„Dann trage es mir vor!"

Dschaafar rezitierte aus der Sure *Maryam* (Maria). In dieser Sure wird die Geschichte von der Geburt Jesu erzählt:

Und gedenke im Buch Maryams, als sie sich von ihren Angehörigen an einen östlichen[118] Ort zurückzog. Sie nahm sich einen Vorhang vor ihnen. Da sandten Wir Unseren Geist zu ihr. Er stellte sich ihr als wohlgestaltetes[119] menschliches Wesen dar. Sie sagte: „Ich suche beim Allerbarmer Schutz vor dir, wenn du gottesfürchtig bist."
Er sagte: „Ich bin nur der Gesandte deines Herrn, um dir einen lauteren Jungen zu schenken." Sie sagte: „Wie soll mir ein Junge gegeben werden, wo mich doch kein menschliches Wesen berührt hat und ich keine Hure bin." Er sagte: „So wird es sein. Dein Herr sagt: ‚Das ist Mir ein leichtes, und damit Wir ihn zu einem Zeichen für die Menschen und zu einer Barmherzigkeit von Uns machen. Und es ist eine beschlossene Angelegenheit.'" So empfing sie ihn und zog sich mit ihm zu einem fernen Ort zurück. Die Wehen ließen sie zum Palmenstamm gehen. Sie sagte: „O wäre ich doch zuvor gestorben und ganz und gar in Vergessenheit geraten!" Da rief er ihr von unten her zu: „Sei nicht traurig; dein Herr hat ja unter dir ein Bächlein geschaffen. Und schüttle zu dir den Palmenstamm, so lässt er frische, reife Datteln auf

---

118 Auch: an einen östlich gelegenen, oder: nach Osten ausgerichteten Ort
119 Wörtlich: ebenmäßiges

dich herabfallen. So iss und trink und sei frohen Mutes. Und wenn du nun jemanden von den Menschen sehen solltest, dann sag: ‚Ich habe dem Allerbarmer Fasten gelobt, so werde ich heute mit keinem Menschenwesen sprechen.'" Dann kam sie mit ihm zu ihrem Volk, ihn (mit sich) tragend. Sie sagten: „O Maryam, du hast da ja etwas Unerhörtes begangen. O Schwester Haruns, dein Vater war doch kein sündiger Mann, noch war deine Mutter eine Hure." Da zeigte sie auf ihn. Sie sagten: „Wie können wir mit jemandem sprechen, der noch ein Kind in der Wiege ist?" Er sagte: „Ich bin wahrlich Allahs Diener; Er hat mir die Schrift gegeben und mich zu einem Propheten gemacht. Und gesegnet hat Er mich gemacht, wo immer ich bin, und angeordnet hat Er mir, das Gebet (zu verrichten) und die Abgabe (zu entrichten), solange ich lebe und gütig gegen meine Mutter zu sein. Und Er hat mich weder gewalttätig noch unglücklich gemacht. Und der Friede sei auf mir am Tag, da ich geboren wurde, und am Tag, da ich sterbe, und am Tag da ich wieder zum Leben auferweckt werde." Das ist ‚Isa, der Sohn Maryams: (Es ist) das Wort der Wahrheit[120], woran sie zweifeln. Es steht Allah nicht an, Sich ein Kind zu nehmen. Preis sei Ihm! Wenn Er eine Angelegenheit bestimmt, so sagt Er dazu nur: ‚Sei!', und so ist es. (‚Isa sagte:) „Und gewiss, Allah ist mein Herr und euer Herr; so dient Ihm. Das ist ein gerader Weg."*[121]

Als der Negus diese Worte hörte, weinte er, bis sein Bart nass war. Seine Bischöfe weinten auch, bis die Tränen ihre Bücher befeuchteten, die sie in den Händen hielten, als sie diese Rezitation aus dem Koran hörten.

Als der König sich wieder gefasst hatte, wandte er sich an die Mekkaner. „Diese und die Offenbarung Jesu sind Strahlen desselben Lichts. Bei Allah, ich gebe sie euch nicht und werde sie nicht verraten!"[122]

Der König wies die Delegation Mekkas zurück.

Amr sagte zu Abdullah, er werde am nächsten Tag erneut zum König gehen und ihn mit einer anderen Geschichte überraschen. „Tu das nicht! Sie sind immer noch unsere Verwandten!" sagte Abdullah.

„Bei Allah, ich werde dem König erzählen, dass diese sagten,

---

120 Auch: (Er – Isa – ist) das Wort der Wahrheit
121 Koran: Maria 19: 16–35
122 Ibn Hischam, S. 156

Jesus, der Sohn Marias, sei nur ein Diener Allahs."

Am nächsten Tag erschien Amr erneut beim König und sagte: „O König, sie sagen etwas Schlimmes über Jesus. Lass sie kommen und frage sie nach dem, was sie sagen!"

Der Negus ließ sie erneut kommen.

Sie fragten sich, was sie über Jesus sagen sollten. Dann sagten sie: „Bei Allah, wir sagen, was Allah sagt und was den Propheten offenbart wurde; ganz gleich, was passiert, werden wir nur die Wahrheit sagen."

Beim Negus angekommen, fragte er, was sie von Jesus hielten.

Dschaafar sprach wieder: „Über Jesus sagen wir, was unserem Propheten offenbart wurde: Er ist Diener und Prophet Allahs, Sein Geist und Sein Wort, das Er der Jungfrau Maria eingab."

Der Negus bestätigte, was Dschaafar über Jesus sagte.

„In meinem Land seid ihr in Sicherheit." Dreimal sagte er: „Wer euch beschimpft, wird bestraft! Selbst für einen Berg Gold würde ich euch nicht hintergehen. Wir brauchen ihre Geschenke nicht, gebt sie zurück! Bei Allah, auch Allah nahm keine Bestechung, als Er mir mein Königreich zurückgab; weshalb sollte ich es tun? Er gehorchte nicht den Leuten gegen mich, wie kann ich ihnen gegen Ihn gehorchen?"

Gedemütigt kehrten die Quraisch mit ihren Geschenken wieder zurück.[123]

Die Delegation der Mekkaner kam mit der Nachricht zurück, dass sie mit ihrem Vorhaben gescheitert waren und ihre Beziehungen zu Abessinien nun gestört seien.

---

123 Ibn Hischam, S. 155-157, Ar-Rahiq Al-Machtum, S. 101

Verbannung

Einer der Gegner des Islams, unter dem die Muslime viel zu leiden hatten, war Umar Ibn Al-Chattab. Er war ein Neffe Abu Dschahls und ein gefürchteter Mann in Mekka, bekannt für seinen Mut, aber auch für sein heftiges Temperament. Außerdem war er ein gebildeter Mann, der des Lesens und Schreibens kundig war.

Umar empfand das Verhalten der Muslime als Verrat an den Vorvätern. So kam es, dass er sich entschied, die Quelle des Problems zu beseitigen. Er fasste den Entschluss, Muhammad zu töten. Mit seinem Schwert in der Hand begegnete er unterwegs Nu´aym, der ihn fragte, wo er denn hingehe.

Als Umar ihm von seiner Absicht erzählte, antwortete Nu´aym: „Wie willst du dich vor der Rache der Bani Haschim schützen, wenn du Muhammad tötest? Du solltest dich um deine eigene Familie kümmern, denn deine Schwester Fatima und ihr Mann sind längst Muslime geworden und Muhammad gefolgt."

Umar begab sich sofort zum Haus seiner Schwester und seines Schwagers.

In der Nähe des Hauses vernahm er, wie jemand etwas vorlas. Umar klopfte an die Tür. Bei seiner Schwester befand sich Chabbab, einer der Gefährten des Propheten, der sie und ihren Mann Koranverse lehrte, die auf ein Pergament geschrieben waren. Als sie hörten, wer an der Tür war, erschraken sie. Fatima und ihr Mann versteckten Chabbab und das Pergament mit den Koranversen, dann ließen sie Umar ins Haus. Umar fragte: „Was war das, was ich eben gehört habe?"

Die beiden antworteten: „Du hast nichts gehört!" Umar sagte „Doch, ich habe auch erfahren, dass ihr Muhammads Religion folgt!" Dabei packte er Said. Als seine Frau ihm zu Hilfe eilen wollte, schlug Umar sie so ins Gesicht, dass sie blutete. Da sagte seine Schwester: „Ja, wir glauben an Allah und seinen Gesandten, so tu, was du möchtest." Als Umar seine Schwester, die blutend vor ihm stand, betrachtete, bereute er es und schämte sich für das, was er ihr angetan hatte.

„Würdest du mich einen Blick in den Koran werfen lassen?",
fragte Umar. Nach langem Zögern händigte ihm Fatima das Pergament mit den Koranversen aus, welches sie verborgen hatte.
Es enthielt die ersten acht Verse der Sure 57. Als Umar zu Ende
gelesen hatte, rief er: „Wie schön und edel diese Worte sind!"
Chabbab hörte diese Worte, kam aus seinem Versteck hervor
und sagte: „Umar, ich hoffe, Allah hat dich durch das Gebet Seines Propheten erwählt, als er gestern betete: „O Allah, stärke
den Islam mit Amr Ibn Hischam – Abu Dschahl - oder mit Umar
Ibn Al-Chattab!"
Umar nahm sein Schwert und fragte, wo er den Propheten finden könne. Dieser saß mit einigen Gefährtinnen und Gefährten
in einem Haus am Hügel Safa zusammen.
Umar klopfte an die Tür. Einer der Gefährten sah durch einen
Spalt, dass es Umar war, der ein Schwert dabei hatte, und sagte
es angsterfüllt den anderen.
Hamza rief: „Macht ihm die Tür auf! Wenn er Gutes will, werden wir ihm mit Gutem begegnen; wenn er aber Böses will,
dann töten wir ihn mit seinem eigenen Schwert!"
Als die Türe aufging, griff ihn der Prophet an seinem Gürtel
und seinem Kleid, zog ihn heftig und fragte: „Was führt dich
hierher, o Sohn des Chattab?"
„O Gesandter Allahs, ich komme, um an Allah und Seinen Gesandten zu glauben und an das, was von Allah kommt", erklärte Umar.
Die Freude des Propheten und seiner Anhänger war groß. „*Allahu akbar*! Allah ist groß!", schallte es durch Mekka.[124]

Bald wusste jeder, dass Umar keine Götzen mehr verehrte.
Vorher hatten die Muslime ihren Glauben vor den Mekkanern
verheimlichen müssen und konnten ihre Gebete nicht in der Öffentlichkeit verrichten.
Umar wollte jedem von seinem Islam erzählen. Er erzählte: „Als
ich Muslim wurde, überlegte ich mir, wer in Mekka am meisten
dem Gesandten Allahs wehgetan hatte, um zu ihm zu gehen
und ihm zu sagen, dass ich Muslim geworden bin. Ich sagte
mir: „Abu Dschahl!" Also ging ich am nächsten Morgen, gleich

---

124 Ibn Hischam S. 159-160, At-Tabaqat Al-Kubra III/S. 267-269

nachdem ich aufwachte, zu ihm und klopfte an seine Tür. Abu Dschahl kam heraus und sagte: "Willkommen, Sohn meiner Schwester! Was hat dich zu mir gebracht?" Ich sagte: "Ich komme, um dir zu sagen, dass ich an Allah und Seinen Gesandten Muhammad glaube und dass ich an das glaube, was er brachte!" Er schlug mir die Tür ins Gesicht und schrie: "Allah verfluche dich, und verflucht sei das, womit du gekommen bis!"[125]

Dann bat Umar den Propheten, bei der Kaaba beten zu dürfen, denn es erschien ihm unerträglich, dass die Quraisch öffentlich Steine anbeteten, während die Gläubigen Allah im Geheimen verehrten. Er selbst führte einen Teil der Muslime dorthin, und ein zweiter Teil wurde von Hamza geführt. Als alle beisammen waren, wurden die Gebete unter der Leitung des Propheten gemeinsam verrichtet. Dies war das erste Gebet dieser Art bei der Kaaba.

Nachdem Umar und Hamza den Islam angenommen hatten, gewann der Islam unter den arabischen Stämmen an Beliebtheit. Die Quraisch sahen das Wachsen des Islams mit großem Misstrauen und waren nun zu immer härteren Schritten bereit. Sie schrieben eine Urkunde, in der ein Boykott gegen die Bani Haschim und die Bani Abdul–Muttalib beschlossen wurde, „dass niemand eine Ehe mit den Frauen und Männern dieser beiden Sippen eingehen dürfe, und nichts mehr an sie verkauft oder von ihnen gekauft werden dürfe." Es wurden also alle Angehörigen dieser Sippen kollektiv bestraft, die Muslime und die Götzendiener, außer Abu Lahab, der den Quraisch gegen seine eigene Sippe half.

Die Bedingungen schrieben sie auf ein Pergament, das sie in der Kaaba aufhängten.[126]

Gegen den Boykott konnten nicht einmal Hamza und Umar etwas tun, da der Prophet ihnen die Anwendung von Gewalt untersagte.

Durch die Bedingungen des Boykotts waren sie alle Hunger und Entbehrungen ausgesetzt.

---

125 Ibn Hischam, S. 162; Ar-Rahiq Al-Machtum, S. 105
126 Derjenige, der die Urkunde schrieb, war Mansur, der Sohn Ikrimas. Der Prophet bat Allah, ihn zu bestrafen. Daraufhin wurden einige seiner Finger gelähmt. (Ibn Hischam, S. 162)

Die Familien hatten lange unter dem Boykott zu leiden, der ihnen untersagte, Waren zu kaufen oder selber Handel zu treiben. Sie konnten sich also nicht versorgen. Kam eine fremde Karawane mit Waren in die Stadt, trieben die Quraisch die Preise in die Höhe, um zu verhindern, dass die Bani Haschim die Waren kaufen konnten.

Abu Dschahls Hass war so groß, dass er den Hungertod von Menschen – Muslimen und Götzendienern - in Kauf nahm. Eines Tages hielt er Chadidschas Neffen Hakim an, als dieser mit einem Sklaven, der einen Sack Mehl trug, an ihm vorbeiging. Abu Dschahl beschuldigte beide, den Bani Haschim Nahrung zu liefern. Es kam zu einem Streit, zu dem auch Abul Bachtari[127] stieß. Dieser hob einen Kamelknochen auf und schlug ihn auf Abu Dschahls Schädel, sodass er zu Boden stürzte. Dort traten sie ihn mit den Füßen, was Hamza, der in der Nähe war, auch sah. Weder Abul Bachtari noch Hakim waren Muslime, es schien ihnen aber eine Schande, ihre Solidarität mit den Unterdrückten nicht zu zeigen.

Einige der Quraisch schämten sich wegen dessen, was sie ihren eigenen Stammesangehörigen antaten.

Hischam Ibn Amr war ein edler Mann und einer derer, die sich entschlossen, etwas dagegen zu unternehmen.

Oft ging er nachts mit seinem Kamel zur Einmündung der Schlucht und ließ den Zügel seines Tiers, das er mit Nahrung oder Kleidung beladen hatte, los, damit es zu den hungernden Bani Haschim laufe. [128]

Hischam machte sich eines Tages auf den Weg zu Zuhair, einem anderen jungen Mann, dessen Mutter Atika eine Tante des Propheten war. Er sagte zu ihm: „Zuhair, wie kannst du ruhig schlafen, wenn deine Verwandten arm und rechtlos sind und kaum noch das Nötigste zum Leben haben?"

Zuhair antwortete: „Wehe dir, Hischam, was soll ich machen? Ich bin ein einzelner Mann! Hätte ich einen anderen Mann mit

---

127 Abu Bachtari Ibn Hischam gehörte zu der Gruppe der Quraisch, die zwar keine Muslime wurden, aber die Boshaftigkeit und Grausamkeit der Quraisch ablehnten. Er hatte nie ein böses Wort über den Propheten gesagt und fügte ihm keinen Schaden zu. Er war ein offener Gegner der Repression und Gewalt, die die Quraisch gegenüber den Muslimen ausübte.
128 Ibn Hischam, S. 163, 173.
Hischam Ibn Amr gehörte zum Stamm der Bani Amr, einem der Stämme der Quraisch. Er war von Beginn an gegen den Boykott, denn er hielt es für unehrenhaft, sich gegenüber den eigenen Stammesbrüdern so zu verhalten.

mir, wäre ich zur Aufhebung des Boykotts tätig geworden, bis er endlich beendet wäre!"

„Du hast aber bereits einen zweiten Mann gefunden!"

„Wer ist es?"

„Ich!"

„Dann finde noch einen dritten Mann!"

Er ging zu Mut'im Ibn Uday[129] und sagte zu ihm: „O Mut'im, wie kannst du beim Untergang der zwei Sippen Abd Manafs ruhig und zufrieden sein? Bei Allah, wenn ihr tatenlos zuseht, werdet ihr selbst schneller drankommen als ihr glaubt!"

„Wehe dir, was soll ich alleine machen? Ich bin ein einziger Mann! Hätte ich einen anderen Mann mit mir…", sagte Mut'im.

„Du hast aber bereits einen weiteren Mann gefunden!"

„Wer ist es?"

„Ich!"

„Dann finde noch einen dritten Mann!"

„Einen dritten Mann habe ich schon!"

„Wen hast du gefunden?"

„Zuhair Ibn Abi Umayya", antwortete Hischam.

„Dann suche einen vierten Mann!"

Hischam lief gleich zu Abul Bachtari, und nachdem auch dieser überzeugt war, tat er das Gleiche mit Zama'a Ibn Aswad.[130] Zam'a war immer gegen den Boykott gewesen, da er es nicht dulden konnte, die eigenen Stammesbrüder leiden zu sehen. Nun wurden sie fünf wichtige Männer, die nur noch einen Plan brauchten.

Sie trafen sich in der Nacht außerhalb Mekkas. Dort einigten sie sich für den nächsten Morgen auf einen Plan.

Als der Morgen anbrach und die Quraisch in ihren Versammlungen erschienen, ging auch Zuhair, in festlicher Kleidung, zur Kaaba, umschritt sie siebenmal und schließlich stellte er sich vor die Leute und rief: „Ihr Bewohner von Mekka! Wollen wir noch länger mit ansehen, wie unsere Verwandten vom Stamm der Bani Haschim hungern? Wie könnt ihr noch essen und euch

---

129 Mut'im Ibn Uday war auch ein Gegner der Repression und Gewalt, die die Quraisch gegenüber den Muslimen ausübten. Er schützte den Propheten, als dieser von Taif zurückkehrte, nachdem dieser von dort vertrieben worden war.
130 Ibn Hischam 173-174

kleiden angesichts dieser Ungerechtigkeit? Ich sage euch, wir werden nicht nach Hause gehen, bevor nicht diese ungerechte Boykotturkunde zerrissen wird!"

„Du lügst, wir werden sie nicht zerreißen!", schrie Abu Dschahl zornig.

„Bei Allah, du bist ein größerer Lügner, denn wir waren nie damit einverstanden, als diese Urkunde geschrieben wurde!", kam Zama'a auch dazu.

Abul Bachtari stand jetzt auf und rief: „Zama'a sagt die Wahrheit, wir sind mit dem nicht einverstanden, was geschrieben wurde und wir erkennen sie nicht an!"

Mut'im rief dazwischen: „Ihr drei sprecht die Wahrheit, und derjenige lügt, der etwas anderes sagt! Wir sind, was diese Urkunde angeht und was darin ist, Allah gegenüber unschuldig!"

Hischam Ibn Amro sprach ähnlich wie seine Vorredner.

Abu Dschahl, der vor Wut kochte, schrie: „Diese Sache ist eine Verschwörung, die in der Nacht an einem anderen Ort beschlossen wurde!" Doch als er sich umschaute, begriff er, dass die Mehrheit der Leute auf dem Platz gegen ihn und den Boykott war.

Dem Propheten Muhammad wurde offenbart, dass Würmer die Urkunde gefressen hätten – nur die Worte *In deinem Namen, o Allah'* seien erhalten geblieben.

Der Prophet erzählte seinem Onkel Abu Talib davon, und Abu Talib begab sich sogleich zur Kaaba, um die Nachricht zu überbringen. Er hatte neben der Kaaba gesessen, während der Streit anfing. Er richtete den Streitenden aus, was sein Neffe gesagt hatte. Wenn es stimmte, dann dürfte die Urkunde keine Gültigkeit mehr haben! Die meisten waren der Ansicht, dass dies nur gerecht sei.

Während das Volk mit Abu Dschahl stritt, machte sich Mut'im auf, um die Urkunde aus der Kaaba zu holen und sie zu zerreißen.

Als er sah, dass die Urkunde zerfressen worden war, außer den Worten *Bismikallahumma* - in deinem Namen, o Allah!, staunte er. Der Unterdrückungsvertrag wurde nichtig, und der Prophet und seine Anhänger kehrten in ihre Häuser zurück.[131] Für die

---

131 Sahih Buchari, Zadul Mi'ad II/S. 46; Ibn Hischam, S. 162–164, 173–176; Ar-Rahiq Al-Machtum, S.

Götzendiener war das ein weiteres Zeichen für das Prophetentum Muhammads. *„Doch wenn sie ein Zeichen sehen, wenden sie
sich ab und sagen: »Fortdauernde Zauberei.«"*[132]

Die Quraisch sahen mit Misstrauen, dass die Sympathie für die
Werte des Islam[133] wuchs. Als sie begriffen, dass sowohl die Be-
zichtigung der Zauberei als auch die Embargopolitik und andere Handlungen, um den Propheten Muhammad unbeliebt zu
machen, nicht fruchteten, planten sie, ihn umzubringen. Aber
wie sollten sie das anstellen? Wie ein Lauffeuer hatte es sich
überall herumgesprochen: Allah hat den Menschen einen neuen
Gesandten geschickt! Muhammad ist der lang ersehnte Prophet
Allahs!
Immer mehr Menschen wollten wissen, was der neue Prophet
zu sagen hatte; aus allen Gegenden Arabiens strömten Besucher
zu ihm nach Mekka. Der Prophet nahm sich Zeit für jeden von
ihnen, wie er auch in dieser Zeit für etwa zwanzig Christen aus
Nadschran[134] Zeit fand, die aber von den Quraisch beobachtet
wurden.
Sie fragten den Propheten vieles und er antwortete, lud sie zum
Islam ein und rezitierte aus dem Koran. Beim Hören des Korans
liefen Tränen über ihre Wangen. Nach diesem Gespräch glaubten sie an Allah und erkannten, dass es sich bei Muhammad um
den Propheten handelte, über den sie in ihren Schriften gelesen
hatten.
Als sie gehen wollten, hielten Abu Dschahl und einige andere
Männer der Quraisch sie auf und sagten ihnen: „Euer Volk hat
euch entsandt, um es über diesen Mann zu informieren! Doch
noch bevor ihr euch zu ihm gesetzt habt, habt ihr sofort eure
Religion verlassen und an Muhammad geglaubt. Wir kennen
keine größeren Narren als euch!"

112–114. Siehe auch die Gedichte Abu Talibs über die himmlische Nachricht, dass Würmer die Urkunde
gefressen hatten.
132 Koran 54: 2
133 „Heute bekennen sich über 1,4 Milliarden Gläubige zum Islam; er ist in der Postmoderne zur
einzigen weltweit wachsenden Religion geworden, als einzige ernsthafte Alternative zur westlichen
Konsumgesellschaft. Auch in den USA, Großbritannien, Frankreich und in Deutschland gibt es inzwischen
jeweils Millionen von Muslimen mit einer ständig wachsenden Zahl „weißer" und „schwarzer"
Konvertiten." (Dr. Hofmann, Murad: Der Islam als Alternative, 4. Auflage, München 1999)
134 Nadschran ist eine Gegend im Südwesten der arabischen Halbinsel, dort lebten auch arabische
Christen. Es wird auch berichtet, dass diese Christen aus Abessinien und nicht aus Nadschran stammten.
(Ibn Hischam, S. 180)

Diese Delegation bestand aus gebildeten Leuten, die nicht bereit waren zu streiten und erwiderten: „*Salamun alaykum* - Friede sei mit euch; wir führen kein niveauloses Gespräch. Wir haben unsere Taten und ihr habt eure zu verantworten." Und sie wendeten sich von ihnen ab.[135]

Inzwischen erreichte eine übertriebene Nachricht Abessinien, dass alle Mekkaner rechtgeleitet seien und ihre Steine und ihren Aberglauben aufgegeben hätten. Viele Auswanderer kehrten nun erleichtert zurück, aber Dschaafar und einige andere wollten noch abwarten.

Die drei Jahre des Boykotts waren überstanden, die Muslime begannen sich zu erholen. Es folgten aber bald zwei unglückliche Ereignisse aufeinander: Die Krankheit Abu Talibs und die Chadidschas.

Zuerst wurde Abu Talib krank. Seine Krankheit war nicht ganz überraschend gekommen, denn er hatte die letzten Jahre, wie die meisten, sehr unter dem Boykott gelitten.

Abu Talibs Tod würde auch die Pläne der Quraisch gefährden, den Propheten zu töten. Sie fürchteten um ihren Ruf unter den arabischen Stämmen, falls sie den Tod des alten Mannes ausnutzten, um Muhammad zu schaden. Deshalb gingen die Führer der Quraisch, Utba, Schayba, Abu Dschahl, Umayya und Abu Sufyan[136] zu Abu Talib, der in seinem Bett lag, und sprachen: „Abu Talib! Du weißt, welchen Platz du bei uns hast, und du siehst auch, in welcher Lage du dich befindest. Um dich haben wir Angst, dass du stirbst! Du kennst das, was zwischen uns und deinem Neffen ist. Vermittle doch eine Einigung zwischen uns!"

Abu Talib schickte nach Muhammad. Als er erschien, richtete er sich auf und sagte zu ihm: „O mein Neffe! Das sind die Edlen deines Volkes, die versammelt sind, um dir zu geben und von

---

135 Ibn Hischam, S. 180. Auf sie beziehen sich die folgenden Koranverse: Diejenigen, denen Wir die Schrift *zuvor gegeben haben, glauben an ihn [den Koran]. Und wenn er ihnen verlesen wird, dann sagen sie: „Wir glauben daran. Wahrlich, es ist die Wahrheit von unserem Herrn; wir hatten uns [Ihm] schon vor dem ergeben." Diese werden ihren Lohn zweimal erhalten, weil sie geduldig waren und das Böse durch das Gute abwehrten und von dem spendeten, was Wir ihnen gegeben hatten. Und wenn sie leeres Gerede hören, so wenden sie sich davon ab und sagen: „Für uns [seien] unsere Taten und für euch [seien] eure Taten. Friede sei auf euch! Wir suchen keine Unwissenden."* (Koran 28: 52–55)

136 Abu Sufyan Ibn Harb vom Stamm Abd-Schams war das Oberhaupt Mekkas und war oft mit den Handelskarawanen der Quraisch unterwegs. Er war ein kluger und weitsichtiger Mann, aber auch einer der einflussreichsten Gegner des Propheten.

dir zu nehmen!"

Der Prophet sagte: „Ja, ihr sollt mir ein einziges Wort geben, womit ihr die Araber und die Nichtaraber beherrscht!"

Abu Dschahl antwortete: „Ja, sogar zehn Worte!"

Der Prophet sagte: „Sprecht: ‚Kein Gott ist da außer Allah' und hört auf, etwas anderes neben Ihm anzubeten!"

Sie klatschten in die Hände, dann sagten sie: „Machst du, o Muhammad, die Götter zu einem einzigen Gott? Das ist fürwahr etwas sehr Verwunderliches!" Dann ging die führende Schar und sie sagten zueinander: „Dieser Mann wird euch nichts von dem geben, was ihr erreichen wollt. Deshalb geht und haltet an der Religion eurer Väter beharrlich fest, bis Allah zwischen euch und ihm richtet!" Dann verstreuten sie sich.

„Bei Allah! Mein Neffe, ich sehe nicht, dass du das Maß überschritten hast bei dem, was du fordertest",[137] sprach Abu Talib zum Propheten und ließ sich wieder auf sein Lager fallen. Der Prophet verabschiedete sich.

Abu Talib starb kurze Zeit später. Nun war der Rückhalt des Propheten in seinem Stamm schwächer geworden.

Doch das Unglück sollte noch größer werden. Wenige Tage nach Abu Talib starb Chadidscha, die Frau des Propheten. Sie war ihm nicht nur eine treue Ehefrau, sondern auch eine aufrichtige Stütze und geduldige Freundin gewesen, mit der er fünfundzwanzig glückliche Jahre verbracht hatte. Muhammad, dem verheißenen Propheten, war sie eine Beschützerin, Muhammad, dem Tapferen, eine Inspiratorin, und Muhammad, dem Auserwählten, eine Quelle der Gewissheit, der Geborgenheit, des Friedens und Vertrauens gewesen. Chadidscha war seine erste Frau, und solange sie lebte, heiratete er keine andere. Vier Töchter hatten die beiden miteinander gehabt: Fatima, Zaynab, Umm Kulthum und Ruqayya. Als ihre Mutter starb, wurden die Mädchen von Trauer erschüttert. Der Prophet tröstete sie, indem er sie daran erinnerte, was der Engel Gabriel ihm gesagt hatte: „Richte Chadidscha von Allah, unserem Herrn, den Friedensgruß aus! Und sage ihr, dass für sie eine Wohnstätte im Paradies vorbereitet ist."[138] Schon zu ihren Lebzeiten hatte

137 Ibn Hischam, S. 192
138 Sahih Buchari im Kapitel „Heirat des Propheten mit Chadidscha"; Ar-Rahiq Al-Machtum, S. 118. Der Koran geht in Sure 93: 6–8 auf ihre Ehe mit Muhammad ein: Hat Er dich nicht als Waise gefunden und dir

er manches Mal den Finger zum Himmel gerichtet und gesagt: „Mariam, die Mutter Jesu, ist dort die Beste" und – den Finger zur Erde – „Chadidscha ist hier die Beste."[139]

Das Jahr, in dem Chadidscha und Abu Talib starben, wurde von den Muslimen „das Jahr der Trauer" genannt. Chadidscha wird auch „die erste Muslima" und „die erste Mutter der Gläubigen" genannt, wodurch sie vor allen muslimischen Frauen und den anderen Müttern der Gläubigen ausgezeichnet ist. Chadidscha war die erste Frau im Islam, der das Paradies versprochen wurde.

Als Chadidscha Muhammad und die Welt verließ, hatte die islamische Botschaft bereits festen Boden gewonnen. Sie war nicht nur in ganz Arabien bekannt, sondern auch über dessen Grenzen hinaus.

Nach Chadidschas und Abu Talibs Tod begann für den Propheten eine Zeit voller Schwierigkeiten und Härten. Abu Talib hatte den Propheten stets geschützt. Jetzt aber war er gestorben, und die Quraisch fingen an, dem Propheten so viel Leid anzutun wie sie zuvor nie gewagt hätten. Der Prophet wurde mit Prüfungen, die an die Grenzen der menschlichen Belastbarkeit hinausgingen, auf die Probe gestellt.

Ein frecher Bursche von den Quraisch lauerte dem Propheten in der Stadt auf und warf Dreck auf seinen Kopf. Als der Prophet zu Hause ankam, weinte seine Tochter und wusch ihm die Haare. All die Demütigungen aber führten nur dazu, dass er sich mit seinem Herzen noch mehr Allah zuwandte, in der Gewissheit, dass Seine Hilfe kommen würde. Er sagte zu seiner Tochter: „Weine nicht, o meine Tochter! Allah wird deinen Vater schützen!" Aber er sagte zwischendurch auch: „Die Quraisch taten mir so etwas Hassenswertes nicht an, bis Abu Talib starb."[140]

Der Verlust Chadidschas hinterließ beim Propheten tiefe Trauer. Er trug nun allein die Last der Verantwortung für seine Botschaft und seine Gemeinde sowie für die Betreuung und

---

Obdach gewährt? Und dich herumirrend gefunden und rechtgeleitet! Und dich bedürftig gefunden und reich gemacht!
139 Buchari und Muslim
140 Ibn Hischam, S. 191; Adh-Dhahabi in: „Geschichte des Islam – As-Sira", S. 235

Erziehung seiner Töchter. Bis zum Ablauf der traditionellen Trauerzeit versuchten sie jedoch nicht, ihm eine neue Heirat vorzuschlagen. Es war auch fraglich, ob er überhaupt noch einmal heiraten würde. Seine glücklichen Jahre als Ehemann hatte er mit Chadidscha verbracht. Außerdem – wenn er überhaupt noch einmal heiratete, wer sollte die Ehre haben, die Frau des Gesandten zu werden?

Eine gutherzige Frau namens Chaula Bint Hakim war es, die sich bemühte, den Propheten von der Notwendigkeit einer neuen Ehe zu überzeugen, die, nachdem die Trauerzeit zu Ende gegangen war, nicht nur um seinetwillen, sondern auch zum Wohle der Gemeinde wichtig war.

Sauda lebte in Mekka und war verheiratet mit ihrem Cousin As-Sakran, Sohn des Amr. Sie und ihr Mann zählten zu den ersten Muslimen. Zusammen mit den anderen Anhängern des Propheten Muhammads wurden sie in Mekka wegen ihres Glaubens gequält und geschlagen. Beide gehörten zu den Auswanderern, die nach Abessinien geflüchtet waren. In dieser harten Zeit verlor Sauda ihren Mann. Nach einiger Zeit kehrte sie aus Abessinien zurück.

Der Prophet wollte ihre Opferbereitschaft und Glaubensstärke belohnen und sich um sie kümmern. Chaula kam als Vermittlerin zum Hause Saudas und begrüßte sie mit den Worten: „Welche Güte und welchen Segen dir Allah gewährte, Sauda!"

Sauda fragte erstaunt: „Und welche Güte ist das, Chaula?"

Chaula antwortete: „Der Gesandte Allahs schickt mich, um für ihn um deine Hand anzuhalten!"

Sauda reagierte erfreut, aber zugleich beherrscht, indem sie Chaula aufforderte, zunächst ihren Vater davon zu unterrichten. Sie wies zu dem Zimmer, in dem dieser sich aufhielt.

Saudas Vater Zama'a war ein betagter Mann, der an seinem alten Glauben hing.

Als Chaula ihm Muhammads Ansinnen vortrug, äußerte er sich ganz knapp über ihn: „Edel und fähig." Dann fragte er: „Und was sagt deine Gefährtin Sauda dazu?"

Sie erwiderte: „Sie mag es."

Darauf ließ Zama'a seine Tochter holen und fragte sie: „O Sau-

da, diese hier behauptet, dass Muhammad Ibn Abdullah sie zu dir geschickt habe, um dich um die Ehe mit ihm zu bitten. Er ist fähig, willst du, dass ich dich mit ihm verheirate?"
Saudas Augen leuchteten vor Freude und die Heirat wurde bald vollzogen.

Niemand in der islamischen Gemeinschaft wollte glauben, dass Sauda die Stellung Chadidschas einnehmen könnte. Denn Sauda war bereits in fortgeschrittenem Alter; ihr Glaube jedoch verband sie aufs Innigste mit dem Propheten.
Sauda war sich bewusst, dass der Prophet sie vor allem aus Güte und Barmherzigkeit geheiratet hatte. Als sie in das Haus des Gesandten aufgenommen wurde, bedeutete dies eine zweifache Auszeichnung für sie: eine Belohnung, da sie eine der ersten Musliminnen war, dem Druck der Mekkaner nicht nachgegeben hatte und der Botschaft treu geblieben war, und außerdem eine Aufnahme in den Schutz des Propheten.
Sauda wurde dem Propheten eine freundliche, gütige, bescheidene und fröhliche Ehefrau. Oft erzählte sie ihm lustige Dinge, mit denen sie ihn zum Lachen brachte. So berichtete sie ihm eines Tages, dass sie einmal lange hinter ihm gebetet habe. „Ich habe hinter dir die Nacht hindurch gebetet, o du Gesandter Allahs, und fiel nieder mit dir, bis ich meine Nase festhalten musste, da ich befürchtete, dass Blut aus ihr tropfen würde!"
Darüber lächelte der Prophet zunächst; dann musste er herzlich lachen.

Bei den Thaqif, den Bewohnern der Stadt Taif[141], versuchte der Prophet seine Botschaft zu verbreiten – wahrscheinlich auch, um für seine verfolgte Gemeinde einen Zufluchtsort zu finden. Unwissenheit und Götzendienst waren dort aber noch stärker verbreitet als in Mekka: Sie schmähten und beschimpften den Propheten, dann hetzten die Anführer der Thaqif die Bewohner der Stadt auf ihn, die ihn mit Steinen bewarfen und ihn zwangen, Taif zu verlassen. Mit blutigen Füßen, aber geduldig, kehrte er nach Mekka zurück.

---

141 Taif befindet sich ca. 70 Kilometer südöstlich von Mekka. Sie hat ein angenehmes Klima und fruchtbare Erde, daher waren viele ihrer Einwohner im Ackerbau tätig. In der Nähe der Stadt befand sich das Heiligtum von Al-Lat, die die Hauptgöttin der Thaqif war.

Unterwegs ließ er sich im Schatten eines Rebstocks nieder und betete sein bekanntes Gebet: „O Allah, zu Dir klage ich über meine Kraftlosigkeit, meine Hilflosigkeit und meine Armseligkeit unter den Leuten. O Barmherzigster der Barmherzigen, Du bist der Herr der Schwachen und Du bist mein Herr. Wem wirst Du mich überlassen? Einem Fremden, der mich misshandelt? Oder einem Feind, dem Du mich übergeben hast? Wenn Du mir nicht zürnst, bekümmert mich das nicht..."[142]

Utba Ibn Rabi'a und sein Bruder Schayba, denen in Taif ein Weinberg gehörte, befanden sich zu der Zeit in Taif und hatten gesehen, was dem Propheten wiederfahren war. Obwohl sie Gegner des Propheten waren, schmerzte sie, dass einer ihrer Stammesbrüder so von den Thaqif behandelt wurde. Sie riefen ihren Sklaven, einen Christen namens Addas: „Nimm von diesen Trauben und gib sie diesem Mann!"

Als der Prophet danach griff, sprach er: „*Bismillah* - Im Namen Allahs." Dann aß er davon.

Addas sagte: „Die Menschen dieses Landes sprechen solche Worte nicht!"

Darauf fragte der Prophet: „Aus welchem Land bist du, o Addas und was ist deine Religion?" „Ein Christ aus Ninive", antwortete er.

„Aus der Stadt des rechtschaffenen Propheten Jonas, dem Sohn des Matta", fügte der Prophet hinzu.

„Woher weißt du, wer Jonas, der Sohn Mattas, ist?" fragte Addas.

Der Prophet sagte: „Er ist mein Bruder, denn er war ein Prophet und ich bin ein Prophet." Addas beugte sich über ihn und küsste seinen Kopf, seine Hände und seine Füße.

Als Addas zu den zwei Brüdern ging, beschimpften sie ihn: „Wehe dir, was war das?"

„O mein Herr, auf dieser Erde gibt es keinen Besseren als diesen! Er hat mir von einer Sache berichtet, von der kein anderer wissen kann, außer einen Propheten!"[143]

Auf dem Rückweg nach Mekka machte der Prophet halt in Nach-

142 Ibn Hischam 193
143 Ibn Hischam, S. 193 ; Ar-Rahiq Al-Machtum, S. 125

la.[144] Während er dort betete, kam eine Gruppe von Dschinn[145] und hörte seine Koran-Rezitation. Durch eine Offenbarung erfuhr der Prophet davon.[146] Das sollte ein weiteres Zeichen für die Universalität seiner Botschaft werden. Er war nicht nur ein Prophet für die Menschen, sondern auch für die Dschinn.

In Mekka wurde die Situation für die Muslime immer schlimmer. Niemand blieb verschont, wie man am Beispiel Abu Bakrs sehen konnte. Dieser wurde so lange bedrängt und gequält, bis er sich gezwungen sah auszuwandern. Er verließ Mekka. Doch noch bevor er das Rote Meer erreichte, traf er einen edlen Mann aus Mekka namens Ibn Ad–Dughunna.[147] Als er hörte, was die Quraisch mit Abu Bakr gemacht hatten, sagte er zu ihm: „Bei Allah, du bist der Schmuck deines Stammes und ein Helfer im Kummer, tust das Gute und hilfst den Bedürftigen."
Er gewährte Abu Bakr Schutz. Die Quraisch aber gewährten ihm den Schutz nur unter einer Bedingung: Er solle nicht öffentlich beten und aus dem Koran rezitieren. Denn wenn er dies täte und dabei weine, würde es die Söhne und Frauen der Quraisch überzeugen. Da er die Bedingungen der Quraisch nicht akzeptierte, entließ er Ibn Ad–Dughunna von seinem Schutz und sagte: „Ich gebe dir deinen Schutz zurück, und mir ist der Schutz Allahs genug." Abu Bakr blieb in Mekka und ertrug weiter geduldig die Schikanen der Quraisch.[148]

---

144 Ein Ort zwischen Mekka und Taif, dort pflegte man zu rasten. In Nachla befand sich auch das Heiligtum der Uzza
145 Dschinn: Es sind aus Feuer erschaffene Wesen, für die Menschen meist unsichtbar, die eine ganze Art wie die Menschheit bilden. Sie sind wie die Menschen mit eigenem Willen und eigener Entscheidungsfreiheit ausgestattet; einige von ihnen sind Gott ergeben. (siehe Koranübersetzung Bubenheim/Elyas).
Ebenso wie die Menschen sind sie erschaffen worden, um Allah zu dienen. Siehe Koran 51: 56
146 Koran 46: 29–31: *Und [gedenke], als wir eine kleinere Schar Jinn veranlassten, sich zu dir zu begeben und dem Koran zuzuhören. Als sie zu ihm eingefunden hatten, sagten sie: „Horcht hin!" Als er dann zum Ende kam, kehrten sie zu ihrem Volk zurück, um sie zu warnen. Sie sagten: „O unser Volk, wir haben ein Buch gehört, das nach Moses [als Offenbarung] herabgesandt worden ist, das zu bestätigen, was vor ihm war, und das zur Wahrheit und zu einem geraden Weg leitet. O unser Volk, erhört Allahs Rufer und glaubt an ihn, so vergibt Er euch [etwas] von euren Sünden und gewährt euch Schutz vor schmerzhafter Strafe.* Vergl. Auch Koran 21: 107
147 Ibn Hischam 172 und Ausgabe des As-Safa-Verlags Band 1, Teil 2, S. 16
148 Ibn Hischam, S. 172

Die Nachtreise

*N*ach all den Prüfungen und Rückschlägen wurde der Prophet von Allah durch eine Auszeichnung belohnt, die ihm neue Kraft und Mut auf seinem Weg geben sollte: die Nachtreise.

Sie war ein Wendepunkt für den Propheten und die Muslime. In einer Nacht im dreizehnten Jahr seiner Sendung kam Gabriel mit einem Reittier[149] zum Propheten.

Sie reisten zuerst nach Jerusalem, wo Muhammad vorher noch nie gewesen war. Dort betete er in der Aqsa-Moschee, gemeinsam mit den anderen Propheten, seinen Vorgängern. Nach dem Gebet stieg er mit Gabriel in den Himmel auf. Der Aufstieg führte ihn durch sieben Himmel. In jedem der Himmel traf er einen der Propheten; er begrüßte sie und sie hießen ihn willkommen. Vom siebten Himmel ging der Weg zum Allmächtigen, der ihm die fünf täglichen Gebete befahl, die seit diesem Zeitpunkt von den Muslimen verrichtet werden. Sie sind der wichtigste Gottesdienst der Muslime. Der Prophet sah auch das Paradies und die Hölle. Diese Reise stärkte den Propheten und gab ihm Gewissheit. Als er nach Mekka zurückkehrte, war seine Schlafstelle noch warm. Er hatte für die Reise nicht einmal eine Nacht benötigt.

Als der Prophet den Quraisch von seinem Erlebnis erzählte, bezichtigten sie ihn der Lüge und machten sich über ihn lustig. Sie forderten ihn auf, ihnen doch die Moschee in Jerusalem zu beschreiben. Er beschrieb sie so genau, dass sie alle staunten.

Als Abu Bakr gefragt wurde, was er von der Schilderung des Propheten Muhammad halte, antwortete er: „Wenn der Prophet es gesagt hat, dann ist es wahr!" Deswegen wurde er „As-Siddiq", der Glaubende, genannt, da er dem Propheten glaubte, als die meisten anderen es nicht taten.[150]

Die Zeit der Pilgerfahrt kam und der Prophet nützte jede Gele-

---

149 Dieses Reittier wird Al-Buraq genannt. Es gibt keine genauen Angaben, um was für ein Tier es sich handelte. Der Prophet band das Tier an einer Mauer bei der Aqsa-Moschee an, als er Jerusalem erreichte.
150 Ar-Rahiq Al-Machtum, S. 135-138

genheit, mit den Angehörigen der arabischen Stämme, die nach Mekka kamen, zu sprechen und versuchte sie für den Islam zu gewinnen. Immer wenn der Prophet sich einem Stamm vorgestellt hatte, folgte ihm Abu Lahab, lobte den alten Götzendienst und sprach herabwürdigend von seinem Neffen. Dies machte er wieder und wieder, doch es gab einen Lichtblick, der zeigte, dass Allah der Wahrheit zum Sieg verhilft, egal wie sich ihre Gegner anstrengen. Bei Al-Aqaba, einem Ort nahe Mekka, ging der Prophet zu einigen Männern aus Medina vom Stamm der Chazradsch.

Der Prophet fragte: "Darf ich mit euch sprechen?" Sie sagten: „Ja!" Sie saßen mit ihm zusammen und er lud sie zum Glauben an Allah an, erklärte ihnen den Islam und rezitierte aus dem Koran. In Medina lebten sie mit Juden zusammen, die als Schriftvolk den Götzendienst verachteten. Immer wenn es einen Zwischenfall gab, drohten ihnen die Juden: "Die Zeit der Erscheinung eines Propheten ist gekommen. Wir folgen ihm und werden euch töten, so wie man Ad und Iram[151] tötete." Jedem von ihnen war diese jüdische Drohung bekannt, aber auch andere Einzelheiten über das Erscheinen des neuen Gesandten.

Nach diesem Gespräch sagten sie sich: "Dies ist ganz gewiss der Prophet, mit dem die Juden euch ständig drohten! Lasst nicht zu, dass sie ihm vor uns folgen!"

Nachdem ihre Zweifel am Propheten ausgeräumt waren, bezeugten alle aus Medina die Wahrheit der Botschaft des Islam und verpflichteten sich, nach ihr zu leben. Sie erwähnten beim Propheten auch: "Es gibt kein Volk, das zerstrittener ist als das unsere. Möge Allah es durch dich vereinigen! Sobald wir in Medina sind, versuchen wir, unseren Stammesbrüdern diesen Glauben nahe zu bringen."[152] Sie hofften, durch die neue, friedliche Religion die Feindschaft und Gewalt zwischen ihren Stämmen Aus und Chazradsch zu beenden.

Kaum in Medina angekommen, erzählten sie ihren Verwandten mit leuchtenden Augen vom Propheten, dessen Ankunft die Juden und Christen prophezeit hatten. Bald gab es kein Haus

---

151 Ibn Hischam, S. 197. Ad und Iram waren das altarabische Volk des Propheten Hud, das sich gegen die Gebote Allahs wandte und dafür von Allah bestraft wurde. Der Stamm wurde vernichtet. Siehe Koran, Sure 7: 65-72 und Sure 11: 50-60
152 Dieser Bericht und die Namen der beteiligten Frauen und Männer sind in Ibn Hischam auf S. 197 zu lesen.

mehr, in dem man nicht den Propheten Muhammad und seine Botschaft erwähnte.

In der Pilgerzeit des nächsten Jahres kamen zwölf Leute aus Medina und verabredeten sich mit dem Propheten in Al-Aqaba. Zwei von ihnen waren aus dem Stamm der Aus. „Durch den Treueeid verpflichteten wir uns, Allah nichts beizugesellen, keinen Diebstahl und keinen Ehebruch zu begehen, unsere Kinder nicht zu töten[153], andere nicht zu verleumden und den Propheten im Guten nicht zu widersprechen", sagten sie.

„Wenn ihr euch daran haltet, ist euch das Paradies bestimmt. Wenn ihr eines dieser Verbote übertretet, ist eure Sache bei Allah, ob Er euch strafen oder euch verzeihen will!"[154]

Der junge Mus'ab Ibn Umayr ging mit ihnen als erster Botschafter des Islam nach Medina, um aus dem Koran zu rezitieren und die Menschen den Islam zu lehren. Deshalb wurde Mus'ab in Medina auch „der Lesende" genannt.

Mus'ab gehörte zu den Bani Abdu Manaf. Er wurde in eine der wohlhabendsten Familien Mekkas geboren und lebte verwöhnt in Luxus und Überfluss. Man sagte von ihm: „Es gibt niemanden, der besser gekleidet ist und besser speist als Mus'ab". Er gehörte zu den ersten Muslimen, verheimlichte seinen Glauben aber aus Furcht vor seiner Mutter, die ihn zwar liebte, aber einen Glaubenswechsel nicht akzeptierte. Sie erfuhr dennoch davon und ließ ihren Sohn einsperren, um ihn zu zwingen, den Islam zu verlassen. Doch Mus'ab blieb standhaft. Da verstieß ihn seine Mutter und enterbte ihn. Beim Abschied bat er sie noch, die Wahrheit zu erkennen und den Islam anzunehmen, doch sie beschimpfte ihn nur. Er lebte fortan in großer Armut, trug die rauesten Kleider, hatte an einem Tag zu essen und hungerte am nächsten Tag. Er war unter den Gefährten für sein Wissen, seine Redegewandtheit und seine feine, angenehme Art bekannt.

In Medina angekommen, begann er sofort, den Auftrag, mit dem ihn der Prophet betraut hatte, auszuführen.

Saad Ibn Mu'adh[155] und seinen Freund Usayd, ein edler Mann

---

153 Der Islam hat dieses Verbrechen für immer abgeschafft. Bei den ärmeren Beduinen Arabiens gab es die Sitte, in Zeiten der Dürre ungewollte Mädchen zu töten. Manche rechtfertigen dieses Verbrechen damit, dass ihre Götzen ihnen dies befohlen würden.

154 Tabari II/S. 356; Ibn Hischam, S. 199

155 Saad Ibn Mu'adh war das Oberhaupt der Aus. Er war ein fähiger, kluger und mutiger Mann, der in seinem Stamm ein sehr hohes Ansehen genoss.

aus Medina, störten die friedlichen Gespräche, die Mus'ab mit einigen neu konvertierten Muslimen führte. Sie wollten sie verjagen. Mus'ab sprach zu Usayd: „Wie wäre es, wenn du dich zu uns setztest, um zu sehen, ob es dir gefällt!"

Usayd gefielen diese Worte. „Das finde ich gerecht", sagte er und setzte sich zu ihnen.

Er hörte Mus'ab über die Werte des Islam sprechen und Verse aus dem Koran rezitieren. Usayds Gesicht strahlte. Als Mus'ab fertig war, rief Usayd mit leuchtenden Augen aus: „Wie edel sind diese Worte und wie schön! Was macht ihr, um dieser Religion beizutreten?"

Mus'ab erklärte ihm, wie einfach es war, den Islam anzunehmen. Er wusch sich, säuberte seine Gewänder und bezeugte: „Es gibt keinen Gott außer Allah, und Muhammad ist sein Prophet!" Dann betete Mus'ab und sprach: „Aber hinter mir steht ein Mann, Saad Ibn Mu'adh. Wenn er euch folgt, wird niemand aus seinem Volk zurückbleiben! Ich schicke ihn sofort zu euch!"

Als Usayd zu Saad zurückkam, schilderte er ihm, dass er nichts Böses an diesen Männern fand. Saad war verblüfft und wunderte sich. Er ging zu den beisammen sitzenden Muslimen. Er nahm sich vor, sich von ihrem Gerede nicht einfangen zu lassen. Aber es erging ihm wie Usayd – die Worte der Offenbarung rührten sein Herz. Darauf berief er eine Versammlung ein und fragte die Versammelten: „O Volk von Bani Abdul Aschhal[156], welchen Rang besitze ich unter euch?"

Sie antworteten: „Du bist unser Herr und ein Führer, der unsere Interessen am Besten vertritt!"

„Dann verspreche ich, dass ich mit keinem Mann und mit keiner Frau von euch spreche, bis ihr alle Allah und Seinem Propheten folgt!"

Bis es Abend wurde, blieb kein Mann und keine Frau, die nicht Muslim oder Muslima wurde.[157]

Mus'ab musste die Muslime in Medina beim Gebet leiten, da die beiden verfeindeten Stämme Aus und Chazradsch auf kei-

---

156 Ibn Hischam 200-201. Die Bani Abdul Aschhal waren eine Sippe der Aus.
157 Ibn Hischam, S. 199–201

nen Fall einem Mann des jeweils anderen Stammes den Vorrang geben wollten. Vor kurzem erst hatten die Sippen sich gegenseitig ihre Paläste und Häuser zerstört, und sie waren immer noch bereit, zu töten und zu vernichten, bis nichts mehr übrig bliebe. Mus'ab blieb in Medina und rief die Menschen zum Islam auf, bis es kein Haus in Medina mehr gab, in dem keine muslimischen Männer und Frauen lebten.

Je mehr sich der Islam in der Stadt verbreitete, desto lauter wurden die Stimmen, die nach Frieden riefen. Mus'ab kehrte nach Mekka zurück, und in der Pilgerzeit des nächsten Jahres erschienen dort zahlreiche neue Muslime aus Medina, aber auch viele, die immer noch Götzendiener waren. Sie trafen sich erneut mit dem Propheten bei Al-Aqaba.

Inzwischen war dem Propheten klar geworden, dass das wasserreiche Land, das er im Traum gesehen hatte, Medina sein musste. Dorthin würden er und seine Gefährten auswandern! Seiner Tante Ummul Fadl und seinem Onkel Al–Abbas, der kein Muslim war, vertraute er an, dass er die Hoffnung habe, nach Medina zu gehen, dass jedoch viel von der Delegation abhänge, die von dort käme und die er zur Pilgerfahrt erwartete. Er war sich sicher, dass sein Onkel und seine Tante ihn nicht verraten würden.

Ka'b Ibn Malik[158] berichtet: „Nachdem wir die Pilgerfahrt angetreten hatten und die Nacht kam, in der wir uns mit dem Propheten treffen sollten, sprachen wir mit Abu Dschabir, der einer unserer Führer der Bani Salima[159] ist. Er war Götzendiener. Wir sprachen zu ihm: ‚O Abu Dschabir, du bist ein Führer von unseren Führern und ein Edler von unseren Edlen! Wir wollen nicht, dass du morgen Brennholz für das Feuer wirst.' Wir berichteten ihm vom Islam und unserem Treffen mit dem Gesandten Allahs. Er nahm den Islam an, beteiligte sich an dem Treffen bei Aqaba und trat als ein Vertreter seines Volkes auf.[160]

Mit unseren Gefährten schliefen wir das erste Drittel der Nacht. Dann krochen wir zwischen den Schläfern hervor und verließen heimlich den Platz, bis wir alle in der Schlucht von Al-Aqaba

---

158 Ka'b Ibn Malik war ein bekannter Dichter, der seine Kunst zur Verteidigung des Propheten und des Islam einsetzte.
159 Die Bani Salima waren eine Sippe der Chazradsch.
160 Ibn Hischam, S. 202

ankamen. Wir waren dreiundsiebzig Männer und zwei Frauen. Die Frauen waren Nasiba, die Tochter von Kaab und Asma´, die Tochter von Amro. In der Schlucht warteten wir auf den Propheten, der mit seinem Onkel Abbas erschien. Obwohl Abbas damals noch Götzendiener war, wollte er dennoch bei der Sache seines Neffen anwesend sein, ihn begleiten und auf seiner Seite stehen. Als er saß, begann er als Erster zu sprechen: ‚O Volk der Chazradsch[161], ihr wisst, wie hoch wir Muhammad schätzen! Wir haben ihm vor unseren eigenen Leute Schutz gewährt. Er aber hat beschlossen, sich euch anzuschließen und zu euch zu kommen. Wenn ihr der Meinung seid, ihr könnt ihm die Sicherheit bieten, die ihr ihm versprochen habt, übernehmt es! Wenn ihr ihn, nachdem er zu euch gekommen ist, im Stich lasst, dann lasst ihn schon jetzt. Denn hier unter seinem Volk genießt er Ansehen und Schutz!'

Wir sagten: ‚Wir haben gehört, was du gesagt hast. Sprich du, o Gesandter Allahs und fordere für dich und deinen Herrn, was du möchtest!' Der Prophet rezitierte aus dem Koran, lud zum Glauben an Allah ein und weckte unser Interesse an Islam. Schließlich sagte er: ‚Ich nehme euren Treueeid, auf dass ihr mich schützt wie eure Familienmitglieder!' Bara Ibn M'arur[162] hielt seine Hand und sagte: ‚Ja, bei Dem, Der dich mit der Wahrheit schickte, wir schützen dich, genau wie wir unsere Familienmitglieder schützen würden!' Abu Haitham Ibn Altayyihan fragte: ‚Wirst du dann vielleicht zu deinem Volk zurückkehren und uns verlassen, nachdem Allah dir zum Sieg verholfen hat?' Da lächelte der Prophet und versicherte ihnen, dass er einer von ihnen sei und sie nie verlassen werde. Dann bat er sie: ‚Wählt zwölf Vertreter unter euch aus, an die euer Volk sich wenden kann.'

Sie wählten neun Männer von den Chazradsch und drei von den Aus.

Der Prophet sagte zu ihnen: ‚Ihr seid die Vertreter eures Volkes, wie die Jünger Jesu.'

Die Vertreter waren einverstanden und alle versammelten sich, um dem Propheten den Treueeid zu schwören. Hier hielt Abbas

---

161 Damals rief man die beiden Stämme Aus und Chazradsch aus Medina auf diese Weise. Vgl. Ibn Hischam, S. 205
162 Bara Ibn M'arur war ein Vetter von Saad Ibn Mu'adh.

Ibn Ubada[163] sie auf und rief: ‚O Männer von Chazradsch, wisst ihr, was es bedeutet, diesem Mann den Treueeid zu schwören?' ‚Ja, wir wissen es', antworteten sie.

Abbas Ibn Ubada erklärte ihnen die Bedeutung und die möglichen Gefahren, wenn sie die Verantwortung des noch umkämpften Glaubens auf sich nähmen. Sie würden viele Stämme zu Feinden machen. Sie würden für die Unterstützung des Propheten mit ihrem Vermögen und sogar mit ihrem Leben einstehen müssen.

‚Wir nehmen alles auf uns', sagten sie und fragten den Propheten: ‚O Gesandter Allahs, was wird es für uns geben, wenn wir unser Versprechen halten?'

‚Das Paradies!', sagte der Prophet.

‚Dann strecke deine Hand aus!' Er streckte seine Hand aus und nahm den Treueid von allen an."[164]

Kaum war der Morgen angebrochen, erfuhren die Quraisch von dem Treffen. Sie waren sehr beunruhigt, weshalb sie die Lager der beiden Stämme aufsuchten und fragten, was ihnen einfiele, sich mit Muhammad zu verbünden, um die Muslime zu verteidigen.

Die Götzendiener der Chazradsch begannen zu schwören, dass derartiges nie geschehen sei. Die Muslime ihrerseits beobachteten schweigend, wie die Quraisch bereit waren, ihren heidnischen Religionsgenossen zu glauben.

Die Quraisch kehrten zurück. Die neuen Muslime aus Medina verließen Mina[165], bevor die Quraisch über das Geschehene Gewissheit erhielten. Als diese erfuhren, dass die Nachricht doch stimmte, und daraufhin auszogen, um die Gläubigen zu verfolgen, trafen sie niemanden mehr außer Saad Ibn Ubada, den sie festnahmen. Sie brachten ihn nach Mekka und misshandelten ihn, unter anderem, indem sie ihn an seinen langen Haaren zogen und schlugen. Zwei mekkanische Händler, Dschubair Ibn Mutim und Al Harith Ibn Harb, hörten von der Gefangenschaft Saads. Sie retteten ihn und nahmen ihn in Schutz. Denn er war

---

163 Abbas Ibn Ubada war einer der ersten Bewohner Medinas, der Muslim wurde. Er war bei beiden Treueiden anwesend.
164 Ibn Hischam, S. 202–205
165 Die Gegend, in der sich Aqaba befindet

ihr Beschützer, wenn sie in Medina Handel trieben.[166]

Als die neuen Muslime nach Medina kamen, zeigten sie ihren Islam öffentlich. Tag für Tag nahmen der Götzendienst, der Aberglaube und der Hass zwischen den Stämmen ab. Die Hoffnung auf einen gerechten Frieden wuchs.

Unter den Aus und den Chazradsch gab es einige alte Leute, die sich sehr schwer damit taten, sich vom Götzendienst zu befreien. Amr Ibn Al-Dschamuh war einer der Führer der Bani Salma, der sehr hartnäckig war. Mu'adh war sein Sohn, der bei Aqaba dabei gewesen war und dem Propheten den Treueeid geschworen hatte. Amr hatte in seinem Haus ein Götzenbild aus Holz, das Manat[167] genannt wurde und das er verehrte und immer gut pflegte. Als alle jungen Männer der Bani Salma Muslime geworden waren, schlichen sie eines Nachts zu dem Götzenbild, trugen es zur Mistgrube des Stammes und schleuderten es hinein. Als Amr am folgenden Morgen erwachte und sein geliebtes Götzenbild nicht fand, rief er: „Wehe euch! Wer hat in dieser Nacht unseren Göttern etwas angetan?"

Er machte sich auf die Suche nach dem Götzenbild. Als er es endlich in der Mistgrube fand, holte er es heraus, reinigte und parfümierte es. „Wenn ich herausfinde, wer so etwas macht, bringe ich Schande über ihn!", drohte er verärgert.

Als Amr wieder schlief, machten die jungen Muslime, unter ihnen sein eigener Sohn Mu'adh, mit dem Götzen noch einmal das Gleiche. Am Morgen fand Amr ihn in der gleichen Situation. Beim dritten Mal hielt er nicht mehr durch. Nachdem er den Götzen gereinigt hatte, befestigte er sein Schwert an ihm und sagte: „Ich weiß wirklich nicht, wer so etwas mit dir macht! Wer auch immer sich dir nähert – verteidige dich! Du hast das Schwert bei dir!"

Nachdem Amr eingeschlafen war, kamen die Muslime, entfernten das Schwert von dem Götzen, befestigten mit einer Schnur einen toten Hund an ihm und stießen ihn wieder in die Mistgrube der Bani Salma.

Als Amr morgens aufstand und das Götzenbild nicht an seinem

---

166 Ibn Hischam, S. 206 f.
167 Manat war ein weiblicher Götze, der wie Al-Lat und Al-Uzza als Tochter Allahs verehrt wurde, sie wurde als Göttin des Schicksals betrachtet.

Platz fand, suchte er weiter, bis er es in der Mistgrube mit dem toten Hund am Hals fand.

Er sah, dass sein Götze sich nicht helfen konnte, und die Muslime seines Stammes begannen mit ihm zu reden. Er nahm den Islam an und wurde ein überzeugter Muslim. Er schrieb ein rührendes Gedicht, in dem er seinen Götzen mit dem Hund erwähnt und Allah dankt, Der ihn am Ende doch rechtgeleitet hat.[168]

Nachdem in Medina die Zahl der Muslime schnell gewachsen war, erlaubte der Prophet den Gläubigen, nach Medina auszuwandern, wo er für sie eine sichere Heimat gefunden hatte. Er selbst blieb jedoch weiterhin in Mekka.

Die Muslime begannen, einzeln oder in kleinen Gruppen auszuwandern, um die Wut der Quraisch nicht auf sich zu lenken. Doch die Auswanderungen blieben den Quraisch nicht verborgen, und so versuchten sie, die übrigen Muslime mit Gewalt zum Bleiben zu veranlassen. Wen sie zu fassen bekamen, den peinigten und misshandelten sie, um ihn von seinem Glauben abzubringen. Sie gingen dabei so weit, Zwietracht zwischen Eheleuten zu säen; so ließen sie zum Beispiel eine Frau von den Quraisch nicht mit ihrem Mann weggehen. Auch nahmen sie jene, die ihnen nicht gehorchten, gefangen.

Ein Jahr vor dem Treueid von Aqaba hatte Umm Salama mit ihrem Mann und ihrem noch kleinen Sohn Salama zu fliehen versucht, war jedoch von ihrem Cousin Abu Dschahl und seinen Männern verfolgt und aufgehalten worden. Mit Gewalt nahmen sie Abu Salama den Zügel des Kamels aus der Hand und brachten die Familie auseinander. Als Abu Salamas Familienangehörige davon erfuhren, nahmen sie Umm Salama auch noch das Kind weg.

Umm Salama fiel wegen des Verlustes ihres Sohnes in tiefe Trauer. Deshalb ging sie jeden Tag nach Abtah und weinte bis zum Abend. Sie gab nicht auf, bis sie ihren Sohn nach einem Jahr wieder an sich drücken konnte. Allein mit ihm verließ sie auf einem Kamel reitend Mekka.

---

168 Ibn Hischam, S. 207-208

Unterwegs traf sie Uthman Ibn Talha[169], der noch kein Muslim war. Er nahm die Zügel des Kamels und begleitete Mutter und Kind, bis die kleine Familie wieder beisammen war.

Als sie in der Nähe des Dorfes Quba, nicht weit von Medina ankamen, sagte Uthman Ibn Talha: „Dein Mann ist in diesem Dorf!"

Dann kehrte er nach Mekka zurück. Umm Salama erwähnte stets: „Bei Allah, ich kenne keine Familie im Islam, der geschehen ist, was der Familie Abu Salamas geschah, und ich habe noch keinen Begleiter gesehen, der edleren Charakters war als Uthman Ibn Talha."[170] Sie war nicht die Einzige, die grausam von ihren Lieben getrennt wurde.

Ayyash war mit Umar Ibn Al-Chattab nach Medina ausgewandert. Seine zwei Halbbrüder Abu Dschahl und Harith folgten ihm. Sie verabredeten sich mit ihm, um mit ihm zu sprechen. Als sie ihn trafen, behaupteten sie, seine Mutter hätte geschworen, sich die Haare nicht zu kämmen und sich vor der Sonne nicht zu schützen, bis sie ihn nicht wieder gesehen hatte. Ayyash machte sich Sorgen um seine Mutter; er wollte auch sein Geld retten, das er in Mekka zurückgelassen hatte.

Umar riet ihm davon ab, er dürfe dies nicht glauben und dass die Leute nichts anderes von ihm wollten als dass er seine Religion aufgebe: „Bei Allah, wenn die Läuse deiner Mutter wehtun, wird sie bestimmt einen Kamm benützen, und wenn sie die Hitze in Mekka belastet, wird sie in den Schatten gehen. Außerdem weißt du, dass ich unter den Quraisch zu denen gehöre, die am reichsten sind, also gehe nicht, und die Hälfte meines Besitzes ist deiner!" Ayyash aber hörte nicht auf Umar. Umar gab ihm sein Kamel, damit er es zumindest leichter hätte, wenn er fliehen wollte. Unterwegs fragte ihn Abu Dschahl, ob Ayyash ihm sein Kamel leihen würde. Ayyash war freundlich und tat es. Als er abstieg, fielen Abu Dschahl und Harith über ihn her, fesselten ihn an Händen und Füßen und brachten ihn wie einen Gefangenen nach Mekka. In Mekka sagten sie: „O ihr Volk von Mekka, macht das Gleiche mit euren Narren, was wir mit unse-

---

169 Uthman Ibn Talha war der Sohn eines der größten Gegners des Propheten, Talha Ibn Abi Talha, der später bei der Schlacht von Uhud getötet werden sollte. Seine Familie war eine der angesehensten der Bani Abd-ad-Dar. Sie hatten die Ehre, die Hüter der Schlüssel zur Kaaba zu sein. Uthman war für seinen Edelmut und seine Tapferkeit bekannt.
170 Ibn Hischam, S. 215-216, Ar-Rahiq Al-Machtum, S. 148

rem gemacht haben!"[171]

Hischam Ibn Al-As war der Bruder jenes Amr Ibn Al-As, der seinerzeit von Mekka abgeordnet worden war, um den Negus von Abessinien gegen die Flüchtlinge aufzuhetzen. Hischam war damals Zeuge des Versagens seines Bruders. Als Hischam, der inzwischen Muslim geworden war, nun auswandern wollte und seine Familie davon erfuhr, hielten ihn sein Vater und sein Bruder Amr mit Gewalt auf und sperrten ihn ein.[172] Beide, Ayyash und Hischam, wurden so lange gefoltert und unter Druck gesetzt, bis sie den Islam zum Schein aufgaben. Obwohl sie innerlich noch Muslime waren, ließ ihr Gewissen ihnen keine Ruhe. Während dieser Zeit des Zweifels und der Gewissensnot wurden die folgenden Verse offenbart: *O meine Diener, die ihr gegen euch selber maßlos gewesen seid, verliert nicht die Hoffnung auf Allahs Barmherzigkeit. Gewiss, Allah vergibt die Sünden alle. Er ist ja der Allvergebene und der Barmherzige. Und wendet euch eurem Herrn reuig zu und seid Ihm ergeben, bevor die Strafe über euch kommt, worauf euch keine Hilfe zuteil werden wird. Und folgt dem Besten von dem, was zu euch von eurem Herrn herab gesandt worden ist, bevor die Strafe plötzlich über euch kommt, ohne dass ihr es merkt.*[173]

Umar schrieb diese Verse mit eigener Hand und sandte sie Hischam, der später erzählte: „Als ich diese Verse bekam, hielt ich sie nah und weit vor meine Augen und konnte sie nicht verstehen, bis ich sagte: ‚O Allah, lass mich sie verstehen!' Da legte Allah in mein Herz, dass sie über uns offenbart wurden und über das, was wir und andere über uns dachten."

Hischam zeigte die Verse Ayyash, die auch ihn darin bestärkten, den Glauben wieder aufzunehmen und fliehen zu wollen. Das war nicht einfach, denn die Quraisch unternahmen alles, um die Auswanderung der Gläubigen zu verhindern.

Unter den Auswanderern waren auch Hamza, Zaid, Umar mit seiner Frau Zaynab, seiner Tochter Hafsa und dem kleinen klugen Abdullah. Suhaib, einem Römer, gelang die Auswanderung ebenfalls.

Als die Quraisch erfuhren, dass Suhaib auswandern wollte, sagten sie zu ihm: „Du bist als geringer Kerl zu uns gekommen und bist reich und zu dem geworden, was du jetzt bist, und nun möchtest du mit deinem Besitz und Leben weggehen. Bei Allah, dies wird nicht geschehen!"

---

171 Ibn Hischam, S. 218
172 Ibn Hischam, S. 218
173 Koran 39: 53–55.

Suhaib antwortete: „Wenn ich euch meinen ganzen Besitz gebe, werdet ihr mich gehen lassen?" Die Götzendiener waren einverstanden. Suhaib sagte: „Dann lasse ich euch meinen Besitz!" Als diese Nachricht den Propheten erreichte, sagte er: „Suhaib hat gewonnen, Suhaib hat gewonnen!" [174]

Bald hatten die meisten Gläubigen Mekka verlassen – außer Ali, Abu Bakr und Muhammad selbst. Abu Bakr bat den Propheten immer wieder um Erlaubnis, auswandern zu dürfen. Doch Muhammad sagte zu ihm: „Beeile dich nicht, vielleicht wird dir Allah einen Gefährten geben!" Mehr sagte er nicht. Abu Bakr wünschte, der Prophet wäre dieser Gefährte und kaufte zwei Kamele, die er zur Vorbereitung gut fütterte. [175]

174 Ibn Hischam, S. 219-220
175 Ibn Hischam, S. 221, 223

Die Auswanderung des Propheten

Als die Mekkaner hörten, dass die Muslime in Medina Gefährten gefunden hatten und dort in Sicherheit und Frieden lebten, bekamen sie es mit der Angst zu tun. Sie kannten diesen Mann, der unbeirrt an der Botschaft des Einzigen Gottes festhielt, der weder nachgab noch sich verstellte und dabei weder Schaden noch Tod fürchtete. Sie hatten auch erlebt, dass seine Geduld und Nachsicht beispiellos waren.

Den Quraisch wurde bewusst, welche Tragweite ihre Verbrechen der letzten dreizehn Jahre hatten. Durch die Auswanderungen nach Medina bestand nun die Möglichkeit, dass die Muslime sich irgendwann wehren würden. Ihnen war in Medina eine Tür der Hoffnung auf Freiheit geöffnet worden, und die Herrscher von Mekka hatten in ganz Arabien ihr Gesicht verloren.

Nach einer längeren, streng geheimen Beratung im Haus der Ratsversammlung[176] fassten die Quraisch den Entschluss, den Propheten zu ermorden. Nur über die Art und Weise, wie dies geschehen sollte, waren sie sich noch uneinig. Ein Vorschlag war, ihn einzusperren, bis er starb. Andere fanden es ausreichend, wenn man ihn vertreiben würde.

Einigen reichten diese Vorschläge nicht, denn wenn man Muhammad einsperrte, würden seine Gefährten ihn gewiss befreien, und wenn man ihn vertriebe, würde seine Botschaft bald ganz Arabien erreichen. „Habt ihr denn die Süße seiner Worte vergessen, und wie schnell er die Herzen der Menschen von seiner Botschaft überzeugt?", fragte einer.

Schließlich hatte Abu Dschahl die Idee, aus jedem Stamm einen kräftigen jungen Mann zu wählen und jedem von ihnen ein Schwert zu geben, damit sie den Propheten gemeinsam töten würden. So würde sein Blut sich auf alle Sippen verteilen, und Muhammads Sippe, die Abd Manaf, könnte nicht alle zugleich bekämpfen; sie müssten dann ein Blutgeld akzeptieren, und

---

176 Es handelt sich um das Haus *Dar An-Nadwa*, das Qusai Ibn Kilab gehörte und in dem die Quraisch alle politischen und militärischen Angelegenheiten berieten. (Ibn Hischam, S. 221)

die Sache wäre erledigt. Der grausame Mordplan fand Zustimmung. Nachts, wenn der Prophet schlief, sollten die Männer ihn mit ihren Schwertern erschlagen.[177]

Dem Propheten erschien Gabriel und sagte: „Schlafe in dieser Nacht nicht in deinem Bett!"
Eigentlich besuchte der Prophet immer vormittags oder nachmittags seinen Freund Abu Bakr, aber nicht um die Mittagszeit wie heute, während auch seine Töchter Aischa und Asma' bei ihm waren. Da dachte Abu Bakr, dass etwas passiert sein müsste.
„Allah hat mir erlaubt, auszuwandern", sagte er.
„In Begleitung?", fragte Abu Bakr schnell.
„In Begleitung", antwortete der Prophet. Aischa sagte später immer wieder: „Bei Allah, bis zu diesem Tage wusste ich nicht, dass jemand auch vor Freude weinen kann, bis ich an dem Tag meinen Vater weinen sah!"
„O Prophet Allahs, ich habe diese beiden Kamele für diesen Zweck vorbereitet."

Der Prophet war wieder zu Hause, wo er Ali bat, solange in Mekka zu bleiben, bis alle Wertsachen, die Muhammad für die Leute aufbewahrte, an ihre Besitzer zurückgegeben worden seien. Da der Prophet von allen als vertrauenswürdig angesehen wurde, brachten auch Götzendiener ihm immer wieder Wertsachen zur Aufbewahrung. Der Prophet bat Ali, sich in der Nacht mit seinem grünen Mantel zu bedecken und in seinem Bett zu schlafen. Er versprach ihm, dass ihm nichts Böses geschehen würde.
Die Männer, die von den Quraisch mit der Ermordung des Propheten beauftragt worden waren, umschlichen in jener Nacht das Haus des Propheten. Sie fürchteten, dass er nach Medina fliehen könnte und damit in Sicherheit wäre.
Abu Dschahl, der bei ihnen war, war sich sicher, dass er nun endlich den Propheten töten würde. Spöttisch rief er: „Muhammad behauptet, wenn ihr ihm folgt, werdet ihr die Könige der Araber und Nichtaraber werden, und nach eurem Tod wer-

---

177 Ibn Hischam, S. 221-222

det ihr wieder erweckt werden und in Gärten leben, so schön wie die Gärten am Jordan! Weiter sagt er, dass es ein Blutvergießen unter euch geben wird, und wenn ihr dann nach dem Tod wieder erweckt werdet, verbrennt ihr im Höllenfeuer!"[178]

In diesem Moment trat der Prophet vor sein Haus und sprach: „Ja, das sage ich und du bist einer von ihnen!" Dann begann er, die ersten neun Verse der Sure *Ya-Sin*[179] zu rezitieren, nahm eine Handvoll Staub vom Boden und verteilte ihn auf die Köpfe der Männer. Allah verdunkelte ihre Blicke, sodass sie ihn nicht sehen konnten, während er dies tat - obwohl er direkt vor ihnen stand.

Ein Mann kam vorüber und fragte: „Worauf wartet ihr hier?"

„Auf Muhammad", antworteten die Männer.

„Aber Muhammad ist doch schon an euch vorbeigegangen! Er hat jedem von euch Staub auf den Kopf gestreut, erst dann ist er weggegangen!"

Die Männer fassten sich an den Kopf und sahen den Staub. Sie drangen in das Haus ein und sahen jemanden, in den Mantel des Propheten gehüllt, auf dem Bett liegen und dachten, dass der Prophet noch da sei. „Das ist Muhammad und er schläft in seinem Mantel!", sagten die Mörder und blieben, bis der Morgen anbrach.

Als Ali bei Tagesanbruch aufstand und sich ihnen zeigte, stellten sie verblüfft und enttäuscht fest, dass der Unbekannte recht gehabt hatte. Sie fuhren Ali an, ob er wisse, wo Muhammad sei. Doch Ali wusste es nicht. Damit war der Anschlag fehlgeschlagen.[180]

Zu dieser Zeit wurden dem Propheten Koranverse offenbart, welche die Überlegenheit Allahs über die Verschwörer erklären.[181]

Abu Bakr hatte bereits vor Einbruch der Nacht Vorbereitungen

178 Ibn Hischam, S. 222, Ar-Rahiq Al-Machtum, S. 154

179 *Ya-Sin! Beim weisen Koran! Du bist wahrlich einer der Gesandten auf einem geraden Weg. Er ist die Offenbarung des Allmächtigen und Barmherzigen, damit du ein Volk warnst, dessen Väter nicht gewarnt wurden, so dass sie [gegenüber allem] unachtsam sind. Das Wort ist ja gegen die meisten von ihnen unvermeidlich fällig geworden, so glauben sie nicht. Gewiss, Wir haben um ihre Hälse Fesseln gelegt. Sie reichen bis zum Kinn, so dass sie den Kopf hochhalten [müssen]. Und Wir haben vor ihnen eine Sperrmauer errichtet und [ebenso] hinter ihnen eine Sperrmauer und sie so überdeckt, dass sie nichts sehen [können].* (Koran 36:1–9)

180 At-Tabari II/S. 374; Ar-Rahiq Al-Machtum, S. 156

181 Koran 8: 30, 52: 30–31; Ibn Hischam, S. 223

für den Aufbruch getroffen. Als der Prophet kam, kletterten sie gemeinsam durch ein Fenster auf der Rückseite des Hauses.

Als sie Mekka verließen, ließ der Prophet die Kamele anhalten, drehte sich noch einmal um und warf einen letzten Blick auf seine geliebte Stadt. Dabei sprach er: „Auf Allahs Erde bist du mir und Allah der am meisten geliebte Ort. Hätte mein Volk mich nicht verbannt, hätte ich dich nicht verlassen!"

Abu Dschahl und seine Männer gingen inzwischen zu Abu Bakrs Haus. Als Asma' die Tür öffnete, fragten die Männer: „Wo ist dein Vater, o Tochter Abu Bakrs?"

Als Asma' antwortete „Ich weiß es nicht", versetzte Abu Dschahl ihr eine Ohrfeige, woraufhin einer ihrer Ohrringe sich löste und zu Boden fiel.[182]

Amir war ein Schäfer, der für die Mekkaner Schafe auf die Weide brachte. Er war ein ehemaliger Sklave, der von Abu Bakr, wie viele anderen Sklaven, gekauft und freigelassen worden war. Er folgte ihnen mit seinen Schafen und beseitigte ihre Spuren, bis der Prophet und Abu Bakr eine Höhle im Berg Thaur, südlich von Mekka, erreichten.

Nachdem Abu Dschahl gegangen war, machte sich Asma' mit ihrem Bruder Abdullah auf den Weg zur Höhle, um ihrem Vater und dem Propheten Essen zu bringen und ihnen zu berichten, dass die Quraisch eine Belohnung von hundert Kamelen für denjenigen ausgesetzt hätten, der den Propheten tot oder lebendig finden und nach Mekka brächte.[183] Die meisten Verfolger suchten im Norden nach dem Propheten, weil das die Richtung war, in der Medina lag. Einige wenige kamen aber auch auf die Idee, dass der Prophet einen Umweg genommen haben könnte, und suchten im Süden.

Abu Bakr und der Prophet versteckten sich in der Höhle. Sie waren sehr müde. Plötzlich drangen Stimmen zu ihnen, die näher zu kommen schienen. Es waren Männer aus Mekka. Sie blieben vor der Höhle stehen und unterhielten sich miteinander. Abu

---

182 Ibn Hischam, S. 225
183 Sahih Buchari I/S. 554; Ar-Rahiq Al-Machtum, S. 156

Bakr machte sich Sorgen und flüsterte: „Wenn einer von ihnen zu seinen Füßen blickt, dann sieht er uns!" Der Prophet flüsterte: „Was, Abu Bakr, hältst du von zweien, bei denen Allah der Dritte ist?" Er meinte Abu Bakr und sich selbst. [184]

Die Verfolger waren erschöpft und hatten die Hoffnung längst aufgegeben, den Propheten zu finden. Sie entdeckten ihn und Abu Bakr nicht.

Asma' erschien zur vereinbarten Zeit mit ihrem Bruder Abdullah. Amr war auch gekommen – aber ohne seine Schafe. Er brachte Abdullah Ibn Arqat mit, dem Abu Bakr zwei Kamele anvertraut hatte, die für die Reise gut gefüttert worden waren.

Asma' nahm ihren Gürtel ab und zerschnitt ihn in zwei Teile. Den einen behielt sie, und mit der anderen Hälfte befestigte sie das Essen am Sattel ihres Vaters. Deshalb wird Asma' auch „Dhan Nitaq - die mit dem Gürtel" genannt. Ibn Arqat führte Muhammad und Abu Bakr nach Westen bis zum Roten Meer, an dessen Ufer sie eine Weile entlang ritten, um dann den Weg nach Norden einzuschlagen.

Über die weitere Verfolgung des Propheten berichtet Suraqa Ibn Malik: „Die Boten der Quraisch kamen zu uns und gaben den Preis bekannt, der jedem gezahlt werden sollte, der den Gesandten Allahs und Abu Bakr tötete oder gefangen nahm. Während ich mich in einer der Versammlungen meines Stammes, der Bani Mudlagh, befand, kam ein Mann von ihnen zu uns und berichtete stehend Folgendes, während wir da saßen: ‚O Suraqa, ich habe vor kurzem drei Personen wahrgenommen, die an der Küste vorbeizogen. Ich halte sie für Muhammad und seine Gefährten!'

Ich gab ihm ein Zeichen, damit er schwieg und sagte zu ihm: ‚Sie sind es nicht gewesen; denn du sahst nur den Soundso und den von der Sippe Soundso, die etwas verloren haben.'

Ich blieb noch eine Weile in der Versammlung, stand dann auf und ging anschließend in mein Haus. Ich befahl meiner Sklavin, meine Pferdestute hinter einen Hügel zu führen und dort auf mich zu warten. Dann nahm ich mein Schwert und ging durchs Hinterhaus hinaus, lief den Hügel hinauf, das Tal hinunter und

---

184 Sahih Buchari I/S. 516, 558; Ar-Rahiq Al-Machtum, S. 156

ritt auf meiner Stute davon. Ich ritt sehr schnell, bis ich ihnen immer näher kam. Da strauchelte die Stute, und ich fiel hinunter. Schnell stand ich wieder auf und zog aus meinen Satteltaschen die Lospfeile heraus, die ich auslegte, um eine Weisung von ihnen zu erhalten, ob ich dem Propheten und seinem Begleiter Schaden zufügen sollte oder nicht. Das Zeichen, das ich erhielt, stimmte ganz und gar nicht mit meinem Wunsch überein. Deshalb handelte ich entgegen dem Vorzeichen der Lospfeile und folgte ihnen weiter.

Abu Bakr schien etwas zu hören, denn er sah sich häufig um. Da sanken die Beine meiner Stute bis zu den Knien ein. Ich stieg sofort ab und schlug auf das Tier ein, bis es sich schließlich doch aus dem Sand befreite. Als es dann vor mir stand, sah ich aus den Löchern, in denen seine Vorderbeine gesteckt hatten, eine Staubwolke steigen, die wie eine Rauchsäule bis zum Himmel hinauf ging. Ich nahm die Götzen wieder zu Hilfe, und das Zeichen, welches sie mir gaben, entsprach wieder nicht meinem Wunsch. So rief ich den Männern, die ich verfolgte, zu, sie mögen anhalten, ich sei für sie keine Gefahr. Sie blieben stehen, und ich ritt zu ihnen. Aufgrund der Hindernisse, die zwischen mir und ihnen überwunden worden waren, hegte ich inzwischen die Vermutung, dass die Botschaft des Gesandten Allahs doch wahr war und seine Sache Erfolg haben würde. Ich sagte zu ihm: ,Deine Leute haben ein Blutgeld für dich ausgesetzt!'

Ich erzählte, was die Mekkaner mit ihnen vorhatten. Auch bot ich ihnen Reiseproviant und andere Gegenstände an, die sie jedoch nicht annahmen. Sie baten nur: ,Halte unsere Sache geeim!'

Darauf fragte ich den Propheten, ob er mir ein Schriftstück mit der Zusage über meine Sicherheit schreiben könne, und er sagte: ,Schreibe es ihm, Abu Bakr!'"[185]

Während seiner Flucht empfing der Prophet eine Offenbarung, in der Allah ihm versprach: *Siehe! Er, der dir den Koran auferlegte, bringt dich wieder nach Hause!*[186]

185 Ibn Hischam, S. 226
186 Koran 28: 85

Unterwegs trafen sie auf Abu Bakrs Cousin Talha. Dieser war in Medina und hatte die Ruhelosigkeit und Freude der Leute in Medina erlebt, die auf den Propheten warteten. Denn sie hatten gehört, dass er von Mekka aufgebrochen sei. Sie pflegten täglich vormittags ins Freie zu gehen und auf ihn zu warten. Sie blieben so lange, bis die Mittagshitze sie in ihre Häuser zwang. Als sie sich einmal in ihren Häusern aufhielten, stieg ein Jude aufs Dach eines hohen Gebäudes, um Ausschau zu halten. Da erblickte er in der Ferne den Gesandten Allahs und seinen Gefährten. Der Jude rief, so laut er konnte: „Ihr Araber! Da kommt euer Oberhaupt, auf das ihr wartet!"[187]

Auf diesen Ruf hin strömten die Männer, Frauen und Kinder jubelnd hinaus. Die Muslime empfingen den Gesandten Allahs, als er noch weit entfernt war. Er hielt zuerst beim Stamm von Bani Amr Ibn Auf im Dorf Quba an.

Diejenigen Muslime, die aus Medina gekommen waren und den Propheten nie zuvor gesehen hatten, grüßten zuerst Abu Bakr. Man schätzte den Propheten nicht einmal auf die Hälfte seines tatsächlichen Alters; Abu Bakr, der zwar auch noch sehr gut aussah, wirkte wesentlich älter. Vielleicht war das der Grund, warum man dachte, Abu Bakr sei der Prophet.

Als die Sonne höher stieg, begab sich Abu Bakr zum Propheten, um ihn mit seinem Gewand zu schützen. So erkannten die Menschen den Gesandten Allahs.

Er erhob sich und sprach zu den Menschen: „Ihr Leute, grüßt einander mit dem Friedensgruß, gebt den Hungernden zu essen, ehrt eure Familien, betet in der Nacht, wenn die Menschen schlafen! Dann betretet ihr das Paradies in Frieden!"[188]

---

187 Ibn Hischam, S. 227: Dies geschah an einem Montag, dem 24. oder 27. September 622. Auch der Geburts– und Sterbetag Muhammads war ein Montag. Zudem pflegte der Prophet montags zu fasten.
Hassan Ibn Thabit sagte, er sei sieben Jahre alt gewesen, als ein Jude auf dem Dach lautstark verkündet habe, dass der Stern des Ahmad, des „Hochgepriesenen", in jener Nacht erschienen sei.
Ibn Ishaq schreibt, er habe Said Ibn Abdurrahman Ibn Hassan Ibn Thabit gefragt, wie alt Hassan gewesen sei, als der Prophet nach Medina auswanderte. Er sagte, er sei 60 gewesen. Muhammad war mit 53 ausgewandert. (Ibn Hischam, S. 77)
188 At-Tabaqat Al-Kubra von Ibn Saad und Abdullah Ibn Amr berichten: *Ein Mann fragte den Propheten: „In welcher Weise kann man den Islam am besten leben?" Der Prophet sagte: „Indem du andere speist und jeden mit dem Friedensgruß (Salam) grüßt, den du kennst, und den du nicht kennst!"* (Sahih Buchari, Hadith 6236)

Der Rabbi Hussain war auch zu der Menge gekommen und hatte die Worte Muhammads gehört. Später sagte er: „Als ich das Gesicht des Propheten sah, wusste ich, dass es nicht das Gesicht eines Lügners war."[189]

Viele Menschen kamen nach Quba, um den Propheten zu begrüßen; unter ihnen auch ein Perser namens Salman. Er war Christ und schon als junger Mann nach Syrien und in den Irak gereist, wo er bei christlichen Gelehrten studiert hatte. Sein letzter Lehrer hatte auf dem Sterbebett zu ihm gesagt, dass die Zeit des letzten Propheten gekommen sei, der mit der Religion Abrahams komme und in Arabien aus seiner Heimat vertrieben worden sei. Seine Zeichen seien nicht zu übersehen: Von Geschenken, aber nicht von Almosen würde er essen, und zwischen seinen Schultern sei das Siegel der Prophetenschaft.
Salman erzählt seine Geschichte weiter: „Ich hatte Händler mit meinen Kühen und meinem restlichen Geld dafür bezahlt, dass sie mich nach Arabien bringen. Doch sie betrogen mich und verkauften mich als Sklaven an einen jüdischen Händler. Nach einer Weile wurde ich an den jüdischen Stamm der Bani Quraida verkauft, die in Medina lebten. So kam ich doch noch nach Arabien. Mein Besitzer hatte einen Verwandten in Quba. Dieser kam nach Medina und berichtete, dass ein Prophet in Medina angekommen sei. Bei Allah, ich befand mich auf einer Palme und arbeitete für meinen Besitzer, während dieser darunter saß. Ich hörte, dass sie sich über die Chazradsch wunderten, weil diese sich um einen Propheten scharten, der aus Mekka gekommen war und sich gerade in Quba befand.
Als ich das hörte, zitterte ich am ganzen Körper, sodass ich fürchtete, ich würde vom Baum fallen. Ich stieg von der Palme herab und lief zu dem Mann, um ihn zu fragen.
Da ärgerte sich mein Besitzer, schlug mich heftig ins Gesicht und schickte mich wieder zur Arbeit. Es gelang mir aber noch am gleichen Abend, mit etwas Essen, das ich aufgespart hatte, zum Propheten nach Quba zu laufen.
Als ich bei ihm ankam, sagte ich ihm, dass ich gehört hätte, dass

189 Berichtet von Tirmidhi, Ibn Madscha und Ad-Darimi, Mischkat Al-Masabih 1, S. 168; Ar-Rahiq Al-Machtum, S. 177

er ein rechtschaffener Mensch sei und auch mittellose Gefährten bei sich habe, die mit ihm von dem, was ich als Almosen anbot, essen sollten. Der Prophet sagte zu seinen Gefährten: „Esst davon"; er selber aber nahm nichts.

Nach diesem Zeichen war Salman gespannt, ob er auch jene anderen Zeichen zu sehen bekommen würde. Er stellte einige Dinge zusammen, brachte sie ihm später, als der Prophet in Medina war und sagte: „Ich habe gesehen, das du keine Almosen isst, das ist aber etwas, das ich dir schenken möchte!" Als der Prophet Muhammad davon aß und zugleich seinen Gefährten etwas abgab, hatte Salman ein weiteres Zeichen. Schließlich sah er ihn auf dem Friedhof von Baqi´ in Medina bei einer Beerdigung. Er grüßte ihn und beugte sich neugierig nach hinten, um seinen Rücken zu sehen.

Da der Prophet wusste, was Salman so interessierte, nahm er den Mantel ab, und Salman erblickte das Siegel der Prophetenschaft, das ihm sein Lehrer einst beschrieben hatte. Sehr betroffen und weinend küsste er das Siegel auf seinem Rücken und verkündete seinen Islam.[190]

Der Prophet blieb einige Tage beim Stamm der Bani Amr Ibn Auf. Während dieser Zeit legte er bei Quba das Fundament der ersten islamischen Moschee.

Ali, der drei Tage gehabt hatte, um alle Wertsachen an ihre Besitzer zurückzugeben, die dem Propheten anvertraut worden waren, war inzwischen aus Mekka eingetroffen.

---

190 Salman blieb zunächst in seinem Status als Sklave der Juden. Wie er davon freikam, berichtet er selbst: „Schließlich teilte der Gesandte mir mit, dass ich mit meinem Herrn einen Freilassungsvertrag abschließen solle! So forderte ich dies so oft von meinem Herrn, bis er einwilligte und mit mir einen Vertrag auf Freilassung unter der Bedingung abschloss, dass ich ihm als Gegenleistung dreihundert junge Dattelpalmen einpflanzte und vierzig Unzen Silber zahlte. Als der Gesandte von diesen Bedingungen erfuhr, sagte er zu seinen Gefährten: ‚Helft eurem Bruder beim Einpflanzen der jungen Palmen!' So half jeder nach seinen Kräften mit. Darauf sagte der Prophet: ‚Salman, gehe hin und grabe Löcher für die Palmen! Und wenn du fertig bist, benachrichtige mich, so werde ich sie dann mit meinen eigenen Händen setzen.' Da machte ich mich also an die Arbeit, wobei mir einige Gefährten des Propheten mithalfen, bis wir dreihundert Löcher bereit hatten. Der Gesandte begann dann, die Palmen mit seiner Hand zu setzen, die Erde über den Wurzeln einzuebnen und über ihnen den Segenswunsch auszusprechen, bis er mit allem fertig war. Und danach blieben nur noch die vierzig Unzen Silber zu zahlen. Während der Gesandte eines Tages mit seinen Gefährten zusammen war, brachte ihm jemand ein Goldstück in der Größe eines Hühnereis, das er dem Propheten als Almosen gab. Der Prophet sagte: ‚Was macht eigentlich der arme Perser mit seinem Freilassungsvertrag? Er soll zu mir kommen!' Als ich mich bei ihm einfand, sagte er zu mir: ‚Gehe mit diesem Goldstück und bezahle damit, was du an Schulden noch zu entrichten hast!'" (Ibn Hischam S. 100-104, At-Tabaqat Al-Kubra IV/S. 75-80)

Eine neue Gesellschaft

Langsam ritt der Prophet auf seiner Kamelstute Qaswa inmitten einer Menschenmenge durch Medina.[191] Viele Muslime näherten sich dem Propheten, berührten Qaswas Zügel und baten: „O Gesandter Allahs, bleibe bei uns, wir haben für dich Reichtum und Schutz!" „Lasst sie weiterziehen, denn sie steht unter dem Befehl Allahs", erklärte der Prophet. Nach einer Weile verließ die Kamelstute die Straße und kniete auf einem Platz nieder, der zum Trocknen der Datteln genutzt wurde.

Der Prophet stieg ab und fragte, wessen Haus diesem Ort am nächsten sei. Abu Ayyub sagte: „Meines, o Gesandter Allahs". Er hatte die Ehre, der Gastgeber des Propheten zu sein. Abu Ayyub[192] band das Gepäck los und brachte es in sein Haus. Die Bewohner Medinas berichteten später, dass es nie einen fröhlicheren Tag in Medina gegeben habe als diesen.

Der Prophet wollte nun wissen, wem der Platz gehörte, auf dem die Kamelstute sich niedergelassen hatte.

Es dauerte nicht lange, bis die Besitzer des Grundstücks, Sahl und Suhail, zwei Waisen, ausfindig gemacht waren. Der Prophet fragte, ob sie diesen Platz verkaufen möchten. Sie wollten ihn jedoch dem Propheten schenken.

Der Prophet wollte aber nicht den Besitz der Waisen geschenkt haben, deshalb wurde der Platz gekauft.

„Hier, so Allah will, ist die Niederlassung", erklärte der Prophet. Umgehend wurde mit dem Bau einer Moschee begonnen. Sie sollte ein Ort des Gebets und eine Versammlungsstätte für die Muslime werden. An einer Seite der Moschee wurden einfache Räume als Wohnung für den Propheten gebaut.

---

191 Zu dieser Zeit hieß die Stadt noch Yathrib. Erst nach der Gründung des islamischen Staates wurde sie Medinatu-r-Rasul (die Stadt des Propheten), kurz Medina, genannt.
192 Abu Ayyub Chalid Ibn Zaid hatte beim zweiten Treffen in Aqaba den Treueeid geschworen. (Ibn Hischam, S. 229–231)

Abu Bakrs Frau Umm Rumman und ihre Kinder kamen auch bald an. Mit dieser Auswanderung verlor Abu Bakr seinen Besitz in Mekka.

Bald wurde das bescheidene Haus des Propheten fertig. Er schickte Zaid, um Sauda, seine zwei Töchter Umm Kulthum und Fatima, aber auch Zaids Frau Baraka und ihren kleinen Sohn Usama aus Mekka zu holen.

Sauda verwaltete das Haus des Propheten, als dieser kurz nach ihrer Ankunft in Medina Abu Bakrs Tochter Aischa heiratete. Aischa kannte Muhammad seit ihrer Kindheit und wusste, dass er der Gesandte Allahs war. Sie hörte immer wieder Gutes über ihn und mochte ihn auch selbst sehr gerne. Seine Eheschließung mit Aischa machte nicht nur die Braut glücklich, sondern auch ihre Eltern, die diese Ehre wohl zu schätzen wussten.

Die Ehe des Propheten mit der jungen Aischa belastete auch Sauda nicht. Ihr wurde bald klar, wie wissensdurstig dieses Mädchen war, das von Allah eine große Aufnahmefähigkeit geschenkt bekommen hatte und ihr Wissen den Muslimen und der ganzen Menschheit einst zurückgeben sollte, wenn die Zeit dafür reif sein würde. Aischa war die Tochter des ersten und wichtigsten Helfers des Propheten, des Mannes, der ihm am liebsten war und am nächsten stand.

Wegen Aischas Herkunft und der Liebe des Propheten zu ihr räumte Sauda ihr bald die erste Stelle im Haus des Propheten und in der Gemeinde ein. Nach Berichten der Muslime soll Sauda zur Zeit ihrer Heirat mit dem Propheten schon recht alt gewesen sein, und damit wollte er ein gütiges Vorbild für seine Gemeinde sein. Sauda war klar, dass Muhammad sie nicht weltlicher Dinge wegen geheiratet hatte. Sie selber sagte: „Bei Allah, ich lege keinen Wert darauf, Ehemänner zu bekommen, jedoch wünsche ich mir, dass Allah mich am Jüngsten Tage als Ehefrau des Gesandten wiederauferstehen lässt. Ich werde meine Nacht Aischa schenken!"

Der Prophet war tief beeindruckt von ihrer Bescheidenheit und Großzügigkeit. Aischa war Sauda sehr dankbar für die zusätzliche Nacht. Der Verzicht stärkte die Bindung zwischen den beiden Frauen, und Sauda führte fortan ein ruhiges Leben im

Hause des Propheten.[193] Wie die anderen Gläubigen war Aischa
der Überzeugung, dass der Gesandte Allahs seine Ehen, deren
Art und Zweck der Gemeinschaft offenbar waren, im Rahmen
der Ausübung und Förderung seiner Botschaft geschlossen hatte – nicht zur Befriedigung persönlicher Begierden.[194]

Die islamische Gemeinde wurde gegründet, und fortan sollte
niemand mehr seines Glaubens wegen benachteiligt werden.
Der Prophet Muhammad verurteilte die Unterdrückung der
Frauen, Kinder und Sklaven und erklärte Medina zu einer of-
fenen Stadt der Toleranz und Verständigung. Seine Güte und
Barmherzigkeit, die er zu Stützen der Brüderlichkeit machte,
welche das Fundament der neuen Gesellschaft bildeten, bezo-
gen sich jedoch nicht nur auf die Menschen, sondern ebenso auf
die Tiere, die Pflanzen und alle anderen Geschöpfe.[195]
Die Frauen in Medina bekamen Rechte, von denen sie vorher
nicht einmal geträumt hatten. Sie durften nicht mehr ohne ihre
Zustimmung verheiratet werden, durften Besitz haben und hatten ein Recht auf das Erbe ihrer Verwandten und Ehemänner.
Der Prophet kümmerte sich auch um das Wohlergehen der
Kinder. Er wies die Muslime an, sowohl Mädchen als auch Jungen Lesen und Schreiben zu lehren. Er war bekannt für seine
Freundlichkeit gegenüber Kindern.
Schwache und Starke wurden gleich behandelt. Der Prophet
lehrte die Muslime, dass es gottgefällig sei, Sklaven die Freiheit
zu schenken. So kamen viele Sklaven frei. Die Offenbarungen
schrieben den Muslimen vor, dass jeder Wohlhabende pro Jahr
2,5% seines Besitzes an die Armen abgeben sollte – die sogenannte *Zakat*. Der Armut wurde der Kampf erklärt.

In Medina, der Stadt des Propheten, waren bald fast alle Muslime. Allmählich lebten sich die Auswanderer aus Mekka ein und

---

193 Nach ihrem Tod fasste Aischa ihre Meinung über Sauda in den Worten zusammen: „Es gibt unter den Menschen niemanden, den ich wegen seines Charakters mehr liebe als Sauda, obwohl sie etwas Schärfe hatte."
194 Vom Propheten selbst ausgebildet, galten seine Frauen bei der weiteren Vermittlung der islamischen Lehre als sachkundige Lehrerinnen für Frauen und Männer. Ihre Wohnräume und die Moschee waren Ausbildungsstätten für muslimische Frauen. Sie gehörten zu den ersten Theologinnen und Überlieferinnen – nicht nur für ihre Zeit, sondern für die gesamte islamische Welt bis heute. Der Koran bezeichnet jede von ihnen als „Mutter der Gläubigen". Allein Aischa überlieferte zuverlässig 2200 Aussagen des Propheten.
195 Eine der Aussagen des Propheten zum Thema Umwelt: „Wenn einer ein Bäumchen pflanzt, schreibt ihm Allah so viel Lohn zu, wie der Baum Früchte trägt." (Überliefert durch Ahmad Ibn Hanbal)

bekamen den Namen *Muhadschirun*, Auswanderer. Die Muslime aus Medina wurden vom Propheten *Ansar* genannt – Helfer, denn sie halfen ihren Brüdern und Schwestern aus Mekka. Sie nahmen sie in ihren Häusern auf, und alles, was sie besaßen, teilten sie mit ihnen, da die Auswanderer all ihre Habe in Mekka hatten zurücklassen müssen.

Die Muslime richteten ihr tägliches Leben und ihre gemeinsamen Angelegenheiten nach den Lehren des Islam aus, die jeder leicht praktizieren konnte. Der Prophet achtete darauf, dass die Menschen in der Religion nicht übertrieben und sich damit ihr Leben erschwerten.[196]

Er gab der neuen Gesellschaft eine Ordnung, stellte Regeln für das Zusammenleben auf und definierte das Erlaubte und Verbotene, all dies basierend auf dem Koran. Er schaffte die Blutrache ab und stellte Frieden zwischen den verschiedenen Stämmen her.

Es wurde auch das Verhältnis zu den Nichtmuslimen, vor allem zu den jüdischen Stämmen, geregelt, welche ein Teil der neuen Gesellschaft bleiben sollten.

Der Prophet schloss ein Abkommen mit den Juden, in dem Muslimen und Juden ähnliche Rechte gegeben und Pflichten abverlangt wurden, damit Gerechtigkeit herrschte.[197]

Dieses Abkommen wurde „der Vertrag von Medina" genannt. Jener Vertrag und die Aussagen des Korans wurden eine Basis für das Leben von Juden und Christen in muslimischen Gesellschaften.[198]

Viele Juden schätzten die Toleranz und Großzügigkeit des Propheten und seiner Lehre. Aber vor allem unter einigen Oberhäuptern und Gelehrten der jüdischen Stämme regte sich auch Widerstand, weil Allah seinen letzten Propheten unter den Arabern erwählte. Nun war das Prophetentum von den Kindern Isaaks auf die Kinder Ismaels übergegangen. Ein weiterer

---

196 Dieses Prinzip überlieferte die Frau des Propheten, Aischa, in einem Hadith: „Jedesmal wenn der Gesandte Allahs (s) zwischen zwei Dingen wählen konnte, nahm er das Leichtere an, solange es keine Sünde war." Siehe Sahih Buchari 3560, Sahih Muslim 2327 und den bekannten Hadith: „Macht alles leicht und erschwert nichts. Verbreitet gute Botschaften und erschreckt die Leute nicht." (Sahih Buchari 69, Sahih Muslim 1734)

197 *Kein Zwang im Glauben! Klar ist nunmehr das Rechte vom Irrtum unterschieden* (Koran 2:256). Dies ist sowohl das Verbot, in Glaubensfragen Gewalt anzuwenden, als auch die Feststellung, dass solcher Zwang ein untauglicher Versuch wäre. (Vgl. Der Koran, Übersetzung von Max Henning, Überarbeitung von Murad Hofmann)

198 Ibn Hischam, S. 232-234

Grund war, dass durch die neuen Verhältnisse in Medina der Einfluss der jüdischen Stämme verringert wurde.

Einige der Angehörigen der jüdischen Stämme wurden Muslime. Dies war für die Betroffenen nicht immer einfach. Einer von ihnen war ein angesehener und gelehrter Rabbi namens Hussain Ibn Sallam. Er hatte keinen Zweifel daran, dass Muhammad der Gesandte Allahs war, über den in den Schriften der Juden und Christen berichtet worden war.

Ibn Sallam ging heimlich zum Propheten, um ihm mitzuteilen, dass er Muslim werden wollte. Er schlug vor, dass der Prophet die jüdischen Gelehrten befragen sollte, was sie über ihn, Ibn Sallam, dachten, bevor sie erfuhren, dass er Muslim geworden war.

Dies tat der Prophet. Während der Rabbi sich in seinem Haus verbarg, fragte Muhammad die Delegation der Juden, was sie über Ibn Sallam dachten.

Einstimmig antworteten sie: „Er ist unser Gelehrter, Sohn unseres Gelehrten, unser Oberhaupt und der Sohn unseres Oberhauptes!"

Der Prophet sagte: „Was ist, wenn er Muslim wird?" Sie antworteten: „Allah bewahre ihn davor, das würde er nie tun!"

Nun kam Ibn Sallam hervor und sprach das Glaubensbekenntnis. Als die Gelehrten dies hörten sagten sie: „Ibn Sallam ist der Boshafteste unter uns und der Sohn eines Boshaften!" Ibn Sallam sagte: „Ihr Juden, ihr wisst, dass dieser Mann der Prophet Allahs ist, der in der Thora mit seinem Namen und seinen Eigenschaften erwähnt wird, also fürchtet Allah und nehmt an, was Er euch gesandt hat!" Dann erklärte er, dass er selbst und seine gesamte Familie den Islam angenommen hatten. Sie beschimpften ihn und gingen.[199]

Es gab auch Gegner des Propheten unter den Aus und den Chazradsch; diese waren entweder beim Götzendienst geblieben oder zum Schein Muslime geworden, um Vorteile zu erlangen. Diese Gruppe verbündete sich mit den Gegnern aus den jüdischen Stämmen. Das Oberhaupt der Heuchler war ein be-

---

199 Ibn Hischam, S. 240-241

deutender Mann – Abdullah Ibn Ubay Ibn Salul[200] - eines der Stammesoberhäupter der Chazradsch, der nicht nur an Macht verloren hatte, sondern auch zusehen musste, wie sein Sohn, der ebenfalls Abdullah hieß, und seine Tochter Dschamila Muslime wurden.

Der Bürgerkrieg und die Spaltung der Aus und Chazradsch hatten den jüdischen Stämmen gewisse Vorteile gebracht, denn sie hatten sich bald auf der einen Seite, bald auf der anderen Seite daran beteiligt. Die Bani Qaynuqa und die Bani Nadir waren mit den Chazradsch verbündet, die Bani Qurayda mit den Aus. So kam es auch, dass bei der Schlacht von Bua´th[201] jüdische Stämme auf der Seite ihrer jeweiligen Verbündeten gegeneinender kämpften.

Inzwischen war der Islam gekommen, der das Zusammenleben der Stämme und Religionen in Frieden und Gerechtigkeit gebot. Ibn Salul, seine Leute und ihre Verbündeten von den jüdischen Stämmen hatten ein großes Interesse daran, die alte Ordnung wieder herzustellen.

Es gab auch jüdische Rabbiner, die sich in heuchlerischer Weise zum Islam bekannten, um Zweifel unter den Muslimen zu säen. Einer von ihnen war Zaid Ibn Al-Lusayt. Als sich einmal das Kamel des Propheten verlaufen hatte, spottete er: „Muhammad soll Botschaften aus dem Himmel empfangen, während er nicht einmal weiß, wo sein Kamel sich gerade befindet!"

Nachdem Allah es ihn wissen ließ, sagte der Prophet: „Bei Allah, ich weiß nur Dinge, die mich Allah wissen lässt, und Er hat es mir gezeigt, es ist in jenem Tal, und es verfing sich mit seinem Zügel an einem Baum." Sogleich machten sich einige Muslime auf den Weg und fanden das Kamel an der Stelle, die der Prophet ihnen genannt hatte und in dem Zustand, wie er ihn beschrieben hatte.[202]

---

200 Ibn Ubay Ibn Salul war ein mächtiger Mann in Medina. Nach dem Krieg zwischen den Aus und den Chazradsch war er es, auf den sich die Stämme als König einigten. Die Ankunft des Propheten in Medina verhinderte jedoch, dass er König wurde. Ibn Salul fühlte sich daher seiner Königswürde beraubt. Diejenigen, die ihn als ihr Oberhaupt sahen, pflegten sich bei ihm zu treffen.
201 Bei der Schlacht von Bua'th – einem Ort in der Nähe von Medina - hatten beide Stämme große Verluste zu beklagen. Am Ende siegten die Aus. Die Schlacht fand wenige Jahre vor der Hidschra, der Auswanderung des Propheten statt und belastete noch das Verhältnis zwischen Aus und Chazradsch.
202 Ibn Hischam, S. 245

Eines der einflussreichsten und ältesten Oberhäupter der Bani Qaynuqa war Shas Ibn Qays. Ihn ärgerten die neue friedliche Ordnung und die Verbrüderung zwischen den beiden großen Stämmen in Medina und zwischen *Muhadschirun* und *Ansar*, also den Auswanderern und den Helfern.

Er beauftragte einen jungen Sänger, sich zwischen die Männer zu setzen, wenn Angehörige der Aus und der Chazradsch zusammen saßen, und alte Gedichte vorzutragen, die während des Krieges von Dichtern beider Stämme verfasst worden waren. Es handelte sich um Verse, in denen die Stämme sich selbst als tapfer und ehrbar beschrieben, während der Feind verhöhnt wurde; auch vielfältige Erinnerungen an die Gefallenen wurden geweckt und Rache geschworen.

Als die Aus und die Chazradsch wieder einmal friedlich beieinander saßen, tat der Sänger, was Shas Ibn Qays ihm gesagt hatte. Er trug Gedichte über die Schlacht von Bua'th vor. Mit seiner schönen Stimme gelang es ihm tatsächlich, die Männer an die schreckliche vorislamische Vergangenheit zu erinnern und alte Wunden aufzureißen.

Zwei Angehörige beider Stämme begannen sich zu streiten. Schon erklang der Ruf: „Greift zu den Waffen!"

Schnell wurde der Prophet benachrichtigt. Er eilte mit einigen Auswanderern zu dem Platz, wo die beiden Gruppen sich gerade voller Wut aufeinander stürzen wollten und rief: „O Ihr Muslime, Allah, Allah! Wollt ihr euch so verhalten wie in den Tagen der Unwissenheit, jetzt, wo ich unter euch bin? Nachdem Allah euch zum Islam recht geleitet hat, euch damit geehrt hat, euch von euren Sitten aus der Zeit der Unwissenheit befreit, euch vor dem Unglauben gerettet und eure Herzen vereint hat?"

Die tadelnden Worte aus dem Mund des Propheten brachten die Zornigen wieder zur Vernunft und erinnerten sie daran, dass der Islam ihre Herzen längst versöhnt und sie zu einander liebenden Geschwistern gemacht hatte. Sie schämten sich ihres Verhalten und erkannten, dass sie betrogen worden waren. Weinend umarmten sie einander und gingen mit dem Propheten zur Moschee.[203]

---

203 Ar-Rahiq Al-Machtum, S. 216, Ibn Hischam, S. 261-262

Nachdem nun viele Bewohner Medinas Muslime geworden waren, war es notwendig geworden, einen Weg zu finden, sie zum gemeinsamen Gebet in die Moschee zu rufen. Anfangs waren die Muslime ohne Aufforderung zur richtigen Zeit zum Propheten gekommen; das war nun nicht mehr so einfach. Der Prophet und die Muslime überlegten, was zu tun wäre. Sie dachten an ein Horn oder eine Glocke, um die Muslime zu rufen.

Abdullah Ibn Zaid hatte einen Traum. Gleich nachdem er wach wurde, ging er zum Propheten und sprach: „O Gesandter Allahs, in der letzten Nacht sah ich im Traum, wie ein grün gekleideter Mann mit einer Glocke in der Hand an mir vorbeilief. Ich habe ihn gefragt: ‚Du Diener Allahs, würdest du mir diese Glocke verkaufen?' ‚Was hast du damit vor?', fragte er mich. ‚Damit zum Gebet rufen', antwortete ich ihm. ‚Soll ich dir etwas Besseres zeigen?', entgegnete er. ‚Was wäre das denn?', fragte ich. Da sagte er: ‚Rufe viermal: *Allahu akbar, Allah ist groß*! und jeweils zweimal: *Aschhadu an la ilaha illa Allah - ich bezeuge: Es gibt keine Gottheit außer Allah! Aschhadu anna Muhammadan Rasulullah - ich bezeuge: Muhammad ist der Gesandte Allahs! Hayya alas Salat - kommt zum Gebet! Hayya alal Falah - kommt zum Heil! Allahu akbar - Allah ist groß!* Und dann zuletzt einmal: *La ilaha ila Allah - es gibt keine Gottheit außer Allah.*'"

Als der Prophet das hörte, rief er: „Ein wahrer Traum, so Allah will! Du sollst zu Bilal gehen und es ihm beibringen und er soll damit zum Gebet rufen; denn seine Stimme ist markanter als deine!"[204]

Gewiss war die Kehle Bilals, auf dessen Körper Umayya einst den schweren Stein gelegt hatte und der in der Hitze Mekkas so grausam gefoltert worden war, diejenige, die es verdiente, den Ruf der Einzigkeit Allahs laut und herrlich zu verkünden, sodass sie die Weiten des Himmels durchdrang und alle Menschen erbeben ließ. Ein Ruf, der seitdem fünfmal am Tag die Einheit und Großartigkeit Allahs in arabischer Sprache verkündet, ohne dass eine einzige Silbe geändert wurde.

Umar befand sich in seinem Haus, als er Bilals Stimme, die zum Gebet rief, hörte. Er rannte, sein Gewand über den Boden

---

schleifend, zum Propheten und sprach: „O Prophet Allahs! Bei Dem, Der dich mit der Wahrheit sandte, ich hatte den gleichen Traum!"

„Allah sei gelobt dafür", rief der Prophet.

In der Nähe der Moschee stand das höchste Haus der Stadt, es gehörte einer Frau von der Sippe der Nadschar. Von ihm aus rief Bilal nun jeden Tag zum Morgengebet. Bevor es dämmerte war er immer schon da und wartete, bis er das Frühlicht erblickte. Dann sprach er ein Bittgebet: „O Allah, ich lobpreise dich und erbitte Deine Hilfe, dass die Quraisch deiner Religion folgen!"

Es gab keine Nacht, in der er diese Worte auch nur einmal vor seinem Gebetsruf ausließ.[205]

---

205   Ibn Hischam, S. 236-237

Atikas Traum

$\mathcal{D}$er Islam hatte sich in Mekka, ganz Medina und in vielen Orten Arabiens verbreitet.

Die Anführer der Quraisch wiesen seine Botschaft weiterhin zurück und folterten und vertrieben alle, die dem Propheten gefolgt waren. Als sich Angriffe auf die Muslime auch in Medina ankündigten - die Verschleppung Ayashs war nur ein Fall von vielen - empfing der Prophet die himmlische Erlaubnis, sich aktiv zu verteidigen. Bisher war es den Muslimen untersagt gewesen, sich zu wehren. Die Verse lauteten: *„Die Erlaubnis, [sich zu verteidigen], ist denjenigen gegeben, die bekämpft werden, weil ihnen ja Unrecht zugefügt wurde – und Allah hat wahrlich die Macht, sie zum Sieg zu führen. Jene, die schuldlos aus ihren Häusern vertrieben wurden, nur weil sie sagen: ‚Unser Herr ist Allah.' Und wenn Allah nicht die einen Menschen durch die anderen zurückgehalten hätte, so wären gewiss Mönchsklausen, Kirchen, Synagogen und Moscheen, in denen der Name Allahs häufig genannt wird, niedergerissen worden. Und Allah wird ganz gewiss denjenigen zum Sieg verhelfen, die Ihm helfen. Allah ist wahrlich Stark und Allmächtig."*[206]

Um aber die Grenzen und Regeln dieser Verteidigung zu bestimmen, offenbarte Allah: *„Und kämpft gegen sie, bis es keine Verfolgung mehr gibt und bis aller Glaube Allah gehört. Wenn sie aber aufhören, dann darf es keine Gewalttätigkeit geben außer gegen diejenigen, die Unrecht tun."*[207] Und weiter: *„Überschreitet nicht das Maß, wahrlich, Allah liebt die Maßlosen nicht."*[208]

Offensichtlich waren die Götzendiener davon ausgegangen, dass die Muslime sich nie verteidigen würden und man sie auch

---

206 Koran 22: 39–40. Das bedeutet nicht, dass der Islam den Kampf zur Selbstverteidigung und zur Freiheit des Glaubens gegen Tyrannei und Unterdrückung damals ablehnte – vielmehr machte er sie zur Pflicht, zum Teil der Unantastbarkeit der menschlichen Würde. Allerdings verurteilte er damals wie heute und zu jeder Zeit den Angriffskrieg, der nur als letztes Mittel angewendet werden soll: *„Und überschreitet nicht das Maß, wahrlich, Allah liebt die Maßlosen nicht."* (2:190). Menschen mit unlauteren Absichten versuchen immer wieder, Verse aus dem Zusammenhang zu lösen, indem sie sagen, im Koran stünde: *...Und kämpft gegen sie...* Sie lassen die Verse davor und danach weg, sodass der Inhalt verfälscht wird.
207 Koran 2: 193. Es heißt auch: damit es keine Verfolgung mehr gibt.
208 Koran 2: 190.

in Medina verfolgen und ausplündern konnte. Aber eine Offenbarung verhieß: *„So lasse den Ungläubigen noch Zeit; lasse ihnen nur eine Weile Zeit."*[209]

Die Muslime wussten, dass es ohne Verteidigung keinen Frieden und keine Freiheit geben würde. Aber ohne einen Befehl von Allah durften sie nichts unternehmen – ganz gleich, wie gern sich manche von ihnen von Anfang an hätten verteidigen wollen, um der Tyrannei und dem Morden ein Ende zu setzen. Nicht unwichtig war auch die Frage, wie sich die friedlichen und mittellosen Gläubigen überhaupt gegen die mächtigen Quraisch wehren sollten.

Die Quraisch schickten einen Brief an Ubay Ibn Salul, der als Kopf der Heuchler bekannt war, und verlangten von ihm, er solle den Gesandten ermorden oder wenigstens verfolgen. Täte er das nicht, würden sie sich versammeln, Medina angreifen, alle Männer töten und die Frauen verschleppen. Ibn Salul kam dieser Brief sehr gelegen, denn er sicherte ihm Unterstützung aus Mekka. Er versuchte, alle Götzendiener und Heuchler zu vereinen, um die Muslime zu bekämpfen. Es dauerte nicht lange, und der Gesandte erfuhr davon. Er ließ seine Gegner kommen, stellte sie zur Rede und konnte das Feuer ihres Hasses durch seine Weisheit löschen.[210]

Die Gefahr durch die Quraisch war jedoch so groß, dass der Prophet eines Nachts zu Aischa sagte: „O wäre doch ein geeigneter von meinen Gefährten da, der mich heute Nacht bewachen würde!" Bald schon hörten sie das klappernde Geräusch von Waffen.

„Wer ist da?", rief der Prophet.

„Ich bin es, Saad Ibn Abi Waqqas! Ich habe Angst um den Propheten, weshalb ich gekommen bin, um ihn zu bewachen!"

Der Prophet sprach Bittgebete für ihn. Dann schlief er ruhig ein.[211]

Koran 86: 17

Abu Dawud: Bab Khabar An-Nadhir II/S. 124; Ar-Rahiq Al-Machtum, S. 182. Während dieser Zeit war Saad Ibn Mu'adh in Mekka bei seinem Freund Umaya gewesen und wollte eine kleine Pilgerfahrt machen. Abu Dschahl sah ihn mit Umaya und sagte, wenn er nicht mit ihm zusammen gewesen wäre, hätte er ihn nicht lebend nach Hause gehen lassen. Saad antwortete mit lauter Stimme, wenn er dies tue, würde er ihm auch den Weg Richtung Medina abschneiden. Wahrscheinlich meinte er die Karawanenstraße nach Syrien. (Sahih Buchari: Kitab Al-Maghazi II/S. 593)

Sahih Buchari 2885; Fath Al-Bari VI/S. 95 und H 7231; Sahih Muslim, Kitab Fasl As-Sahaba; Fasl Saad Ibn Abi Waqqas IV/1875 H 40; Ar-Rahiq Al-Machtum, S. 183

Die Muslime bewachten den Propheten nachts solange, bis ihnen offenbart wurde, dass *„Allah dich vor den Menschen schützen wird."*[212] Da zeigte der Prophet sein Gesicht und rief: „O ihr Menschen, ihr könnt gehen, Allah der Erhabene wird mich schützen!"

Die Situation für die Muslime in Medina war also ernst. Das hinderte sie jedoch nicht daran, fleißig zu arbeiten und nach den Gesetzen des Korans zu leben. Sie begannen, um Medina herum Friedensabkommen mit den Stämmen zu schließen, Gerechtigkeit herzustellen und die Stadt vor Straßenräubern und ähnlichem sicher zu machen. Dies wurde durch bewaffnete Expeditionen gewährleistet, die der Prophet immer wieder von Medina aussandte.

Auf einem Streifzug gewann der Prophet die Freundschaft der Bani Mudladsch und ihrer Verbündeten von den Bani Damra.

Die Bildung des islamischen Staates war den Mekkanern ein Dorn im Auge, und sie sammelten Kräfte, um ihn zu vernichten. Auch versuchten sie, die gesamte arabische Halbinsel gegen Muhammad und seine Gefährten aufzubringen. Das Hab und Gut, das die Muslime in Mekka zurückgelassen hatten, wurde von den Götzendienern geraubt und auf Kamele geladen, um es zu verkaufen.

Eine dieser Karawanen wurde von Abu Sufyan nach Syrien geführt. Auf dem Weg zurück nach Mekka musste er nah an Medina vorbei. Die Muslime, die von der Karawane wussten, wollten sie abfangen, um einen Teil ihrer Habe von den Quraisch zurückzuerobern. Die Nachricht von der militärischen Bewegung der Muslime erreichte Abu Sufyan. Er blieb behutsam und bereitete einen Boten vor, den Damdam Ibn ‚Amr, den er eilends mit der Weisung nach Mekka schickte, die Quraisch von der Verteidigung ihrer Güter zu überzeugen und davon, dass die Karawane in Gefahr sei.

Drei Nächte vor der Ankunft des Boten in Mekka hatte Atika, die Tante des Propheten, einen Traum, der sie erbeben ließ. Sie rief nach ihrem Bruder Abbas und erzählte ihm davon, bat ihn jedoch, niemand weiterem von dem Traum zu berichten.

---

212 Koran 5: 67

„Was hast du im Traum gesehen?", fragte Abbas neugierig.

„Ich sah einen Mann auf einem Kamel reiten, im Tal hielt er an. Dann rief er mit schrecklicher Stimme: ‚Lauft, ihr Hinterhältigen in euer Unglück, das euch in drei Tagen niederwerfen wird!' Ich sah, wie die Leute sich um ihn scharten. Dann betrat er die Moschee und die Menschen folgten ihm. Währenddessen sprang er mit seinem Kamel auf das Dach der Kaaba und rief wieder: ‚Lauft, ihr Hinterhältigen, in euer Unglück, das euch in drei Tagen niederwerfen wird!' Dann gelangte er mit seinem Kamel auf den Gipfel des Abu Qubays und rief: ‚Lauft, ihr Hinterhältigen, in euer Unglück, das euch in drei Tagen niederwerfen wird!' Kurz darauf nahm er einen Felsbrocken und schleuderte ihn hinunter. Als der Stein unten aufschlug, zerbrach er in tausend Stücke und seine Splitter trafen jedes Haus in Mekka."[213]

Abbas wunderte sich über den Traum und sagte zu seiner Schwester: „Bei Allah, das ist ein wahrer Traum, den du geheim halten solltest!" Dann ging er in die Stadt. Auf dem Weg traf er seinen Freund Walid Ibn Utba.

Er erzählte ihm den Traum der Schwester und bat ihn, nicht mit anderen darüber zu sprechen. Walid aber erzählte es seinem Vater Utba. Es dauerte nicht lange, bis ganz Mekka darüber redete.

Am Tage darauf ging Abbas, um einen *Tawaf* zu verrichten, also die Kaaba zu umschreiten. Währenddessen saß Abu Dschahl mit einigen Leuten der Quraisch beisammen; sie sprachen über Atikas Traum.

Abu Dschahl rief Abbas zu: „O Abul Fadl, wenn du mit deinem *Tawaf* fertig bist, komm zu uns!"

Als Abbas fertig war, ging er zu ihnen. Abu Dschahl fragte ihn bösartig: „O ihr Söhne Abdul-Muttalibs, seit wann sieht diese Prophetin unter euch Dinge voraus? Seid ihr nicht damit zufrieden, dass eure Männer prophezeien, tun das nun auch eure Frauen?"

Abbas fragte, was er damit meinte.

Abu Dschahl erwiderte: „Atikas Traum, in dem jemand gesagt haben soll: ‚Lauft, ihr Hinterhältigen, in euer Unglück, das euch in drei Tagen niederwerfen wird!' Wir werden drei Tage war-

213 Ibn Hischam, S. 289-291

ten! Wenn es stimmt, was sie sagt, wird es so sein; wenn aber die drei Tage um sind und nichts geschehen ist, werden wir ein Schreiben über euch veröffentlichen, dass ihr die größte Lügnerfamilie unter allen Arabern seid!"

Abbas, dem nichts einfiel, was er Abu Dschahl erwidern konnte, schwieg und ging nach Hause.

Die Frauen der Sippe Abdul–Muttalib tadelten ihn: „Bist du zufrieden, dass der bösartige Abu Dschahl zuerst über die Männer herfällt und nun auf diese Weise auch noch über die Frauen schlecht redet? Und du hörst einfach zu?"

„Bei Allah, ich habe keine passende Antwort gefunden, werde ihn aber morgen herausfordern, und wenn er es wiederholt, werde ich mit ihm machen, was euch zufrieden stellt!"

Am nächsten, also am dritten Tag nach Atikas Traum, ging Abbas wütend zur Kaaba und wollte tun, was er am Tag zuvor versäumt hatte. Er sah Abu Dschahl. Er näherte sich ihm, um ihn zu provozieren, damit er das, was er am Tag zuvor gesagt hatte, wiederholte.

Abu Dschahl war ein lebhafter Mann mit harten Gesichtszügen, scharfer Zunge und scharfem Blick. Noch bevor Abbas ihm etwas sagen konnte, erhielt Abu Dschahl seine Antwort – so heftig, dass die Felsen des Abu Qubays von der lauten Stimme des Boten Abu Sufyans widerhallten: Das war Damdam!

Als der Bote das Innere des Tals von Mekka erreicht hatte, verstümmelte er seinem Kamel die Nase, sodass Blut aus ihr rann. Er drehte sich auf dem Sattel herum und ritt stehend weiter, nachdem er sein Hemd vorn und hinten zerrissen hatte; dabei schrie er: „O ihr Quraisch! Das Geld und der Handel! Euer Vermögen, das Abu Sufyan verwaltet, ist in Gefahr, Muhammad und seinen Gefährten in die Hände zu fallen. Ich weiß nicht, ob ihr es noch zu fassen bekommt! Zu Hilfe! Zu Hilfe!"

Das ganze Theater machte er als Zeichen eines drohenden Unheils. Abu Sufyan hatte ihn reichlich bezahlt, sodass er seine Rolle so glaubwürdig spielte wie nur möglich.

Abu Dschahl und seine Männer machten sich bereit. Kein Sippenführer oder Kampffähiger blieb zurück – nur Abu Lahab, der an seiner Stelle einen Mann namens Al-Asi Ibn Hischam schickte, der ihm viertausend Dirham[214] schuldete und seine Schulden nicht bezahlen konnte. Als Gegenleistung für das Erlassen der Schuld sollte Al-Asi in den Krieg ziehen.

Von den Oberhäuptern der Quraisch wollte auch Bilals ehemaliger Besitzer Umayya Ibn Chalaf, ein dicker, hochnäsiger alter Mann, zurückbleiben, worauf Uqba mit einer Weihrauchschale zu ihm zur Kaaba ging. Uqba stellte das Räuchergefäß vor seine Nase und spottete: „Parfümiere dich damit, du gehörst ja zu den Frauen!"

„Allah verfluche dich und das, womit du gekommen bist!", schimpfte Umayya und nahm die Herausforderung an, indem er sich vorbereitete, mit den anderen in den Kampf zu ziehen.[215]

---

214 Ein Dirham (griechisch: Drachme) war eine Silbermünze, die als Währung auf der arabischen Halbinsel verwendet wurde, und ein Dinar war eine Goldmünze.
215 Ibn Hischam 290-291

Die Schlacht von Badr

Der Prophet hatte erfahren, dass die Quraisch eine Armee mobilisiert hatten, die sich nun in Richtung der Muslime bewegte. Er beriet sich mit seinen Gefährten, wie nun vorzugehen war.

Die Truppe, die von Medina ausgezogen war, um die Karawane abzufangen, war als Expedition gedacht, daher waren nicht alle kampffähigen Muslime dabei. Die Muslime hatten nicht damit gerechnet, gegen eine Armee antreten zu müssen.

Dem Propheten und seinen Anhängern war bewusst, dass die Wahrscheinlichkeit eines Angriffs der mekkanischen Truppen auf Medina groß war.

Nun standen die Muslime vor der Entscheidung, sich dem Feind zu stellen oder nach Medina zurückzukehren und die Quraisch dort zu erwarten. Der Prophet zog seine Gefährten zu Rate.

Abu Bakr, Umar und Al-Miqdad[216] sprachen für die Auswanderer. Sie waren dafür, dass der Angriff der Mekkaner außerhalb Medinas abgewehrt werden müsse. Al–Miqdad sagte: „O Gesandter Allahs! Gehe dorthin, wohin Allah dir den Weg zeigt. Und wir sind mit dir. Wir werden nie sagen, wie die Kinder Israels zu Moses sprachen: ‚Gehe doch du und dein Herr hin und kämpft! Wir bleiben hier sitzen.'[217] Nein, wir sagen dir: ‚Gehe du mit deinem Herrn und kämpft! Wir werden zusammen mit euch kämpfen!'"

Der Prophet segnete ihn. Dann sagte er zu den Helfern: „Ihr Leute, gebt mir einen Rat!" Saad Ibn Mu'adh, ihr Anführer, fragte: „Bei Allah, das klingt so, als ob du uns meintest, o Gesandter Allahs?"

Der Prophet sagte: „Ja!" Saad sagte: „Wahrlich, wir glauben an dich und bezeugen, dass das, womit du gesandt bist, die Wahrheit ist. Darauf haben wir den Treueid geschworen, um dir zu gehorchen. Also tue, was du möchtest, und wir sind mit dir! Ich

---

216 Al-Miqdad Ibn Amr wurde auch Ibn Al-Aswad genannt. Er war ein mutiger Mann, der zu den ersten gehörte, die gegenüber den Quraisch offen bekannten, dass sie Muslime geworden waren. Er war ein guter Freund Alis.
217 Koran 5: 24 und Ibn Hischam, S. 293: „Der Prophet zieht seine Gefährten zur Rate".

schwöre bei Dem, Der dich mit der Wahrheit sandte, auch wenn du uns den Befehl geben würdest, dieses Meer zu durchqueren, würden wir dir folgen, und kein einziger Mann von uns würde zurückbleiben. So führe uns mit Allahs Segen!"[218]

Diese Worte erfreuten den Propheten. Er rief: „Dann zieht weiter! Und seid frohen Mutes, denn Allah, der Höchste, hat mir versprochen, dass wir eines von beiden bekommen: die Karawane oder den Sieg über das Heer der Quraisch, und bei Allah, mir ist so, als würde ich schon das besiegte Volk sehen!"

Sie rüsteten sich und brachen auf. Der Prophet und seine Gefährten hatten nur siebzig Kamele, auf denen sie abwechselnd ritten. Muhammad teilte den Rücken eines Kamels mit Ali und Marthad. Er wollte nicht die gesamte Zeit reiten und andere zu Fuß gehen lassen.[219]

Als sie in der Nähe von Badr[220] lagerten, sandte der Prophet am Abend Az-Zubair und Saad Ibn Abi Waqqas[221] mit anderen Männern zum Brunnen von Badr, um Ausschau zu halten. Dort trafen sie zwei Sklaven, die Wasser für die Quraisch holen wollten. Sie nahmen die beiden mit und begannen, sie zu befragen, während der Prophet sein Gebet verrichtete.

Gleich am Anfang sagten die Sklaven, dass sie von den Quraisch zum Brunnen geschickt wurden, um Wasser zu holen. Az-Zubair und Saad hofften, die beiden würden zur Karawane Abu Sufyans gehören, deshalb schlugen sie die Männer, bis sie sagten, sie seien für Abu Sufyan unterwegs. Erst dann ließ man sie in Ruhe.

Nachdem er sein Gebet beendet hatte, sprach der Prophet: „Sie sagten euch die Wahrheit und ihr habt sie geschlagen, dann haben sie gelogen, und ihr habt sie in Ruhe gelassen. Bei Allah, sie sagen die Wahrheit, sie gehören zu den Quraisch." Dann fragte er die beiden freundlich, wo die Quraisch seien.

„Bei Allah, sie sind hinter diesem Hügel, den du dort neben dem Tal siehst."

218 Koran 5: 24 und Ibn Hischam, S. 294
219 Hamza, Zaid und Abu Kabscha Anasa ritten auf einem Kamel und Abu Bakr, Umar und Abdurrahman Ibn Auf teilten sich ein Kamel. (Ibn Hischam, S. 292)
220 Badr ist der Name einer bekannten Wasserstelle und war der Platz einer der Märkte der Araber, wo sie sich alljährlich trafen, um Handel zu treiben. (Ibn Hischam, S. 295)
221 Saad Ibn Abi Waqqas stammte aus einem angesehenen Hause des Stammes der Bani Zuhra. Er war in einem jungen Alter Muslim geworden. Saad war gut im Herstellen von Bögen und zudem ein guter Pfeilschütze.

Der Prophet fragte: „Wie viele?"

„Viele."

Da sie mit Zahlen offenbar wenig anfangen konnten, fragte er: „Wie viele Tiere schlachten sie jeden Tag?"

„Manchmal neun, manchmal zehn", antworteten sie.

„Es sind zwischen neunhundert und tausend Menschen", schätzte der Prophet. „Welche Edlen der Quraisch haben sie dabei?"

"Abu Dschahl, Umayya, Amro Ibn Abdu Wud, Nadir, Utba, Schayba, Abul Bachtari, Hakim, Naufal, Harith…"

Als der Prophet die Namen dieser bedeutenden Männer hörte, wandte er sich zu seinen Gefährten und sprach: „Mekka hat ihre besten Teile gesandt!"[222]

Die beiden Armeen marschierten zu den Brunnen von Badr.

Die Muslime erreichten sie zuerst und schlugen ihr Lager vor den Brunnen auf, so dass die Brunnen zwischen ihnen und dem Feind lagen. Einer der Gefährten, der Hubab Ibn Al-Munthir hieß, fragte den Propheten: „Ist dies ein Lagerort, welcher dir von Allah befohlen wurde?" Der Prophet verneinte, daraufhin sagte Hubab: „So ist dies kein guter Lagerort, lass das Lager hinter den Brunnen aufschlagen, dann haben wir Wasser und die Quraisch nicht!" Der Prophet folgte dem Rat Hubabs. Damit hatten die Muslime einen Vorteil bekommen.

In der Nacht vor der Schlacht hatte Dschuhaym Ibn As-Salt von der Sippe der Muttalib einen Traum: „Ich hatte einen Traum zwischen Schlafen und Wachen; ich sah, wie ein Mann sich den Pferden näherte und stehen blieb. Er hatte ein Kamel bei sich und sagte: ‚Utba und Schayba, Abu Dschahl und Umayya sind getötet!'" Er nannte noch einige Männer und sagte weiter: „Dann erstach er sein Kamel mit seinem Dolch und ließ es durch das Heer laufen. Es gab kein Zelt im ganzen Lager, dass nicht mit Blut befleckt wurde!"

Als er seinen Traum Abu Dschahl erzählte, rief dieser: „Da haben wir also noch einen weiteren Propheten unter den Söhnen

---

222 Es waren diese Stammesführer der Quraisch: Utba Ibn Rabi´a, Schayba Ibn Rabi´a, Abu Al–Bachtari Ibn Hischam, Hakim Ibn Hizam, Naufal Ibn Chuwaylid, Harith Ibn Amir Ibn Naufal, Tu´ayma Ibn ´Adi Ibn Naufal, Nadir Ibn Harith, Zama'a Ibn Aswad, Abu Dschahl Ibn Hischam, Umayya Ibn Chalaf, Nubayh und Munabah, die zwei Söhne von Al-Hadschadsch, Suhayl Ibn Amro und Amro Ibn Abd Wud. (Ibn Hischam, S. 294-295)

Muttalibs! Morgen, wenn wir aufeinander treffen, wird er wissen, wer getötet wird!"[223]

Nachdem Abu Sufyan seine Karawane in Sicherheit gebracht hatte, schickte er einen Boten zu den Quraisch und ließ ihnen ausrichten: „Ihr seid unterwegs, um die Karawane, die Männer und eure Güter zu retten. Sie wurde gerettet, nun kehrt wieder zurück!"

Abu Dschahl aber widersprach: „Nein! Wir werden nicht umkehren, bevor wir Badr erreicht haben! Wir wollen drei Tage dort bleiben, Kamele schlachten, essen, Wein trinken, und die Sklavinnen sollen für uns singen. Die Araber werden von unserer Versammlung hören. Danach werden sie uns für immer schätzen. Geht nur weiter!"

Achnas jedoch ermahnte seine Leute, nicht auf Abu Dschahl zu hören und kehrte mit ihnen zurück nach Mekka.[224] Gleich danach kehrte auch Talib mit den Bani Haschim zurück. Dabei stritten einige Männer der Quraisch sich mit ihnen und beschuldigten sie: „Wir wissen, dass ihr Zuneigung für Muhammad empfindet, obwohl ihr mit uns seid."

In dieser Zeit machte Utba Ibn Rabi'a, der zwar ein Gegner des Propheten war, einem Kampf aber dennoch kritisch gegenüberstand, noch einen Versuch, seine Leute zur Vernunft zu bringen: „In diesem Krieg wird es keinen Gewinner geben! Selbst wenn ihr Muhammad und seine Gefährten besiegt, so werdet ihr euch später nicht mehr ins Gesicht sehen können. Die Männer da drüben sind eure Verwandten! Nach dem Kampf werdet ihr euch gegenseitig dafür hassen, dass ihr eure Verwandten getötet habt. Kehrt lieber zurück!"

Aber Abu Dschahl beschimpfte Utba als Feigling: „Sein Lungenbereich ist von Angst angeschwollen, als er Muhammad und seine Gefährten sah! Aber nein, wir werden nicht zurückkehren, bis nicht Allah zwischen uns und Muhammad entschieden hat. Utba hat nur gesehen, dass Muhammad und seine Gefährten nicht mehr sind als etwas Futter eines Kamels, und weil sein Sohn Abu Hudhayfa unter ihnen ist, um den er Angst hat!"

---

223 Ibn Hischam, S. 295.
224 Achnas Ibn Schariq Ibn Amro Ibn Wahb Ath-Thaqafi war ein Verbündeter der Sippe Bani Zuhra, mit denen er gekommen war. Es gelang ihm, die Bani Zuhra zu überzeugen, Abu Dschahl nicht zu folgen, und dass dieser Krieg keinen Sinn hatte. Die Bani Zuhra folgten seinem Rat und kehrten nach Mekka zurück. (Vgl. Ibn Hischam, S. 296)

Als es Nacht wurde, *„senkte Allah einen friedlichen Schlaf auf die Gläubigen"*[225], aus welchem sie frohen Mutes erwachten.

Die Sonne stieg aus dem Dunst; der Morgen der Schlacht brach an. Die Quraisch rückten näher und begannen sich auf dem Hügel zu postieren. Als sie den Gipfel erreicht hatten und der Prophet die stark bewaffneten Truppen, die nach Blutvergießen riefen, zahlreich in Richtung Badr herabkommen sah, rief er aus: „O Allah, dies sind Quraisch, die mit ihrer Eitelkeit gekommen sind und Dich und Deinen Propheten verleugnen. O Allah, gib uns Deine Hilfe, die Du mir versprochen hast! O Allah, vernichte sie am heutigen Morgen!"

Sobald die Quraisch ihr Lager am Fuß des Hügels aufgeschlagen hatten, sahen sie die wenigen Muslime, die ihnen gegenüberstanden wie ein kleiner weißer Fleck auf einem schwarzen Kamel, gegenüber der Zahl der Quraisch. Sie schickten Umair Ibn Wahb als Kundschafter, um herauszufinden, ob weitere Verstärkung da wäre. Er kehrte zurück und gab bekannt, dass keine anderen Muslime, außer denen, die man sah, in der ganzen Gegend seien.

Der Prophet begann die Reihen der Gläubigen zu ordnen, während er einen Pfeil in der Hand trug. Einem Helfer namens Sawad, der von der Reihe abwich, tippte er mit dem Pfeil auf den Bauch.

„Steh' gerade, Sawad!"

„O Gesandter Allahs, du hast mir wehgetan! Weil Allah dich mit Wahrheit und Gerechtigkeit entsandt hat, gib mir mein Recht zurück!"

Ohne zu zögern gab der Prophet Sawad seinen Pfeil, entblößte seinen Bauch und forderte ihn auf, er solle sich rächen.

Sawad umarmte den Propheten und küsste seinen Bauch.

Der Prophet fragte ihn nach dem Grund für sein Verhalten.

Sawad antwortete: „O Gesandter Allahs, du siehst, was uns erwartet. Ich will, dass in meiner letzten Gelegenheit des Zusammenseins mit dir meine Haut die deine berührt." Da betete der Gesandte für ihn um Segen.[226]

225 Koran 8: 10–16
226 Ar-Rahiq Al-Machtum, S. 199, Ibn Hischam, S. 299

Als die Mekkaner noch deutlicher sahen, wie klein die Zahl der nur leicht bewaffneten Muslime war, jubelten sie siegesgewiss. Muhammad war klar, dass die Zahl der Mekkaner um ein Vielfaches größer war als die seiner eigenen Leute. Er zog sich zurück, um Allah um die Hilfe zu bitten, die Er ihm versprochen hatte. Der Prophet fiel in einen leichten Schlaf und empfing die Kunde vom Sieg. Er sagte zu Abu Bakr: „Abu Bakr, dir ist der Sieg Allahs gekommen! Hier ist Gabriel, der die Zügel eines Pferdes hält, auf dessen Zähnen Staub ist!"[227]

Der Prophet wusste nun, dass die Muslime göttliche Hilfe bekommen würden. Allah hatte versprochen, ihm Engel zu senden.[228]

Utba Ibn Rabi'a konnte die Schlacht jetzt nicht mehr verhindern; seine Unsicherheit war dennoch so groß, dass er an Umkehr dachte. Die Quraisch jedoch beharrten auf ihren üblen Plänen. Al-Aswad Ibn Asad von den Bani Machzum, ein berüchtigter Krieger, der sich bereits des Sieges sicher fühlte, trat als erster von den Quraisch hervor und rief: „Ich verspreche, aus ihrem Becken zu trinken oder es zu zerstören oder zu sterben!"

Doch bevor er sich dem Becken näherte, schlug ihm Hamza, der Onkel des Propheten, gegen das Bein. Er sank mit seinem blutenden Bein auf den Rücken nieder. Er kroch zum Becken und warf sich hinein, um sein Gelübde zu erfüllen. Hamza folgte ihm und schlug ihn erneut, bis er ihn dort tötete.

Nach ihm rückte Utba mit seinem Bruder Schayba und seinem Sohn Al-Walid voran und forderte die Muslime zum Duell auf. Drei junge Ansar, also Helfer aus Medina, sprangen hervor. Die Quraisch aber riefen: „Wer seid ihr?"

„Männer von den Ansar!"

„Wir brauchen euch nicht! Muhammad! Schicke unseresgleichen aus unserem Stamm!"

Der Prophet rief: „Steh auf, Ubayda Ibn Al-Harith[229], steh auf, Hamza, und steh auf, Ali!" Die Quraisch riefen: „Ja! Sie sind uns ebenbürtig und edel." Ubayda – er war der Älteste - kämpfte gegen Utba, Hamza gegen Schayba und Ali gegen Al-Walid.

---

227 Ibn Hischam, S. 300; Sahih Buchari
228 Koran 8: 11
229 Ubayda Ibn Al-Harith war der Vetter des Propheten. Er war zehn Jahre älter als der Prophet.

Nach einem kurzen Kampf hatten Hamza und Ali ihre Gegner getötet. Ubayda und Utba schlugen sich gegenseitig und fielen verwundet zu Boden. Dann kamen Hamza und Ali hinzu und töteten Utba. Sie brachten Ubayda zu ihren Gefährten.
Jetzt griffen die Quraisch an. Der Prophet rief: „Erst wenn die Leute euch umzingeln, überschüttet sie mit Pfeilen!"
Beide Seiten beschossen sich mit Pfeilen; als erster Muslim wurde Mihdscha, ein ehemaliger Sklave, durch einen Pfeil getötet; ein weiterer traf Haritha, einen Mann aus Medina, als er aus dem Becken Wasser trank.
Da rief der Prophet zu seinen Leuten:
„Bei Dem, in Dessen Hand Muhammads Seele ist, jeder Mann, der heute geduldig und im Streben nach Allahs Lohn stirbt, der vorwärts tritt und nicht rückwärts, den wird Allah ins Paradies eintreten lassen!"

Unter den Quraisch war Abul-As, der Schwiegersohn des Propheten, der Gatte seiner Tochter Zaynab. Aufgrund seiner Redlichkeit und Güte war er einer der geachtetsten Männer in Mekka. Er war ein Neffe Chadidschas, die ihn wie ihren eigenen Sohn behandelt hatte.[230] Der Prophet klärte seine Gefährten auf: „Ich weiß, dass es einige unter den Bani Haschim und auch andere gibt, die unfreiwillig gekommen sind und kein Interesse haben, uns zu bekämpfen!" Er nannte viele Namen von Männern, die im Kampf nicht getötet werden sollten.
Der Prophet hob eine Handvoll Schotter auf und rief: „Erniedrigt werden sollen diese Gesichter!" Dann warf er mit dem Schotter

---

230 Als sie eines Tages den Propheten bat - noch bevor er die erste Offenbarung empfing - für ihren Neffen eine Frau zu suchen, gab er ihm seine Tochter Zaynab. Nachdem Allah Muhammad mit dem Prophetentum beauftragt hatte, glaubten Chadidscha und seine Töchter an ihn. Abul-As aber blieb in seinem alten Glauben, obwohl er Muhammad nie verleumdete, wie er Zaynab gegenüber oft erwähnte. Aber nur damit man nicht sagte, er folge seiner Frau und nicht seinem Stamm, wollte er den Islam nicht annehmen. Der Prophet hatte auch seine Tochter Ruqayya mit Utba, dem Sohn Abu Lahabs, verheiratet. Als er öffentlich den Islam verkündete, sich gegen die menschenverachtenden Taten der Quraisch wandte und sich der Tyrannei widersetzte, sprachen diese untereinander: „Wir entlasteten Muhammad von der Fürsorge für seine Töchter, deshalb überlassen wir ihm seine Tochter, damit er selbst sich um sie kümmere!" Sie gingen zu Abul-As und sagten: „Verlasse deine Frau! Wir besorgen dir die Frau von den Quraisch, die du willst." „Nie würde ich so etwas tun, und ich will an ihrer Stelle auch keine andere Frauen der Quraisch", entgegnete er, und der Prophet lobte ihn stets dafür. Die Quraisch machten Utba den gleichen Vorschlag. Utba sagte: „Wenn ihr mir die Tochter des Abban Ibn Said Ibn Al-As oder die Tochter des Sa'id Ibn Al-As gebt, werde ich meine Frau verlassen." Sie gaben ihm die Tochter des Sa'id. Die Tochter des Propheten, Ruqayya, aber verstieß er, ohne ihr beigewohnt zu haben. Die Muslime sagten: „So befreite Allah sie aus seiner Hand, ihr zur Ehre und ihm zur Schande. Danach heiratete Uthman Ibn Affan sie. (vgl. Ibn Hischam, S. 312).

nach ihnen und gab den Befehl anzugreifen.

Als sie sich in den Kampf warfen, spürten die Gläubigen eine gewaltige Kraft, die sie vorantrug. Viele von ihnen erblickten weiße Engel, die auf himmlischen Pferden neben ihnen durch die Luft sprangen und mit ihnen gegen den Feind vorstießen. Es schien, als sei das Heer der Gläubigen auf wunderbare Weise verdoppelt, ja verdreifacht. Während Abu Dawud Almazny einen Götzendiener verfolgte, sah er, wie dessen Kopf abgetrennt wurde, durch eine andere Kraft, schon bevor er ihn erreichte.

Ibn Abbas berichtet, dass ein Mann aus dem Stamm Ghaffar erzählte: „Mit meinem Cousin kletterten wir auf einen Hügel, um Badr zu beobachten und danach mit den Siegern an der Verteilung der Beute teilzunehmen. Als wir uns auf dem Hügel befanden, waren wir plötzlich von einer Wolke umgeben und hörten Pferdegewieher. Mein Cousin fiel zu Boden, und sein Herz zersprang vor Angst, sodass er auf der Stelle starb. Beinahe wäre auch ich gestorben."[231]

Die Quraisch wurden von Erschütterung gepackt. Eine grenzenlose Angst ergriff Besitz von ihnen, sodass sie trotz ihrer zahlenmäßigen Übermacht zu flüchten begannen. Die Muslime, die spürten, dass sie in diesem Gefecht nicht allein waren, gewannen an Hoffnung und Mut. Etwa siebzig Männer der Quraisch wurden getötet und etwa ebenso viele gefangen genommen – unter ihnen Abul-As, der Schwiegersohn Muhammads. Mehr als achthundert Mekkaner flüchteten – sie konnten sich allerdings jederzeit neu ordnen und zurückkommen. Die Muslime verloren nur vierzehn Männer. Sie hatten den Kampf trotz der Übermacht des Feindes gewonnen!

Als der Sieg der Gläubigen sicher war und es danach aussah, dass die Quraisch sich nicht neu formieren würden, schickte der Prophet Abdullah Ibn Rawaha und Zaid Ibn Haritha mit der Botschaft des Sieges nach Medina.

Usama Ibn Zaid berichtet: „Wir waren mit dem Grab der Ruqayya, der Tochter des Propheten und Frau Uthmans fertig, als mein Vater Zaid in Medina ankam. Ich erreichte ihn, als er von Menschen umgeben auf dem Gebetsplatz stand und rief: "Getötet sind die Führer der Quraisch: Utba, Schayba, Abu Dschahl,

---

231 Ibn Hischam, S. 298-304

Zam'a, Umayya und die beiden Söhne des Al–Hudschadsch, Nabih und Munabbih!"

Unter den getöteten Quraisch befanden sich außer Umayya, der den schwarzen Bilal gefoltert hatte, auch Nadir Ibn Al Harith und Uqba Ibn Abi Muit, die für ihre Grausamkeit gegenüber den Menschen bekannt waren.[232]

Der Prophet beriet nun mit seinen Gefährten, was sie mit den Gefangenen tun sollten. Abu Bakr war dafür, sie mit nach Medina zu nehmen und gegen ein Lösegeld freizulassen. Sie waren ja trotz all ihrer Verbrechen die Verwandten und Stammesangehörigen der Auswanderer. Umar hingegen war dafür, sie wegen ihrer Verbrechen hinzurichten, denn an ihren Händen klebte das Blut der gequälten und getöteten Muslime aus Mekka.

Der Prophet stimmte Abu Bakr zu. Doch seine Entscheidung wurde von Allah getadelt, da die Gefahr durch die Quraisch noch nicht gebannt war.[233] Die Muslime hatten eine Schlacht gewonnen, nicht aber den Krieg, welchen die Quraisch sicher noch weiter anheizen würden. Alle freigelassenen Mekkaner würden so weiterhin eine Gefahr für die Muslime bilden.

Muhammad erreichte Medina wenige Tage später, noch bevor man die Gefangenen brachte. Er verteilte sie an seine Gefährten und trug ihnen auf, sie gut zu behandeln. Die Muslime teilten ihr Essen und ihre Behausungen mit den Gefangenen.[234]

Gespannt saß Abu Lahab im großen Zamzam–Zelt in Mekka, als Abu Sufyan eintraf. Er rief: „Setz dich zu mir, mein Neffe, und berichte, was mit den Leuten passiert ist!"

Von den Ereignissen in Badr erschüttert, erwiderte Abu Sufyan: „Bei Allah, es gibt nichts zu sagen, außer, dass wir, sobald wir auf die Leute trafen, ihnen sofort wieder den Rücken zuwandten, damit sie uns töteten und gefangen nahmen, wie sie wollten. Deshalb würde ich keinen unserer Krieger tadeln, weil wir

---

232 Ibn Hischam 307

233 Koran 8: 67-68

234 Die Muslime teilten nicht nur ihr Essen und ihre Behausungen mit den Gefangenen, sondern gaben ihnen das Beste, was sie an Essen hatten. Imam Tabarani berichtet von Abu Aziz Ibn Umayr: „Ich war ein Badr-Gefangener. Der Prophet hatte seine Gefährten darum gebeten, die Gefangenen gut zu behandeln. Ich war bei den Ansar und als diese nur trockene Datteln aßen, gaben sie mir das beste Essen." Ähnlich äußerte sich Abul-As.

jenen weißen Männern auf den farbenfrohen Pferden, die zwischen Himmel und Erde ritten und keinen verschonten, nichts entgegenzusetzen hatten!"[235]

„Bei Allah, das waren die Engel!", rief der Sklave Abu Rafi´ jubelnd, der mit Ummul Fadl in einer Ecke des Zeltes kauerte und Pfeile machte. Beide hatten ihren Glauben an den Islam bisher geheim gehalten.

Da wurde Abu Lahab wütend und fing an, ihn ins Gesicht zu schlagen. Als der magere und schwache Sklave sich zu wehren versuchte, warf Abu Lahab ihn zu Boden, kniete sich auf ihn und schlug ihn weiter.

Ummul Fadl stand auf und nahm einen Pfahl. Mit ihrer ganzen Kraft schlug sie auf den Schädel von Abu Lahab. Dabei sagte sie: „Behandelst du ihn so, weil sein Herr abwesend ist?"[236]

Als die besiegten Götzendiener nach und nach in die Stadt zurückkehrten, verboten Abu Sufyan und die anderen Oberhäupter den Quraisch, ihre Toten zu beklagen, damit Muhammad und seine Gefährten nicht triumphieren sollten. Es wurde auch beschlossen, dass niemand zu Muhammad gehen sollte, um ihn darum zu bitten, die Angehörigen freizulassen.

Der berüchtigte und inzwischen erblindete Aswad, der seine Sklaven gefoltert hatte, verlor drei Söhne und wollte um sie weinen, aber es war streng verboten. Als er in der Nacht ein Wehgeschrei hörte, befahl er seinem Sklaven: „Sieh nach, ob heftiges Weinen wieder erlaubt ist und ob die Quraisch ihre Toten beklagen dürfen, damit ich auch um Zam´a weinen kann! Denn es brennt in mir!"

Als der Sklave zurückkam, brachte er die Nachricht, dass es sich nur um eine Frau handele, die um ihr verloren gegangenes Kamel weinte.[237]

Die Wunde am Schädel Abu Lahabs heilte nicht, und sein gan-

---

235 Sahih Buchari und Sahih Muslim, Mischkat Al-Masabih II/S. 345, Ar-Rahiq Al-Machtum, S. 207, Ar-Tabaqat Al-Kubra Ibn Saad IV/V, 67-68
236 Ibn Hscham, S. 310
237 Dass eine Frau wegen ihres Kamels, aber er um seine Söhne nicht weinen dürfe, darüber verfasste Aswad ein bekanntes Gedicht, das in Ibn Hischam auf S. 310 zu lesen ist. Sein Sohn Zam´a war einer der Gegner des Boykotts gewesen, der seinerzeit über die Muslime verhängt worden war, dennoch kämpfte er bei Badr gegen sie und wurde getötet. (Ibn Hischam, S. 310-311)

zer Körper war mit Beulen überfüllt, an denen er sieben Tage nach dem Schlag von Ummul Fadl starb.

Aus Ekel wagte es niemand, sich seinem Leichnam zu nähern. Es dauerte nicht lange, bis er so sehr stank, dass die ganze Stadt sich darüber beschwerte. Schließlich gruben seine Söhne ein Loch unmittelbar vor seinem Haus, schoben die Leiche mit langen Stöcken hinein und warfen Sand und Steine ins Grab, bis man sich ihm nähern konnte.[238]

Abu Sufyan, dessen Sohn auch gefangen genommen worden war, hielt sein Wort und bat nicht um dessen Freilassung gegen Lösegeld. Die meisten anderen waren unterwegs nach Medina, um mit den Siegern über die Freilassung ihrer Angehörigen zu verhandeln.

Abu Sufyan aber nahm bei der nächsten Gelegenheit einen alten schwachen Mann aus Medina, der zur Pilgerfahrt nach Mekka gekommen war, als Geisel und wollte ihn erst wieder freilassen, wenn man seinen Sohn freiließ.

Die Familie des Greises ging zum Propheten und bat ihn, Amr, den Sohn des Abu Sufyan, freizulassen, damit dafür der alte Mann freikäme. Der Prophet war sofort einverstanden.[239]

Zaynab, die Tochter des Propheten, deren Ehemann Abul-As bei der Schlacht von Badr gefangen genommen wurde, hatte für seine Freilassung ein Lösegeld geschickt, dem sie eine Kette beilegte, welche ihr ihre Mutter Chadidscha zur Hochzeit geschenkt hatte.

Als der Prophet die Kette erkannte, rührte ihn das so sehr, dass er die Gefährten bat, Abul-As freizulassen. Er bat Abul-As, seiner Tochter Zaynab zu ermöglichen, nach Medina auszuwandern. Abul-As versprach ihm dies.

Als er nach seiner Freilassung in Mekka ankam, erzählte er seiner Frau, dass sie ihrem Vater nach Medina folgen dürfe. Ihre kleine Tochter Umama nahm sie mit.

Als Zaynab, die schwanger war, die lange Reise nach Medina

---

238 Ar-Rahiq Al-Machtum, S. 207
239 Nicht nur Amr wurde in die Freiheit entlassen – auch Abul-As, Muttalib Ibn Hantab, Sayfi, Abu Azza und viele andere. In einem Gedicht bringt Abu Azza die Güte und Freundlichkeit Muhammads und die Rechtleitung und Vernunft seiner Religion zum Ausdruck. Das Gedicht „Abu Azza" sowie die Namen der Gefangenen, die die Muslime ohne Bedingung freiließen, sind in Ibn Hischam auf S. 312 und 316 zu lesen.

antreten wollte, erklärte ihr Schwager Kinana sich bereit, sie zu begleiten. Er nahm Bogen und Köcher und verließ Mekka mit Zaynab und seiner kleinen Nichte Umama, die beide auf dem Kamel saßen, bei Tag. Einige Männer der Quraisch bemerkten das, und unter ihnen gab es allerlei Gerede, bis einige ihr schließlich folgten. Der Erste, der sie erreichte, war Habbar, der Sohn des blinden Al-Aswad. Er begann sie zu umkreisen und mit dem Speer auf sie und ihre Tochter zu zielen. Er erschreckte das Kamel so, dass Zaynab aus der Sänfte stürzte. Sie verletzte sich. Durch den Schreck und die Verletzung erlitt sie eine Fehlgeburt.[240]

Kinana, ihr Schwager, sprang von seinem Reittier ab, nahm seinen Bogen und leerte seinen Köcher. Während er seinen Bogen spannte, schrie er: „Bei Allah, wenn einer von euch mir zu nahe kommt, werde ich ihn mit einem Pfeil durchbohren!"

Die Leute entfernten sich von ihm. Abu Sufyan bat ihn, den Bogen beiseite zu legen, damit man mit ihm sprechen könne.

Als Kinana ihm die Möglichkeit gab, sagte Abu Sufyan: „Du hast nicht richtig gehandelt, indem du die Frau vor den Augen der Leute aus unserer Mitte wegbrachtest, wo du doch weißt, was für ein Leid uns durch Muhammad geschehen ist! Die Leute werden dies als unsere Schwäche sehen. Bei meinem Leben, wir haben kein Interesse, sie von ihrem Vater zu trennen oder uns damit zu rächen. Nun aber schafft die Frau zurück nach Mekka, bis sich die Stimmen beruhigt haben und es sich herumgesprochen hat, das wir sie zurückgebracht haben; bringe sie dann heimlich weg, und sie soll ihrem Vater folgen!"

Kinana willigte ein und brachte die blutende Zaynab nach Mekka zurück.[241]

Nachdem sie sich einige Tage lang von ihren Verletzungen erholt hatte, brachte Kinana sie und die kleine Umama nachts aus der Stadt und übergab sie Zaid Ibn Haritha, den der Prophet ihnen mit einem anderen Gefährten geschickt hatte. Als sie in Medina ankamen, freuten sich Muhammad, Zaynab und seine anderen Töchter.

Als zu dieser Zeit Abbas in Mekka angekommen war, schickte

240 Ibn Hischam, Band 1, S. 654. Zu den Details der Geschichte siehe die Fußnote auf derselben Seite
241 Ibn Hischam, S. 313-315

er dem Propheten seinen Sklaven Abu Rafi als Geschenk. Der Prophet ließ ihn sofort frei.

Der Prophet sagte: „Wenn einer einem Sklaven die Freiheit schenkt, dann rettet Allah für jedes Glied des Sklavenkörpers ein gleiches Glied seines eigenen Körpers vor dem Höllenfeuer."[242]

Aus allen Richtungen Arabiens kamen Menschen herbei, um der Botschaft des Propheten zu folgen. Viele von ihnen waren damit Flüchtlinge, die nicht mehr in ihre Heimat zurückkehren konnten. Der Prophet und die Mitglieder seiner Familie kümmerten sich um sie und überließen ihnen einen Teil der Moschee. Muhammad sagte: „Das Essen von einem genügt für zwei, das Essen von zweien genügt für vier, und das Essen von vier genügt für acht."[243]

Er pflegte alles, was er bekam, noch am gleichen Tag an die Bedürftigen zu verteilen.

---

242 Sahih Muslim Nr. 2775, Sahih Buchari Nr. 6204
243 Sahih Muslim, S. 36, 176

Rache

ie besiegten Quraisch vermochten es nicht, ihre Niederlage zu ertragen. Sie waren nicht bereit, Frieden mit Muhammad zu schließen. Abu Sufyan rief die Götzendiener auf, ihre Toten zu rächen und bat die Quraisch, die Einnahmen der Karawane für den Krieg zu geben. Seine Frau Hind jedoch pflegte sich selbst nicht mehr, blieb dem Bett Abu Sufyans fern und hetzte die Leute gegen Muhammad auf.

Abu Sufyan seinerseits schwor nach Badr, kein Wasser solle nach der Verunreinigung seinen Kopf berühren, bis sie gegen Muhammad einen Kriegszug unternommen hätten.

Eines Abends saß Umayr Ibn Wahb[244] mit Safwan Ibn Umayya[245] zusammen.

„Bei Allah, seitdem unsere Brüder weg sind, hat das Leben seinen Sinn verloren", jammerte Safwan. „Bei Allah, es ist wahr, und wenn ich keine Schulden hätte, die ich zahlen muss, und eine Familie, um derentwillen ich fürchte, dass sie nach mir verloren geht, wäre ich zu Muhammad geritten, und würde ihn töten!" sagte sein Cousin Umayr, dessen Sohn auch in Gefangenschaft war. Er erklärte sich bereit, für alle Götzendiener zu sterben.

Safwan nutzte diesen Augenblick und auch seine Schwäche und versprach Umayr: „Deine Schulden werde ich übernehmen, und deine Familie werde ich wie meine behandeln und für sie sorgen, solange sie leben!"

„Dann bewahre dies als mein und dein Geheimnis!"

Safwan schwor, es zu tun. Sogleich begann Umayr, sein Schwert zu schärfen und es mit Gift einzureiben und machte sich auf den Weg nach Medina.[246]

---

244 Der Sohn von Umayr gehörte zu den Gefangenen von Badr.
245 Safwan war der Sohn von Umayya, Bilals ehemaligem Herrn. Er und Umayr gehörten zu den schlimmsten Gegnern des Propheten. Wegen der Schlacht von Badr sannen beide auf Rache. (Ar-Rahiq Al-Machtum, S. 214)
246 Ibn Hischam, S. 317

Die jüdischen Stämme, die Götzendiener und die Heuchler hatten in der Schlacht von Badr die zunehmende Stärke der Muslime erkannt. Sie sahen, wie der Fremde, der vor weniger als zwei Jahren als fliehender Auswanderer von Mekka zu ihnen gekommen war, an Macht und Einfluss gewonnen hatte und nicht nur zum Herrscher seiner Gefährten, sondern fast aller Einwohner Medinas geworden war.

Kaum waren die Muslime - froh über den Sieg von Badr - zurückgekehrt, begannen die anderen Gruppierungen Medinas, vor allem die jüdischen Stämme, sich zu verschwören, gegen sie zu hetzen und Gedichte zur Aufhetzung gegen sie zu verbreiten.
All das blieb dem Propheten nicht verborgen.

Eine Weile, nachdem Umayr losgezogen war, sagte Safwan, der Sohn Umayyas, zu den Menschen in Mekka: „In einigen Tagen wird eine gute Nachricht zu euch kommen, durch die ihr eure Niederlage in Badr vergessen werdet!"
Jedes Mal, wenn ein Reiter aus Medina kam, ging Safwan zu ihm und fragte nach Umayr.

Die Konflikte in Medina begannen mit Provokationen seitens der Heuchler und der jüdischen Stämme, die Medina bewohnten. Ihren traurigen Höhepunkt fanden die Auseinandersetzungen mit den Bani Qaynuqa, als eine muslimische Goldhändlerin mit etwas Schmuck zum Markt der jüdischen Bani Qaynuqa kam. Dort setzte sie sich zu einem Goldschmied. Er verlangte von ihr, ihr Gesicht zu entschleiern. Sie weigerte sich. Da kam einer der Bani Qaynuqa heimlich von hinten und befestigte einen Zipfel ihres Gewandes mit einem Dorn an der Wand hinter ihrem Rükken. Als sie sich erhob, wurde ihre Scham entblößt. Alle lachten über sie, während sie weinend versuchte, sich zu bedecken. Als ein Muslim ihr zu Hilfe eilte, kam es zu einem heftigen Streit, bei dem der jüdische Goldschmied getötet wurde. Die Bani Qaynuqa stürzten sich daraufhin auf den Muslim, töteten ihn und griffen die anderen Muslime auf dem Markt an.

Muhammad ging auf den Markt und forderte die Bani Qaynuqa auf, mit ihren Angriffen aufzuhören, das Freundschaftsabkommen einzuhalten und nicht den Fehler der Götzendiener zu wiederholen, damit ihnen kein solcher Gotteszorn widerfahre, wie den Quraisch.

Doch sie achteten seine Warnung gering. „Du solltest dich nicht der Illusion hingeben, o Muhammad, dass du auf ein Volk gestoßen bist, das nichts vom Krieg versteht, sodass du bei ihm siegst! Bei Allah, wenn wir gegen dich kämpfen, dann wirst du wissen, was für Leute wir sind!" Sie meinten, dass sie bessere Krieger seien als die Quraisch. Diese Aussage kam einer Kriegserklärung gleich.

Mit ihren schweren Waffen und ihren Reichtümern waren sie sich sicher, die Muslime besiegen zu können. Beide Seiten begannen sich auf den Krieg vorzubereiten.

Es dauerte nicht lange, die Muslime belagerten die Bani Qaynuqa fünfzehn Tage lang, bis sie schließlich aufgeben und sich der Entscheidung des Propheten unterwerfen mussten. Der Prophet überließ das Urteil den Chazradsch. Er folgte damit der Bitte einiger ihrer Anführer, da die Chazradsch früher die Verbündeten der Bani Qaynuqa waren. Sie durften ihr Vermögen mitnehmen und kehrten zu den Grenzen von Asch-Scham[247] zurück, woher sie ursprünglich gekommen waren. Vor etlichen Jahren hatten sie Asch-Scham verlassen und waren nach Medina ausgewandert, um den erwarteten Propheten in ihrer Mitte zu empfangen. Muhammad akzeptierten sie jedoch nicht als jenen Propheten. Sie nahmen ihre Habe und zogen Richtung Norden – bis nach Adhriat an der Grenze von Asch-Scham.

Umar Ibn Al-Chattab ging in die Moschee und rief: „O Prophet Allahs, hier ist der Feind Allahs Umayr Ibn Wahb, der sein Schwert gegürtet hat!"

„Lass ihn zu mir!", sagte der Prophet.

Umayr grüßte, wie sich die Götzendiener begrüßen und wünschte einen guten Morgen.

„Allah gab uns einen besseren Gruß als deinen, Umayr", erwiderte der Prophet, „er heißt ‚Frieden' und ist der Gruß, mit dem

---

247 Asch-Scham ist das Gebiet, das heute als Syrien, Libanon, Palästina und Jordanien bekannt ist.

sich die Menschen im Paradies begrüßen." Danach fragte er: „Was führt dich zu uns, Umayr?" Umayr erklärte, er sei wegen seines gefangenen Sohnes gekommen.

„Weshalb trägst du das Schwert?"

„Allah verdamme die Schwerter, was haben sie uns gebracht", antwortete Umayr ausweichend.

Umar gab einigen Helfern den Befehl: „Geht hinein zum Propheten Allahs, setzt euch zu ihm und gebt acht auf diesen Bösen, dem nicht zu trauen ist!"

„Sag mir die Wahrheit, wofür bist du gekommen?" fragte der Prophet erneut.

Umayr erwähnte seinen Sohn. Dann gab der Prophet das Gespräch zwischen Umayr und Safwan bei der Kaaba wieder. „Du und Safwan habt euch über die getöteten Quraisch unterhalten. Dann sagtest du: ‚Wenn ich keine Schulden hätte, die ich zahlen muss, und eine Familie, um derentwillen ich fürchte, dass sie nach mir verloren geht, wäre ich zu Muhammad geritten, und würde ihn töten. Safwan übernahm deine Schuld und die Verantwortung für deine Familie, damit du mich für ihn tötest. Aber Allah ist zwischen dich und ihn getreten!"

Umayr sagte: „Bei Allah, da ist kein dritter Mann außer mir und Safwan gewesen! Wir nannten dich einen Lügner, o Gesandter Allahs, während du uns himmlische Botschaften brachtest. Bei Allah, ich weiß, dass niemand anderes als Allah dir dies offenbarte, Dem Lob sei, Der mich jetzt zum Islam rechtleitete. Ich bezeuge, dass es keinen Gott außer Allah gibt, und du bist der Gesandte Allahs!"

Nun war er überzeugt, dass der Prophet Recht hatte und die Steine und Holzidole keine Götter waren.

„Lehrt euren Bruder seine Religion, rezitiert ihm aus dem Koran und lasst seinen gefangenen Sohn frei!", bat der Prophet seine Gefährten.[248]

Als diese Nachricht Mekka erreichte, schwor sich Safwan, nie wieder mit Umayr zu sprechen und ihm nicht mehr behilflich zu sein.

---

[248] Ibn Hischam, S. 317

Einige Tage später kam Umayr zum Propheten und bat: „O Gesandter Allahs, mein Vorhaben war es, das Licht Allahs zu löschen. Ich war streng gegen die, die auf der Seite der Religion des Erhabenen waren. Ich habe den Wunsch, dass du mir erlaubst, nach Mekka zurückzukehren und sie zum Islam einzuladen!"
Der Prophet erlaubte es ihm.
Als Umayr in Mekka ankam, begann er zum Islam einzuladen. Viele hörten mit dem Götzendienst auf und wurden durch ihn Muslime.

Ein Jahr war seit der Schlacht von Badr vergangen und langsam kehrte in Medina Ruhe ein. Aber Abu Sufyan ertrug es nicht, die Schande der Niederlage von Badr auf sich sitzen zu lassen. Er musste den Arabern der Halbinsel beweisen, dass die Quraisch die Macht und den Mut zum Kampf besaßen! Er sammelte eine Truppe Schwerbewaffneter um sich und zog insgeheim mit ihnen aus. In der Nähe Medinas brachen sie vor Tagesanbruch auf und gelangten zu einem Gebiet namens Al-Uraid. Dort fanden sie einen Mann der Ansar und einen Bundesgenossen von ihm auf ihrem Acker. Sie töteten beide und steckten Häuser und Dattelpalmen in Brand.
Darauf meinte Abu Sufyan, sein Schwur, gegen Muhammad zu Felde zu ziehen, sei erfüllt und wandte sich zur Flucht, denn er fürchtete, dass der Prophet und seine Gefährten ihn verfolgen würden.

Als der Prophet dies erfuhr, rief er seine Gefährten, und sie verfolgten, mit ihm an der Spitze, Abu Sufyans Spur bis zu einem Ort namens Karkarat Al-Chudr.
Abu Sufyan und seine Begleiter bemerkten, dass sie verfolgt wurden und bekamen es mit der Angst zu tun. Sie trieben ihre Kamele eifrig an. Damit sie schneller vorankamen, warfen sie ihr Essen, das aus Weizenbrei[249] bestand, weg. Diesen Brei fanden die Muslime.

---

249 Wegen des Weizenbreis, den die Quraisch abgeworfen hatten, wurde dieser Feldzug Muhammads der „Weizenbrei–Feldzug" genannt. (Ibn Hischam, S. 367)

Als der Prophet erkannte, dass die Flüchtigen außer Reichweite waren, kehrten er und seine Gefährten nach Medina zurück.

Abu Sufyans Flucht ruinierte seinen Ruf und den der Quraisch – hatte er doch damit gerechnet, dass der Feldzug der Quraisch nach dem Unglück von Badr den verlorenen Stolz wieder herstellen würde.

Die Schlacht von Uhud

$\mathcal{M}$it der Niederlage wollten die Quraisch nicht leben, und bald darauf rüsteten sie erneut für einen Angriff auf Medina. Mit ihnen kamen der Dichter Abu Azza, den der Prophet unter den Gefangenen Badrs begnadigt hatte, und die Kampftruppe der sogenannten Ahabisch.[250] Die Frauen der Quraisch sollten den Kriegszug ebenfalls begleiten. In diesem Punkt waren sich die Quraisch nicht einig, daher berieten sie sich untereinander. Einer der Befürworter sagte: „Sie eignen sich am besten, euch in Zorn zu versetzen und an die Gefallenen von Badr zu erinnern. Wir wollen nicht nach Hause zurückkehren, bevor wir nicht Rache genommen haben!"

Einer der Gegner meinte: „O ihr Quraisch! Ihr solltet eure Frauen dem Feind nicht ausliefern, zumal ihr nicht sicher seid, ob ihr eine Niederlage erleidet und dann vor euren Frauen bloßgestellt werdet!"

Während sie sich beratschlagten, schrie Hind Bint Utba, die Frau von Abu Sufyan, der gegen den Auszug der Frauen war: „Bei Allah, du bist am Tag von Badr entkommen und zu deinen Frauen zurückgekehrt. Jawohl! Wir werden ausziehen und beim Kampf dabei sein, und niemand wird uns zurückhalten!"

Die Quraisch zogen aus, und ihre Frauen waren bei ihnen – an ihrer Spitze Hind, die heftig nach Rache verlangte, denn ihr Vater Utba, ihr Onkel Schayba sowie ihr Bruder Walid waren bei der Schlacht von Badr getötet worden. Die Quraisch führten dreitausend Mann, zweihundert Pferde sowie dreitausend Kamele gegen Medina.

Abbas Ibn Abdul–Muttalib, der Onkel des Propheten, war unter ihnen und über jede wichtige Einzelheit ihres Vorhabens unterrichtet. Als die Quraisch sich in großer Zahl zum Auszug sammelten, schrieb er einen Brief, in dem er ihr Tun, ihre Stärke,

---

250 Diese Truppe setzte sich aus Mitgliedern der kleineren Stämme zusammen, die außerhalb Mekkas lebten. Sie wurde gegründet, um den kleineren Stämmen mehr militärische Macht gegenüber den Quraisch zu geben. Im Laufe der Zeit und wegen des Konfliktes mit dem Propheten verbündeten sie sich mit den Quraisch. Ihr Name leitet sich vom Namen des Bergs Habaschi nahe Mekka ab.

ihre Ausrüstung und ihre Anzahl genau beschrieb. Er übergab das Schreiben einem Boten, der mit seinem Pferd losgaloppierte und drei Tage später Medina erreichte, wo er den Brief dem Propheten aushändigte.

Die Einwohner Medinas erkannten die Gefahr dieses Feldzugs, für den die Quraisch besser ausgerüstet sein würden denn je. Da sie um den Propheten fürchteten, verbrachten die Führer der Muslime Medinas die Nacht mit ihren Waffen in der Moschee. Ganz Medina war auf der Hut.

Der Prophet verließ die Stadt mit seiner tausend Männer zählenden Armee, um sich den auf Rache sinnenden Quraisch in den Weg zu stellen. In der medinensischen Armee befand sich auch der Anführer der Heuchler, Ibn Salul, mit seinen Leuten.

Bei Uhud überschritten die Truppen aus Medina die Bergpässe, wo sie übernachteten. Am nächsten Morgen bestieg Ibn Salul sein Pferd, sammelte seine Leute und zog mit ihnen ab. Seine Absicht war, Unruhe in die Reihen der Muslime zu bringen.

Ibn Salul zog mit dreihundert Männern ab. Nun bestand die Armee der Muslime nur noch aus siebenhundert Mann.

Der Prophet ordnete die Reihen seiner Gefährten. Er stellte fünfzig Schützen in eine Bergschlucht und sprach zu ihnen: „Deckt unseren Rücken, denn wir fürchten, dass sie von hinten kommen. Bleibt an eurem Platz und verlasst ihn nicht! Selbst wenn ihr seht, dass wir in ihr Lager eindringen, so bleibt auf eurem Platz. Und wenn ihr seht, dass wir getötet werden, eilt uns nicht zur Hilfe!"

Da rief Hamza zum Angriff. Beide Heere marschierten aufeinander zu.

Ein heftiger Kampf entbrannte; die Waffen krachten, die Männer schrien und Staub verdunkelte die Sonne. Talha Ibn Abu Talha, der Bannerträger der Mekkaner, rief laut durch das Kampfgetümmel: „Wer misst sich mit mir im Duell?"

Ali nahm die Herausforderung zum Zweikampf an; zwischen den beiden Heeren trafen sie aufeinander. Ali fügte ihm einen tödlichen Schlag zu. Die Muslime priesen Allah und stürmten los.

Abu Dudschana, in seiner Hand das Schwert des Propheten

und um seinen Kopf die Todesbinde[251], schlug jeden nieder, den er mit seinem Schwert treffen konnte, bis er die Reihen der Götzendiener trennte und eine Frau erblickte, die den Soldaten die Gesichter zerkratzte. Er erhob das Schwert gegen sie, worauf sie ein wildes Klagegeheul anstimmte – es war Hind Bint Utba. Er ließ von ihr ab. „Das Schwert des Gesandten ist zu edel, als dass ich damit eine Frau schlüge", sagte Abu Dudschana.[252]

Hamza war einer der tapfersten Helden der Araber, der am Tag von Badr viele Männer, darunter auch Utba, den Vater von Hind, getötet und andere verwundet hatte. Am Tag von Uhud war er wie am Tag von Badr der „Löwe Allahs und Sein scharfes Schwert". Er tötete einige der Anführer und Helden der Quraisch. Hind, die Tochter Utbas, hatte dem Abessinier Wahschi, einem Sklaven aus Mekka, die Freiheit und reichen Lohn versprochen, sollte er Hamza töten.

Wahschi berichtete später von jenem Tag: „Ich zog mit den Leuten hinaus. Ich war ein Abessinier, der den Speer genau wirft und damit selten sein Ziel verfehlt. Als die Männer aufeinander trafen, versuchte ich, Hamza zu finden, bis ich ihn erblickte, wie er mitten unter den Leuten sein Schwert vernichtend unter ihnen wüten ließ. Da bewegte ich meinen Speer, bis ich mit seiner Position zufrieden war und schleuderte ihn gegen Hamza. Er traf ihn so in den Unterleib, dass er zwischen seinen Füßen wieder herauskam, und ich ließ ihn und den Speer, bis er starb. Dann ging ich zu ihm, nahm meinen Speer und kehrte zum Lager zurück, wo ich mich niedersetzte; außer an ihm hatte ich an niemandem Interesse. Ich hatte ihn getötet, weil ich als Lohn die Freiheit erlangen würde; und als ich nach Mekka kam, wurde ich aus der Sklaverei der Götzendiener freigelassen."

Nachdem Ali den Talha Ibn Abu Talha getötet hatte, trug Uthman Ibn Abu Talha das Banner der Quraisch, bis er von Hamza getötet wurde. Dann trug Abu Saad Ibn Abu Talha das Banner und rief: „Behauptet ihr, dass eure Gefallenen im Paradies sind und unsere Gefallenen im Höllenfeuer? Bei Allah, ihr lügt! Solltet ihr wirklich glauben, was ihr sagt, so soll einer von euch herauskommen, der mit mir kämpft!"

---

251 Eine rote Binde, die er zu tragen pflegte, um zu zeigen, dass er nicht zurückweichen würde, egal was auf ihn zukäme.
252 Ibn Hischam, S. 381

Kaum war er fertig, versetzte Ali ihm mit dem Schwert einen Schlag, der ihn niederstreckte.

Als die Bannerträger getötet waren, ergriffen die besiegten Götzendiener die Flucht und kümmerten sich um nichts mehr – nicht einmal darum, dass ihre Frauen umzingelt waren und ihr Götzenbild aus der Kamelsänfte, in der es lag, gefallen war.

Dreitausend Reiter der Quraisch wurden bei dieser Schlacht von siebenhundert Muslimen zersprengt. Dann jedoch begannen einige schwache Muslime nach der Beute zu greifen. Reich und verlockend war diese Beute, vor welcher der Prophet sie vergeblich gewarnt hatte!

Die Bogenschützen, denen der Gesandte befohlen hatte, den Berg nicht zu verlassen, wollten sich ebenfalls bereichern. Chalid Ibn Al-Walid[253], ein Held der an der Spitze der Reiter Mekkas stand, erkannte die Schwachstelle in der Verteidigung der Muslime, stürmte mit seinen Männern von hinten auf die Bogenschützen los und vertrieb sie.

Die Quraisch sah, dass ihre Reiterei die Verteidigung der Muslime durchbrochen hatte. Die flüchtenden Truppen formierten sich neu und griffen die Muslime wieder an, unter denen daraufhin Panik ausbrach.

Nun begannen für den Propheten schwere und gefährliche Stunden.

Die Truppen der Quraisch umzingelten den Propheten.

Ein von den Quraisch geworfener Stein traf den Propheten, und er fiel auf die Seite. Seine Lippe wurde zerschnitten und ein Zahn brach ihm ab.

Einige der Muslime, die ihn blutend zu Boden gehen sahen, wandten sich in Richtung des Berges, setzten sich auf den Boden und weinten. So sah sie Anas Ibn An Nadr und fragte: „Warum setzt ihr euch?"

Sie antworteten: „Der Gesandte Allahs wurde getötet!"

Er erwiderte: „Was wollt ihr denn nach ihm mit dem Leben anfangen? Erhebt euch und sterbt wie er!"

Dann wandte er sich dem Feind zu und kämpfte tapfer, bis er getötet wurde. Als sein Leichnam gefunden wurde, war er so

---

253 Chalid war der Sohn des bekannten Gegners des Propheten Al-Walid Ibn Al-Mughira, einem der reichsten Mekkaner. Er gehörte zu den Bani Machzum. Chalid war für seine Klugheit bekannt. Er gehörte zu den fähigsten militärischen Führern der Quraisch.

von Schwerthieben übersät, dass ihn nur noch seine Schwester anhand seiner Fingerspitzen identifizieren konnte.

Doch der Prophet Muhammad war nicht tot. Es waren nur wenige Muslime in seiner Nähe. Die Quraisch sahen ihre Gelegenheit, ihn zu töten und attackierten ihm immer wieder. So verletzte ihn ein Schwerthieb an der Stirn.

Umm Amara, eine Frau von den Helfern, ergriff ein Schwert und begann, den Propheten zu verteidigen. Abu Bakr, Mus'ab Ibn Umayr und Abu Dudschana hatten sich auch zum Propheten vorgekämpft, um ihn zu schützen. Einer der Helden der Quraisch namens Abdullah Ibn Qam'a griff den Propheten direkt an. Umm Amara, die sich ihm in den Weg gestellt hatte, traf ihn mehrmals mit ihrem Schwert, konnte aber seine Panzerung nicht durchbrechen, und er verletzte sie schwer an der Schulter. Nun schlug er auf den Propheten ein. Sein erster Schlag traf ihn an der Schulter. Der Schlag war so stark, dass der Prophet trotz Panzerung große Schmerzen verspürte und taumelte, und der zweite Schlag traf seinen Helm mit solch einer Wucht, dass zwei Glieder des Helms in die Wange des Propheten eindrangen.

Die Gefährten drängten Ibn Qam'a zurück, der immer wieder versuchte, den Propheten zu treffen.

Er erschlug Mus'ab Ibn Umayr, den er im Getümmel für den Propheten hielt und schrie: „Muhammad ist tot!"

Die Gefährten erkannten, dass nicht der Prophet getötet worden war und versuchten weiter, ihn zu schützen und die anderen Muslime zu Hilfe zu holen.

Unter den Muslimen sprach sich herum, dass Muhammad noch lebte. Währenddessen kämpfte der Prophet mit einer kleinen Gruppe von Gefährten verzweifelt gegen eine immer größer werdende Anzahl von Feinden, die sie umzingelten.

Saad Ibn Abi Waqqas hielt sich an der Seite des Propheten und schoss Pfeile ab, die dieser ihm reichte. Dabei rief er: „Schieß! Mein Vater und meine Mutter sollen dein Opfer sein!"[254]

Der Prophet hatte zuvor selbst mit seinem Bogen geschossen; dieser war jedoch zerbrochen.

Es sammelten sich immer mehr Muslime um den Propheten,

---

254 Sahih Buchari V/S. 124, Ibn Hischam, S. 388

dem es gelang, mit ihnen die Reihen der Quraisch zu durchbrechen und sich auf einen Berg zurückzuziehen. Die Muslime kämpften sich mit den Verletzten in ihrer Mitte den Weg zum Berg frei.

Die Quraisch trauten sich nicht, ihnen zu folgen, da ihnen das Wagnis zu gefährlich erschien.

Abu Sufyan stieg auf den Berg und rief, so laut er konnte: „Im Krieg wird man einmal siegen und einmal besiegt. Unbesiegt sei *Hubal*[255]!"

Der Prophet ließ Umar antworten: „Allah ist Erhabener und Mächtiger. Wir sind nicht gleich. Unsere Gefallenen sind im Paradies, die euren in der Hölle!"

Abu Sufyan bat Umar, zu ihm herunterzukommen. Der Prophet sagte zu Umar: „Gehe zu ihm und schau, was er will!"

„Haben wir wirklich Muhammad getötet?"

„Bei Allah, er kann gerade dich hören", antwortete Umar

„Ich glaube dir mehr als Ibn Qam'a!" sagte Abu Sufyan. Denn Ibn Qam´a hatte eine Nachricht verbreitet, dass er Muhammad getötet hätte.

Abu Sufyan sprach erneut: „Es hat Verstümmelungen an euren Gefallenen gegeben. Bei Allah, ich bin damit weder zufrieden noch unzufrieden, und ich habe es weder verboten noch habe ich befohlen."

Und ganz zuletzt rief Abu Sufyan: „Im nächstes Jahr ist unser Treffpunkt bei Badr!"[256]

Die Quraisch zogen ab, nachdem sie ihre Gefallenen begraben und die Leichen der gefallenen Muslime verstümmelt hatten.

Hind verstümmelte die Leichen der gefallenen Prophetengefährten, sie schnitt ihnen Ohren und Nasen ab und machte Fußreifen und Armbänder daraus. Hamza, dem Onkel des Propheten, den Wahschi getötet hatte, schnitt sie die Leber heraus, kaute sie, konnte sie aber nicht hinunterschlucken.

---

255 Hubal war der Hauptgott unter den 360 Gottheiten, die in und um die Kaaba standen. Bei ihm wurden oft die Lospfeile geworfen.

256 Als im folgenden Jahr zur verabredeten Zeit der Prophet mit seinen Gefährten in Badr wartete, waren die Götzendiener nur einige Stunden von Mekka entfernt und trauten sich nicht, anzugreifen. Abu Sufyan versprach Nuaim Ibn Mas'ud zwanzig Kamele, wenn er es schaffte, Muhammad zu überreden, nicht nach Badr zu ziehen, was ihm jedoch nicht gelang. Sie bereiteten sich aber weiterhin vor, um einen großen Krieg gegen die Muslime zu führen.

Der Prophet machte sich auf, seinen Onkel Hamza zu suchen. Als er ihn mit geöffnetem Bauch verstümmelt liegen sah, war er traurig und sagte: „Nichts Vergleichbares wird mich je wieder treffen. Nie war ich in einer Situation, die mich mehr erzürnte als diese." Sodann sprach er: „Bei Allah, sollte uns der Herr eines Tages den Sieg über sie schenken, werde ich es ihnen …"

Aus diesem Anlass offenbarte Allah einige Verse, die den Muslimen Vergebung und Gerechtigkeit auch in den schlimmsten Fällen auferlegen: *„Wenn ihr bestraft, so bestraft in gleichem Maße, mit dem ihr bestraft wurdet; und wenn ihr Geduld zeigt, so ist dies besser für die Geduldigen. Und gedulde dich, und deine Geduld ist nur durch Allah; und betrübe dich nicht über sie und sei nicht bedrückt ob dessen, was sie aushecken."*[257]

Der Gesandte Allahs übte Nachsicht, geduldete sich und verbot die Vergeltung und das Verstümmeln von Leichen. Er bedeckte Hamza mit seinem Obergewand und betete für ihn. Seine Schwester Safiya Bint Abdul–Muttalib kam, betete für ihn und bat für ihn um Vergebung.

Als die Muslime Mus'ab Ibn Umayr mit seinem Mantel bedecken wollten, reichte dieser nicht, um ihn ganz zu bedecken, und seine Füße wurden sichtbar, als man seinen Kopf bedeckte. So war Mus'ab, der Lehrer von Medina, der im Luxus aufgewachsen war, von dieser Welt gegangen. Er starb, als er versuchte, den Propheten zu schützen. Er wusste, dass er seine Belohnung nicht im Diesseits bekommen würde.

Die Muslime begruben ihre Toten.[258]

---

257 Koran 16: 126–127
258 Zu den Details der Schlacht von Uhud siehe Ar-Rahiq Al-Machtum, S. 225 - 255

Hafsas Hochzeit

*F*atima, die damals etwa zwanzig Jahre alt war, war über den Tod ihrer Schwester Ruqayya in Badr sehr unglücklich; sie weinte und weinte. Der Prophet versuchte sie zu trösten und trocknete ihre Tränen.

Es dauerte nicht lange, und Fatima heiratete Ali. Ali verdiente Geld als Wasserträger und Fatima mit dem Mahlen von Korn. Nach Fatimas Heirat erfuhr Haritha, dass der Prophet gern seine Tochter in seiner Nähe hätte, weshalb er sein Haus, was der Moschee am nächsten stand, dem Propheten schenkte.

Nicht lange danach starb Hafsas Mann Hunaif Adi aus dem Stamme der Quraisch. Hunaif hatte an beiden Auswanderungen der Muslime nach Abessinien und Medina teilgenommen und wurde zu den engen Gefährten des Propheten gezählt. Nachdem er in der Schlacht von Uhud verwundet worden war, starb er in Medina. Er hinterließ Hafsa, die Tochter des Umar Ibn Al-Chattab, als Witwe.

Nach dem Tod ihres Mannes kehrte Hafsa in das Haus ihres Vaters zurück. Dort verbrachte sie traurig ihre Tage – bekümmert, dass ihre Jugend einsam und abgeschieden verrann.

Dies bereitete ihrem Vater tiefe Sorge. Nachdem er ihre Trauer über sechs Monate angesehen hatte, entschloss er sich, ihr einen Ehemann zu suchen. Dabei kam er auf seinen Freund Abu Bakr, der zugleich der erste Gefährte des Propheten und dessen Schwiegervater war. Abu Bakr war ein erfahrener Mann von gütigem Charakter, ruhig und zuverlässig; er würde Hafsa ohne Zweifel gut behandeln und die Trauer der Witwenschaft von ihr nehmen.

Auch dachte Umar, dass eine Ehe mit Abu Bakr ihn mit dem Propheten näher in Verbindung brächte. Nachdem er dies alles überdacht hatte, gab es für Umar kein Zögern mehr. Er ging zu Abu Bakr und berichtete ihm über seine Hoffnungen für Hafsa. Doch Abu Bakr, der ihm schweigend zuhörte, kam dem Vorschlag mit keinem Wort entgegen. Die Ablehnung Abu Bakrs, Hafsa zu heiraten, traf Umar tief. In Zorn und tiefer Sorge verließ er das Haus Abu Bakrs.

Doch brachte ihn dies nicht von seinem Vorhaben ab; er ging zum Hause Uthman Ibn Affans. Uthman Ibn Affan war mit Ruqayya, der Tochter des Propheten, verheiratet gewesen. Doch war Ruqayya kurz nach ihrer Rückkehr nach Medina von der ersten Auswanderung nach Abessinien gestorben. Uthman war daher schon längere Zeit Witwer. Wegen seines guten Charakters, seiner Frömmigkeit und seiner Stellung zu Muhammad als dessen Schwiegersohn war er hochangesehen, aber auch bekannt für seine Schamhaftigkeit.[259] Nachdem Umar dies alles überdacht hatte, bot er Uthman Hafsa zur Ehefrau an. Uthman zögerte mit seiner Antwort und bat Umar, einige Tage zu warten. Danach zog er sich mit den Worten zurück: „Ich will jetzt nicht heiraten."

Diese erneute Kränkung seiner Ehre und die Sorgen um seine Tochter, verletzte Umar umso tiefer, als er die Ablehnung durch Abu Bakr noch nicht verwunden hatte.

Umar war zornig und konnte nicht verstehen, dass gläubige und gute Freunde seine Tochter Hafsa, die jung, gläubig und von gutem Charakter war, ablehnen konnten, zumal er selbst als ihr Vater eine Stütze des Islam war und aus edlem Geschlecht stammte.

Umar wollte wissen, warum Abu Bakr und Uthman seine Tochter zurückgewiesen hatten. Er ging zum Propheten und brachte seine Sorge vor. Der Prophet merkte sogleich, dass Umar aufgebracht war und fragte, was ihn so getroffen habe. Umar rügte das Verhalten Abu Bakrs und Uthmans.

Der Prophet lächelte und antwortete ihm: „Hafsa wird den heiraten, der besser als Abu Bakr und Uthman ist, und Uthman wird die heiraten, die besser als Hafsa ist."

Die Worte erstaunten Umar, denn wer anderes als der Prophet konnte besser als Abu Bakr und Uthman sein? Er verstand das Angebot des Propheten, seine Tochter zu heiraten. Dies war eine Ehre, die Umar selbst nie zu wünschen gewagt hätte. Befreit von

---

259 Aischa berichtet, dass Abu Bakr eines Tages zum Propheten kam und dann Umar; der Prophet änderte seine Sitzstellung nicht. Dann kam Uthman, und Muhammad richtete seine Kleider und seine Sitzstellung. Als sie weg waren und Aischa nach dem Grund fragte, antwortete der Prophet, wie könne er sich vor einem Mann nicht schämen, vor dem die Engel sich schämen. Abu Huraira berichtete: „Der Prophet sagte: Der Glaube besteht aus mehr als siebzig Bestandteilen, und die Schamhaftigkeit (Haya´) ist einer der Bestandteile des Glaubens". (Sahih Muslim, Hadith 50)

seiner Sorge, lief er voll Freude auf den Propheten zu und gratulierte ihm zu dessen Entschluss. Er eilte hinaus, um allen Leuten seine Freude über die Verlobung zu verkünden und ihre Glückwünsche entgegenzunehmen. Dann stürmte er nach Hause, um seiner Tochter die frohe Botschaft zu übermitteln.

Auf dem Weg begegnete ihm Abu Bakr, der seine Freude bemerkte und erriet, was die Ursache war. Entschuldigend und zugleich gratulierend streckte Abu Bakr ihm die Hand entgegen und sprach: „O Umar, sei nicht traurig meinetwegen, denn der Prophet hatte bereits zuvor von einer Heirat mit Hafsa gesprochen, und ich konnte das Geheimnis des Propheten nicht verraten!"

Aischa brachte der Beteiligung der anderen Ehefrauen am Leben Muhammads Verständnis entgegen, denn sie war, wie die anderen Gläubigen, der Überzeugung, dass der Gesandte Allahs seine Ehen im Rahmen der Ausübung und Förderung seiner Botschaft schloss.

Der Grabenkrieg

Eines Tages begab sich der Prophet zu dem jüdischen Stamm der Bani An-Nadir, da diese ihn gebeten hatten, einen Streit zwischen ihnen zu schlichten. Als Muhammad gekommen war, zogen sie sich zur Beratung zurück und sprachen zueinander: „In eine so günstige Lage bekommen wir diesen Mann nie wieder, wer steigt also auf das Haus, wirft einen Stein auf ihn und tötet ihn?"

Einer von ihnen, Amr Ibn Dschihas, erklärte sich dazu bereit und stieg auf das Dach, um einen Stein auf den Propheten zu werfen. Dieser saß mit einigen seiner Gefährten zusammen, darunter Abu Bakr, Umar und Ali. Der Engel Gabriel offenbarte ihm das üble Vorhaben. Er stand auf und ging, bevor Amr den Stein herunterwerfen konnte, und ohne seinen Gefährten ein Wort zu sagen.

Diese warteten bei den Bani An-Nadir auf ihn. Als es ihnen zu lange wurde, begannen sie nach ihm zu suchen. Ein Mann, der gerade aus Medina kam, erzählte ihnen schließlich, er habe den Propheten in die Stadt kommen sehen. Sie folgten ihm dorthin, und als sie ihn erreichten, berichtete er ihnen von dem Verrat, den die Bani An-Nadir gegen ihn geplant hatten.

Der Prophet forderte die Bani An-Nadir auf, Medina mit ihrem Vermögen zu verlassen. Die Bani An-Nadir wollten nach ihrem gescheiterten Plan der Aufforderung Folge leisten, doch Ibn Salul versprach ihnen Unterstützung, falls sie sich dem Propheten widersetzten. Sie verweigerten den Abzug. So kam es, dass die Muslime die Bani An-Nadir belagerten. Als die Unterstützung Ibn Saluls ausblieb, gaben sie allerdings auf und ergaben sich dem Urteil des Propheten. Wie bei den Bani Qaynuqa baten auch ihre ehemaligen Verbündeten den Propheten, ihnen das Urteil zu überlassen. Obwohl der Anschlag seiner Person gegolten hatte, stimmte er dies zu. Die Bani An-Nadir durften Medina verlassen und ihr Vermögen mitnehmen. Sie gingen nach

Chaibar[260], wo sie sich niederließen.[261] Doch sie und ihre Verbündeten wollten sich nicht geschlagen geben.

Die Oberhäupter der Bani An-Nadir begannen von Chaibar aus ein Bündnis gegen den Propheten zu schmieden, um Verbündete für einen Angriff auf Medina zu gewinnen. Eine Delegation von den Bani An-Nadir und den Bani Wa'il[262], darunter Hujai Ibn Achtab, das Oberhaupt der Bani An-Nadir, zog zu den Quraisch nach Mekka. Sie hetzten sie zum Krieg gegen den Propheten auf und sprachen: „Wir wollen euch im Kampf gegen ihn unterstützen, bis wir ihn erledigt haben!"

„O ihr Männer der Juden! Ihr seid das Volk mit dem ersten Buch und habt Wissen über unseren Streit mit Muhammad! Ist unsere Religion besser oder seine?" fragte Abu Sufyan.

„Eure Religion ist besser als seine Religion, und ihr seid im Recht!", antworteten sie, obwohl sie wussten, dass es sich um Götzendiener handelte, die gegen die Prinzipien der Juden, Christen und Muslime handelten.[263]

Das freute die Quraisch und ermutigte sie, sich auf einen weiteren Krieg vorzubereiten.

Dann begab sich die Delegation aus Chaibar zu den Stämmen des Nadschd[264], den Bani Ghatafan[265] und vielen anderen Götzendienern und warben sie zum Kampf gegen den Propheten. Sie bekundeten ihnen Unterstützung und erzählten, dass die Quraisch ihrem Aufruf nachgekommen seien. Andere Stämme, die sie nicht anstacheln konnten, gegen die Muslime zu kämpfen, versuchten sie mit Bestechung und dem Versprechen von reicher Beute zum Kampf zu bewegen.

Innerhalb kurzer Zeit bewegte sich eine gewaltige Streitmacht in Richtung Medina, wie sie Arabien bis dahin noch nicht gesehen hatte.[266]

---

260 Chaibar ist eine Oasenstadt, die ca. 150 Kilometer nördlich von Medina liegt.
261 Zu diesen Ereignissen wurde die Sure 59 herabgesandt.
262 Die Bani Wa'il waren einer der Stämme, die Medina bewohnten, sie gehörten zu den Aus, stellten sich aber in der Grabenschlacht gegen ihre Stammesgenossen.
263 Über sie hat Allah in Medina diese Koran–Verse offenbart: *„Hast du nicht jene gesehen, denen ein Teil der Schrift gegeben wurde? Sie glauben an Zauberei und Götzen, und sie sagen von den Ungläubigen: „Sie sind in der Lehre besser geleitet als die Gläubigen."Diese sind es, die Allah verflucht hat; und für den, den Allah verflucht, wirst du keinen Helfer finden."* (Koran 4: 51–55)
264 Nadschd ist das Gebiet in der Mitte der Arabischen Halbinsel.
265 Die Bani Ghatafan waren ein großer Stammesverbund im Nadschd.
266 Die Quraisch wurden von Abu Sufyan angeführt, die Bani Ghatafan von Uyayna Ibn Hisn. (Ibn Hischam, S. 453)

Als der Prophet dies alles über einen Brief von seinem Onkel Abbas erfuhr, blieb ihm nur noch eine Woche Zeit. Er rief die Muslime zu einer Versammlung zusammen, um seine Gefährten zu Rate zu ziehen. Vielfältige Meinungen darüber, wie es möglich sei, sich zu verteidigen, kamen zur Sprache. Salman der Perser hatte einen Plan. Er erzählte, was er bei seinem Volk gelernt hatte, wenn dessen Städte angegriffen wurden: Sie gruben tiefe Gräben rund um ihre Städte, die es dem Feind unmöglich machten, diese einzunehmen. Alle waren von diesem Plan begeistert. Zum Glück mussten die Muslime nicht um die ganze Stadt herum graben, denn es gab bereits hohe Mauern und Felsen, die nicht passierbar waren und nur noch miteinander verbunden werden mussten, um die Lücken zu schließen. Jede Familie übernahm ein Stück des Grabens.

Die Tage vergingen, aber die Arbeit schien nicht fertig zu werden. Angst und Hunger nahmen zu; auch der Prophet hungerte und arbeitete jeden Tag mit.[267] Sie gruben unermüdlich.

Ein großer Fels wurde ein Hindernis, worüber sie beim Propheten klagten. Er ließ etwas Wasser bringen, spuckte hinein, sprach ein Bittgebet und besprengte den Felsen mit dem Wasser. Die Zeugen dieses Wunders sprachen später: „Bei Dem, Der ihn als Propheten sandte, der Fels brach zusammen."

Salman hatte beim Graben ebenfalls Schwierigkeiten. Der Prophet, der in Salmans Nähe war, sah, wie schwer er es mit einem Felsen hatte. Er begann mit der Hacke dreimal auf den Felsen zu schlagen, wobei jedes Mal ein Lichtstrahl aufblitzte.

„O Gesandter Allahs, was war das, was ich aufblitzen sah?", fragte Salman neugierig.

„Hast du es wirklich gesehen, o Salman?", fragte der Prophet. Salman bejahte es

---

267 Bint Baschir Ibn Sa'd berichtet: „Meine Mutter Amra Bint Rawaha gab mir eine Handvoll Datteln und sagte: ‚Gehe zu deinem Vater und deinem Onkel und bring ihnen dieses Mittagessen!' Als ich mit den Datteln beim Propheten vorbeiging, rief er: ‚Komm, Töchterchen! Was hast du bei dir?' ‚O Gesandter Allahs, das sind Datteln, das Mittagessen meines Vaters und meines Onkels.' ‚Bring sie hierher!', bat mich der Prophet. Es waren so wenige, dass sie seine Hände nicht ausfüllten. Er legte die Datteln auf ein Gewand und bat einen Menschen in seiner Nähe: ‚Rufe die Leute des Grabens, sie sollten zum Mittagessen kommen!' Sie kamen herbei und begannen zu essen, während sich die Datteln immer wieder vermehrten, bis alle satt waren, und von den Seiten des Gewandes fielen die Datteln weiter herunter." (Ibn Hischam, S. 454–455)

„Das erste Aufblitzen hieß, dass Allah mir den Jemen öffnet, das zweite Asch-Scham und den Westen und durch das dritte öffnete Er mir den Osten."[268]

Die Quraisch rückten heran und belagerten Medina mit zehntausend Kriegern, in der Hoffnung, die ganze Stadt gleich zu vernichten.

Der Graben war schon vollendet und der Prophet richtete mit dreitausend Muslimen ein Lager vor der Stadt ein, sodass der Graben zwischen ihnen und den Quraisch lag. Er befahl, Kinder und Frauen in die Festungen zu bringen, damit sie in Sicherheit wären.

Überrascht musste das Heer der Götzendiener feststellen, dass die Muslime ihre Felder um Medina herum schon abgeerntet hatten, weshalb das Heer gleich in Richtung Medina marschierte, um die Muslime zu vernichten.

Abu Sufyan, Chalid, Ikrima, Amr und viele andere Häupter der Quraisch gingen an der Spitze und freuten sich, als sie die Lager der Muslime vor den Toren der Stadt und nicht hinter ihnen erblickten. Da es ihnen nicht an Männern und Waffen fehlte, waren sie überzeugt, den Feind rasch vernichten zu können. Als sie aber immer näher kamen, erblickten sie den breiten Graben um die Stadt. Auf der anderen Seite begannen die Bogenschützen der Muslime einen Hagel von Pfeilen auf sie zu schießen und zwangen sie, zurückzuweichen. Dieser Graben war ein Kniff in der Kriegskunst, den die Araber noch nicht kannten!

Die Festungen des jüdischen Stammes Bani Qurayda hatten an einer Stelle den Eingang in die Stadt blockiert. Hujai Ibn Achtab vom Stamm Bani An-Nadir war sich sicher, dass es ihm gelingen werde, den jüdischen Stamm Bani Qurayda zu überreden, sein Versprechen Muhammad gegenüber und damit den Vertrag von Medina zu verletzen. Hujai ging sogleich zu Ka'b Ibn Asad von den Bani Qurayda, der für seinen Stamm mit dem Propheten das Bündnis geschlossen hatte.

Als Ka'b die Stimme Hujais vor der Burg hörte, schloss er das Tor, denn Hujai war den Bani Qurayda bekannt als Unglücks-

---

268 Ibn Ishaq sagte, als diese Teile tatsächlich zu Umars und Uthmans Zeit geöffnet wurden, pflegte Abu Huraira zu sagen: „Öffnet, was ihr öffnet, ihr werdet bis zum Jüngsten Tag keine Stadt öffnen, die nicht Allah schon vorher dem Propheten Muhammad versprochen hat." (Ibn Hischam, S. 455)

bringer, der seinem Stamm Verrat und Leid brachte.

„Wehe dir, Ka'b! Mach auf!"

„Wehe dir, Hujai, du bist ein Unheilbringer! Mit Muhammad habe ich einen Vertrag und an Muhammad habe ich Treue und Ehrlichkeit erlebt!"

„Wehe dir, öffne mir, damit wir reden!"

„Das tue ich nicht!"

„Du hast also Angst, dass ich von deinem Weizenbrei esse!"

Dies machte Ka'b so wütend und beleidigt, dass er Hujai das Tor öffnete. Dann sprach dieser: „Wehe dir, Ka'b! Ich komme zu dir mit ewigem Ruhm und einem Meer von entschlossenen Kämpfern. Mit den Quraisch und ihren Führern bin ich gekommen und ebenso mit den Bani Ghatafan und ihren Führern. Sie haben mir versprochen und mit mir einen Vertrag geschlossen, dass sie keine Ruhe geben, bis wir Muhammad und alle, die mit ihm sind, ganz zerrieben haben!"

„Bei Allah, Hujai, du bringst mir vielmehr ewige Erniedrigung und eine Wolke, die ihr Wasser vergossen hat und die nur blitzt und donnert, aber nichts bringt. Lass mich in Frieden; denn an Muhammad habe ich nichts anderes als Ehrlichkeit und Treue gefunden."

Hujai sprach von der Beute und den vielen Vorteilen, die auf sie warteten, wenn sie die Muslime vernichteten. Er redete auf Ka'b ein, bis er ihn schließlich zum Verrat bewegen konnte. Hujai schwor: „Wenn die Quraisch und die Bani Ghatafan zurückkehren, ohne Muhammad vernichtet zu haben, werde ich in deine Festung kommen, damit mich trifft, was auch dich trifft!"

Damit war Ka'b überzeugt, er brach seinen Vertrag mit dem Propheten und beging Verrat. Nun war die ganze Mühe der Stadtbewohner umsonst gewesen, und die Bani Qurayda würden den Götzendienern Eintritt in die Stadt gewähren; diese würden sie dann plündern, zerstören und jeden töten, dessen sie habhaft würden.

Einige der Bani Qurayda waren zuerst dagegen, den Bund mit Muhammad zu verletzen und ihn zu verraten, denn sie hatten von ihm nur Treue gesehen. Als die Heuchler um Ibn Salul dazukamen und ihnen bestätigten, was Hujai ihnen gesagt hatte, waren sie vom Erfolg überzeugt. Sie sahen, was für ein grauenvolles Heer der Quraisch da war, das die Ebene vor ihren Augen füllte.

Der Prophet wurde benachrichtigt, woraufhin er den Führer des Stammes Aus, Saad Ibn Mu'adh, und den der Chazradsch, Saad Ibn Ubada, mit zwei anderen Gefährten beauftragte: „Seht, ob es stimmt! Wenn es stimmt, sagt es mir auf verschleierte Weise und macht die Leute nicht mutlos. Wenn sie aber Treue bewahren, dann sagt es öffentlich!"

Die Delegation der Muslime ging zu den Bani Qurayda. Sie merkten schnell, dass sie den Vertrag gebrochen hatten. Ihre Bitte, diese Entscheidung zu widerrufen, bevor eine Katastrophe geschah, wurde zurückgewiesen.

„Wer ist der Gesandte Allahs? Wir haben kein Abkommen und keinen Vertrag mit Muhammad!" Ka'b war sich sicher, dass die Quraisch die Muslime vernichten würden und sie mit ihnen die Beute machen würden.

Saad Ibn Mu'adh beschimpfte sie, doch Saad Ibn Ubada hielt ihn zurück: „Lass das Schimpfen! Die Sache ist schlimmer!"

Die beiden Saads kehrten mit den anderen Gefährten zum Propheten zurück und gaben ihm ein Zeichen.[269] Der Prophet verstand. Er wandte sich den Muslimen zu und rief: _„Allahu akbar_! Seid frohen Mutes, o ihr Muslime!"

Trotz allem gab er die Hoffnung nicht auf, obwohl die Lage für die Muslime nie ernster gewesen war. Die Feinde bedrängten sie, bis die Prüfung so hart wurde, dass die Gläubigen zu zweifeln begannen und bei einigen Heuchlern der Zweifel so offen zu merken war, dass sie vor Angst das Gefühl hatten, ihre Leiber stünden in Flammen.[270]

Der Prophet und seine Gefährten hielten fast einen Monat am Graben durch. Außer einigen Pfeilschüssen kam es zu keinem richtigen Kampf. Eines Tages jedoch legten Ikrima und einige Reiter der Quraisch ihre Waffen an, ritten mit ihren Pferden

269 Ihr Zeichen bestand darin, dass sie ihn grüßten und sprachen: „Udhal und Qara", womit sie auf den Verrat von Udhal und Qara hinwiesen, den sie einst an den Männern von Radschi, Chubayb und seinen Gefährten begingen. (Ibn Hischam, S. 456)
270 Mu'attib Ibn Quschayr vom Stamm der Bani Amr, der kein Heuchler war und sich an der Badr-Schlacht beteiligt hatte, sagte: „Muhammad hatte uns doch versprochen, wir würden die Schätze Chosraus und Cäsars bekommen, während wir heute nicht einmal unsere Notdurft verrichten können." (Ibn Hischam, S. 456–457)

zum Lager der Kinana und riefen: „Zum Krieg, ihr Bani Kinana! Heute werden wir sehen, wer von uns die richtigen Reiter sind!"

Als sie zum Graben kamen und sahen, wie mächtig er war, sagten sie überrascht: „Wahrlich, die Araber sind bisher nicht auf diese Kriegslist gekommen!" Sie suchten sich eine enge Stelle am Graben und schlugen auf ihre Pferde ein, bis diese den Graben mühsam überwanden.

Ali ritt schnell mit einigen Muslimen zu der Lücke. Amr Ibn Abdwudd, der in Badr verletzt wurde und sich daher nicht an der Schlacht von Uhud beteiligt hatte, war unter den Quraisch und wollte sich deutlich zeigen, damit man seine Stellung sehen konnte. Er und andere Reiter wurden von den Muslimen angehalten. Er rief: „Wer ist zum Duell bereit?"

Ali meldete sich, was Amr so ärgerlich machte, dass er von seinem Pferd sprang und auf die Beine und den Kopf des armen Tiers einschlug.[271] Dann ging er auf Ali los, und die beiden umkreisten sich, bis sie in einer Staubwolke versanken. Ihre Schwerter prallten aufeinander, und ihre erregten Stimmen drangen aus dem Getümmel. Schließlich hörte man den Ruf „Allahu akbar!" Jeder wusste, dass es Alis Stimme war, der die Größe Allahs pries, und dass Amr besiegt war. Ikrima ließ seinen Speer zurück, und mit den anderen Reitern floh er zurück über den Graben.

Nun musste der Graben pausenlos bewacht werden und die Muslime die Angriffsversuche mit Pfeilen abwehren.

Hujai versuchte ständig, die Quraisch zu überzeugen, dass sie mehrere tausend Männer zu den Burgen der Qurayda entsenden sollen, um von dort aus die Festungen, in denen sich die Frauen und Kinder der Muslime befanden, anzugreifen. Zunächst schickten die Bani Qurayda ihre Spione vor, um zu sehen, ob Männer bei den Frauen waren. Wenn keine Männer da waren, wollten sie angreifen.

In einer der Festungen befand sich die Tante des Propheten, Safiya, eine Schwester von Hamza. Sie sah, dass sich bewaffnete Kämpfer der Bani Qurayda näherten. Bereits früher hatte sie mit ihrem Speer an der Schlacht von Uhud teilgenommen. Als sie

---

271 Er wollte damit demonstrieren, dass er entweder siegen oder sterben wollte.

nun einen Mann der Bani Qurayda herankommen sah, nahm sie einen Zeltpfahl, stieg von der Festung, versetzte ihm einen Schlag auf den Kopf und nahm ihm seine Waffen ab.

Aber die Gefahr, dass auch die anderen angreifen würden, war noch nicht gebannt. Deshalb schlug sie den Kopf des Mannes mit seiner eigenen Waffe ab, ergriff ihn und eilte nach oben, von wo aus sie ihn über die Mauer mitten unter die Feinde warf.

Die Bani Qurayda waren erschrocken und riefen: „Wir haben uns schon gewundert, dass Muhammad Frauen und Kinder allein in den Festungen lässt! Jetzt wissen wir, dass Männer dort sind, um die Frauen zu beschützen!"[272]

Nun bekamen viele Muslime, die den Angriff bemerkt hatten, Angst um ihre Familien.

Die meisten Männer waren erschöpft; ihnen fehlte Schlaf und Nahrung, weil sie am Tag und in den kalten Nächten ununterbrochen Wache hielten. Einige, die schwach im Glauben waren, dachten, dass der Sieg, den der Prophet ihnen versprochen hatte, nicht mehr kommen würde. Für die Gläubigen jedoch war dies lediglich eine Prüfung, die ihren Glauben stärkte, und sie übten sich täglich in Geduld.

Bei den Ghatafan war auch Nuaim Ibn Mas'ud gewesen, der früher von Abu Sufyan das Angebot erhalten hatte, zwanzig Kamele zu bekommen, wenn er die Muslime überreden könne, dass es nicht zu dem geplanten zweiten Gefecht in Badr käme, das Abu Sufyan selbst angekündigt hatte, bevor er sich zurückzog. Seine Reise nach Medina war für ihn nicht umsonst, denn als er damals dort gewesen war, beeinflusste ihn der Islam so sehr, dass „dies die Zeit war, in der Allah mein Herz für den Islam öffnete", wie er später sagte.

Nuaim schlich in die Stadt und verlangte den Propheten zu sprechen. Man brachte ihn zu ihm, und Muhammad fragte, weshalb er zu ihm gekommen sei.

„O Gesandter Allahs, ich bin Muslim geworden, ohne dass meine Leute etwas davon wissen. Ich stehe unter deinem Befehl!"

„Du bist nur ein einzelner Mann unter uns, so gehe und ver-

272 At-Tabaqat Al-Kubra I/II, S. 53; Almaghazi, S. 487

suche Zwietracht unter unseren Gegnern zu sähen, wenn du
kannst. Denn Krieg ist List."[273]
Nuaim ging gleich zu den Bani Qurayda, mit denen er in der
Zeit der Unwissenheit, vor dem Islam, verbündet gewesen war
und sprach: „Ihr Bani Qurayda! Ihr kennt meine Freundschaft
euch gegenüber!"
„Du hast recht, wir misstrauen dir nicht", antworteten sie ihm.
„Die Quraisch und die Bani Ghatafan sind nicht wie ihr. Hier ist
eure Heimat, in der ihr euren Besitz, eure Kinder und eure Frau-
en habt. Ihr könnt sie nicht so einfach verlassen. Die Quraisch
und die Bani Ghatafan aber sind hier, um Muhammad und seine
Gefährten zu bekämpfen. Ihr habt sie dabei gegen Muhammad
unterstützt. Hier ist für sie aber keine Heimat, sie haben ihren
Besitz und ihre Frauen nicht hier, und wenn es ihnen nicht gelingen sollte, ihren Feind zu schlagen, dann werden sie einfach
dahin zurückreiten, woher sie gekommen sind und euch Muhammad und seinen Gefährten übergeben. Ihr habt dann keine
Macht gegen ihn. Verlangt deshalb einige der Edlen der Quraisch als Geiseln, die bei euch bleiben sollen, auf dass ihr gemeinsam gegen Muhammad kämpft, bis ihr ihn vernichtet habt!"
„Du hast uns einen vollkommenen Rat gegeben", bestätigten
ihm die Bani Qurayda. Denn genau diese Bedenken hatten auch
sie oft bei sich erwogen. Sie entschlossen sich, dem Vorschlag zu
folgen und versprachen, niemandem zu verraten, dass er ihnen
diesen Rat gegeben hatte.
Anschließend ging Nuaim zu den Quraisch und sprach zu Abu
Sufyan und einigen Männern der Quraisch: „Ihr kennt meine
Freundschaft zu euch, im Gegensatz zu Muhammad. Ich erfuhr
etwas, und bin verpflichtet, es euch mitzuteilen. Es soll aber ein
Geheimnis bleiben!"
Die Quraisch versprachen ihm, seine Warnung nicht zu verraten.
Nuaim sagte weiter: „Die Bani Qurayda haben inzwischen ihr
Verhalten gegenüber Muhammad bereut und ihm die folgende
Nachricht zukommen lassen: ‚Wir bereuen unsere Tat. Würdest
du zufrieden sein, wenn wir dir aus den beiden Stämmen Qura-
isch und Bani Ghatafan einige Edle übergäben, damit du ihre
Köpfe abschlägst? Danach werden wir mit dir gegen die restli-

---

273 Ibn Madscha Nr. 2833 und 2834, Ibn Hischam, S. 460

chen Männer kämpfen, um alle zu vernichten.' Muhammad ist damit zufrieden. Sollten also die Bani Qurayda euch nun nach Geiseln fragen, liefert ihnen niemanden von euren Männern!"

Danach ging Nuaim zu seinen Leuten, den Bani Ghatafan, und sagte: „O ihr Männer von Bani Ghatafan! Ihr seid meine Herkunft und meine Sippe, und die Menschen, die mir am liebsten sind." Und er warnte seinen eigenen Stamm, sowie er vorher die Quraisch gewarnt hatte.

Es war an einem Freitagabend, als Abu Sufyan und die Häupter der Bani Ghatafan Männer aus ihren Stämmen zu den Bani Qurayda schickten, ohne dass Hujai es erfuhr. Dort ließen sie Folgendes ausrichten: „Hier ist nicht unsere Heimat und wir können nicht länger warten. Macht euch morgen früh zum Kampf bereit, damit wir Muhammad vernichten!"

Die Bani Qurayda antworteten: „Morgen ist Sabbat. Wir kämpfen auch nicht gegen Muhammad, ohne dass ihr uns Geiseln gebt, die bei uns bleiben, bis wir ihn erledigt haben. Wir haben Angst, dass ihr im Falle der Niederlage in eure Heimat flüchtet und uns Muhammad überlasst, während wir hier zu Hause sind und nicht in der Lage sind, ihn zu besiegen."

Mit dieser Antwort kehrten die Boten zu den Quraisch zurück. Die Quraisch und die Bani Ghatafan stellten fest: „Was Nuaim euch erzählte, ist die Wahrheit!" Sie ließen die Bani Qurayda wissen, dass sie nicht bereit seien, auch nur eine einzige Geisel zu übergeben, und wenn sie bereit seien zu kämpfen, so sollten sie dies tun.

Als die Bani Qurayda die Antwort erhielten sagten sie zu sich: „Worüber Nuaim mit euch gesprochen hat, war die Wahrheit! Sie verlangen nur, dass ihr kämpft, und wenn sie eine Gelegenheit sehen, werden sie sie ausnützen. Andernfalls werden sie in ihre Heimat zurückkehren und euch im Stich lassen." Deshalb ließen sie die Quraisch und Bani Ghatafan wissen, dass sie ohne Geiseln nicht kämpfen würden. Die Quraisch bestanden ebenfalls auf ihre Ablehnung.

Nun bekam Hujai Angst, getötet zu werden, als Abu Sufyan, der ihm nicht mehr traute, sich mit ihm stritt. Darauf verließ Hujai das Lager und ging zu den Bani Qurayda.

Auf der anderen Seite des Grabens betete der Prophet weiter, war sich genau wie am Anfang des Sieges sicher und hoffte, der Sieg käme bald.

In dieser Zeit fragte er seine Gefährten, wer von ihnen den Mut habe, auf die Seite der Feinde zu schleichen, um zu sehen, was diese taten. Es war aber schon spät, und vor Erschöpfung, Kälte und Hunger traute kaum einer von ihnen sich zu erheben. Außerdem heulten die Sturmböen wie wütende Wölfe. Als Hudhayfa[274] seinen Namen hörte, strahlte er. Der Prophet sagte: „O Hudhayfa, geh und schaue, was die Leute tun, ohne irgendetwas zu machen." Es dauerte nicht lange, bis er in der dunklen Nacht aufbrach und sich in die Lager der Quraisch einschlich.

Allah schickte in jenen Winternächten einen eiskalten Wind, der die Gefäße der Quraisch mit erbarmungsloser Wucht umwarf und ihre Zelte wegfliegen ließ. Da wandte sich Abu Sufyan an die Quraisch, während ihm ein kalter Schauer über den Rücken lief, und sprach: „Männer von Quraisch! Wir sind hier nicht an einem sicheren Aufenthaltsort! Unsere Pferde und Kamele sterben, und die Bani Qurayda haben ihr Wort nicht gehalten. Schreckliches haben sie uns angetan! Ihr seht den stürmischen Wind, der uns kein Kochgeschirr, kein Feuer und kein Zelt lässt. Reist also ab, denn ich reite auch nach Hause!"[275]

Hudhayfa sagte später dazu: „Abu Sufyan war so verwirrt, dass er stolperte, als er sich auf sein Kamel setzte. Bei Allah, wenn der Prophet mir nicht gesagt hätte, ich solle nichts machen, bis ich bei ihm sei, hätte ich ihn mit einem Pfeil getötet!"

Als Hudhayfa das Lager der Bani Ghatafan erreichte, war es bereits verlassen.

„Ich kehrte zügig zum Propheten zurück, der sich, in den Mantel seiner Frau gehüllt, gerade im Gebet befand. Als er mich bemerkte, ließ er mich an seiner Seite sitzen, legte einen Teil des Mantels auf mich und betete weiter. Als er sein Gebet beendet hatte, berichtete ich ihm alles."[276]

---

274 Hudhayfa Ibn Al-Dschaman wurde in Mekka geboren. Wegen einer Blutrache war sein Vater Al-Dschaman nach Yathrib geflüchtet. Er gehörte zu der Delegation aus Medina bei Al-Aqaba. Seine ganze Familie konvertierte zu Islam. Hudhayfa war ein Vertrauter des Propheten, nur ihm vertraute dieser die Namen der Heuchler an.
275 Ibn Hischam, S. 462
276 Ibn Hischam, S. 462

Am nächsten Morgen, als auf der anderen Seite des Grabens nur noch eine leere Ebene zu sehen war, sagte der Prophet: „Die Quraisch werden ab diesem Jahr nie wieder gegen euch ziehen, aber ihr werdet gegen sie ziehen".[277] Er gab bekannt, dass jeder nach Hause gehen solle. Erleichtert kehrten alle in die Stadt zurück und legten ihre Waffen ab.

Nachdem der Prophet von der Grabenschlacht nach Hause zurückgekehrt war und die Waffen abgelegt hatte, kam sogleich der Engel Gabriel zu ihm und fragte ihn: „Hast du die Waffen schon abgelegt, o Gesandter Allahs?"
„Ja", antwortete der Prophet.
„Die Engel aber haben noch nicht ihre Waffen abgelegt. Ich komme von der Verfolgung der Leute. Allah befiehlt dir, o Muhammad, zu den Bani Qurayda zu marschieren! Ich gehe schon hin und lasse sie erzittern."
Der Prophet beauftragte gleich einen Rufer: „Wer hört soll sein Nachmittagsgebet nicht verrichten, bevor er nicht bei den Bani Qurayda angekommen ist." Er schickte Ali mit der Fahne. Als die Muslime ihn sahen, liefen sie ihm hinterher.
Ali zog weiter, bis er sich den Häusern der Bani Qurayda näherte und hörte, wie sie den Propheten beschimpften. Er ritt zum Propheten zurück und sagte zu ihm: „Gesandter Allahs! Du solltest dich diesen Abscheulichen nicht nähern!"

Als der Prophet bei den Bani Qurayda ankam, ließ er sich in ihrer Nähe an einem Brunnen namens Ana nieder und belagerte sie fünfundzwanzig Tage, bis sie geschwächt waren und ihre Herzen vor Furcht bebten.
Drei Jungen von der jüdischen Sippe Bani Hadl erinnerten die Bani Qurayda an das Wort Ibn Alhayabans, der nach Medina gekommen war, um den erwarteten Propheten zu sehen: „Seine Stunde ist gekommen. Ihr Juden versucht die ersten zu sein, die ihm folgen."
Das war vergeblich, weshalb die drei in der Nacht heimlich die Bani Qurayda verließen und sich den Muslimen anschlossen. Das gleiche taten auch zwei weitere Männer der Bani Qurayda,

---

277 Ibn Hischam, S. 472

Rafiaa und Amr Ibn Suda. Über Amr sagte der Prophet: „Allah rettete diesen Mann wegen seiner Treue." Amr war immer dagegen gewesen, Verrat zu begehen, den Vertrag von Medina zu verletzen und ihre Bewohner in Gefahr zu bringen.

Hujai war nach dem Abzug der Quraisch und der Bani Ghatafan in die Festung der Bani Qurayda geflüchtet, um sich dort zu verstecken.

Als die Bani Qurayda sich bewusst wurden, welchen Verrat sie begangen hatten, sprach Ka'b: „Ihr seht, in welcher Lage ihr euch befindet! Deshalb mache ich euch drei Vorschläge. Der Erste ist: Wir folgen diesem Mann. Es ist wahrlich klar, dass er ein gesandter Prophet ist, über den ihr in eurer Schrift gelesen habt. So werden euer Blut und euer Besitz. Mein zweiter Vorschlag ist, dass wir unsere Frauen und Kinder töten und dann frei mit dem Schwert gegen Muhammad und seine Gefährten kämpfen. Wenn wir nicht siegen, lassen wir zumindest keine Familien zurück. Wenn uns die Flucht gelingt, werden wir andere Frauen und Kinder finden. Der dritte Vorschlag ist, anzugreifen, obwohl Sabbat ist und Muhammad und seine Gefährten sich deshalb sicher sind, dass wir nichts unternehmen werden."[278]

Alle drei Vorschläge lehnten sie ab. Vielleicht waren sie daran gewöhnt, dass Muhammad alles verzieh? Aber diesmal hatten sie wenig Hoffnung davonzukommen, da die Kämpfer der Bani An-Nadir und der Quraisch, die freigelassen worden waren, im Grabenkrieg erneut gegen die Muslime kämpften. Hätte man damals die Kriegsverbrecher hingerichtet, wäre das Heer der Quraisch nicht so mächtig gewesen und die Bani Qurayda hätten sich nicht getraut, die Stadt und den Vertrag zu verraten und so viele Menschenleben zu gefährden.

Die Muslime jedoch hielten stand, kämpften und besiegten die Bani Qurayda. Hujai wusste, dass seine Verhaftung bevorstand. Gewiss hatte er sich auf diese Stunde vorbereitet und war sicher, dass er nicht entkommen würde. Er wurde mit den Männern der Bani Qurayda festgenommen.

Saad Ibn Mu'adh, der Anführer der Aus, sollte das Urteil fällen. Ihm war die Schwere der Schuld der Bani Qurayda bewusst und

278 Ibn Hischam, S. 463–464

er urteilte: „Ihre Männer sollen hingerichtet werden!"[279]
Mit der Bestrafung der Bani Qurayda endete die Grabenschlacht.

Nördlich von Medina aber waren die Muslime weiterhin durch
die Juden aus Chaibar gefährdet, die in jedem Augenblick Medina angreifen konnten, mit dem Ziel, den Propheten umzubringen. Zugleich strebten sie danach, durch Gewalt und Ausbeutung ihre Macht in Arabien auszudehnen.

279 Siehe Ar-Rahiq Al-Machtum, S. 278 – 281. Zur Grabenschlacht wurde die Sure 33 offenbart, die unter anderem auch den Verlauf der Schlacht und das Leiden der Muslime schildert.

Thumama

Safiya, die Tochter Hujais, hatte einen Traum, in dem sie sah, dass ein leuchtender Mond über Medina stand. Dann wanderte das Gestirn langsam nach Chaibar, wo es in ihren Schoß fiel. Als sie erwachte, erzählte sie ihrem Mann Kinana, was sie im Traum gesehen hatte. Er schlug sie ins Gesicht, sodass sie beinahe ein Auge verlor, und brüllte: „Das kann nur heißen, dass du an Muhammad, dem König der arabischen Halbinsel, interessiert bis!"[280] Anscheinend war ihm bekannt, dass sie sich mit Muhammad sympathisierte.

Inzwischen ließen sich die Muslime nicht mehr so einfach von ihren Feinden überraschen. Sie waren nunmehr auf Angriffe vorbereitet und hatten gelernt, die Gegend um Medina sicher zu bewachen.

Eines Tages war eine Reitertruppe zum Nadschd unterwegs und brachte auf ihrem Heimweg einen Götzendiener zum Propheten. Er fragte seine Gefährten: „Wisst ihr, wen ihr da mitgenommen habt? Das ist Thumama Ibn Athal Alhanafi. Seid nett zu eurem Gefangenen!"[281]

Der Prophet war ständig dem Widerstand von Götzendienern ausgesetzt, die sich mit den Quraisch verbündeten. Allah wies den Propheten über Offenbarungen an, nicht Gleiches mit Gleichem zu vergelten, sondern das Böse mit Gutem abzuwehren, denn dann *„wird derjenige, zwischen dem und dir Feindschaft besteht, so, als wäre er ein warmherziger Freund."*[282]

Muhammad ging nach Hause und bat seine Familie, dem Gefangenen etwas zu essen zu bringen. Er ging erneut zu ihm und sagte: „Womit rechnest du bei mir, Thumama?"

Thumama antwortete: „Nur mit Gutem! Wenn du mich tötest, so tötest du einen Menschen, dessen Blut geschützt ist, und wenn du mir Gnade erweist, so erweist du sie einem Dankba-

---

280 Ibn Hischam, S. 513–514.
281 Ibn Hischam, S. 658, Sahih Buchari Nr. 4372. Thumama Ibn Athal war ein mächtiger Stammesfürst aus dem Nadschd, der dem Propheten den Krieg erklärt hatte, ohne ihn zu kennen.
282 Koran 41: 34

ren. Wenn du aber dafür ein Lösegeld verlangst, so verlange, was du willst."

Der Prophet ging fort, ohne ihm zu antworten. Später kam er abermals zu ihm und sagte: „Womit rechnest du bei mir, Thumama?"

„Mit dem, was ich dir gesagt habe."

Der Prophet kam am dritten Tag erneut zu ihm und fragte abermals: „Womit rechnest du bei mir, Thumama?"

Thumama wiederholte: „Womit ich rechne, habe ich dir gesagt!"

Darauf rief der Prophet: „Lasst Thumama frei!"

Thumama konnte kaum glauben, er strahlte vor Freude und ging zu einer Palme in der Nähe der Moschee, vollzog eine Ganzkörperwaschung und kehrte zurück. Er betrat die Moschee und sprach: „Ich bezeuge, dass es keinen Gott gibt außer Allah, und ich bezeuge, dass Muhammad der Gesandte Allahs ist! O Muhammad, ich schwöre bei Allah, dass es kein Gesicht auf dieser Erde gab, das ich mehr hasste als dein Gesicht. Heute ist dein Gesicht für mich das geworden, was ich am meisten liebe. Ich schwöre bei Allah, dass es keine Religion gab, die ich mehr hasste als deine Religion. Heute ist deine Religion für mich jene geworden, die ich unter allen Religionen am meisten liebe. Ich schwöre bei Allah, dass es keine Stadt gab, die ich mehr hasste als deine Stadt. Heute ist deine Stadt für mich diejenige geworden, die ich unter allen Städten am meisten liebe. Deine Truppen nahmen mich fest, als ich die kleine Pilgerfahrt *Umra* nach Mekka vollziehen wollte. Ich möchte sie vollenden. Was hältst du davon?"

Der Gesandte lächelte und ermutigte ihn, die *Umra* zu vollziehen.

Als Thumama in Mekka ankam, begann er die *Talbiya*[283] des Islam zu rufen. Sofort nahmen ihn die Quraisch fest und drohten, ihn zu enthaupten. Sie waren davon ausgegangen, dass Thumama ihr Freund sei. Ein Mann sagte: „Lasst ihn, ansonsten bekommt ihr kein Getreide mehr aus Yamama!" Sie beschimpften ihn: „Ungläubig bist du geworden!"

---

283 Talbiya: das Aussprechen der Formel: „Labbayka Allahuma labbayk!" (Hier bin ich, o Allah, zu deinen Diensten!) Mit dieser Formel kommt zum Ausdruck, dass der Mensch dem Ruf Allahs zu seinen Stätten gefolgt ist.

„Nein, bei Allah", erwiderte er, „vielmehr bin ich ein Muslim geworden, mit Muhammad. Nein, bei Allah! Eines Tages werdet ihr kein einziges Weizenkorn mehr aus Yamama erhalten, ohne dass der Prophet seine Erlaubnis dazu gibt!"

Schließlich waren die Quraisch gezwungen, ihn freizulassen. Als er wieder zu Hause in Yamama war, gab er seinem Volk den Befehl, den Quraisch kein einziges Körnchen Getreide mehr zu schicken.

Würde Muhammad sich jetzt für die Jahre rächen, in welchen die Quraisch ihn und die Muslime hatten hungern lassen?

Den Quraisch war der Ernst der Lage klar. Deshalb schrieben sie unverzüglich einen Brief an den Propheten und erinnerten ihn an die Verwandtschaft zwischen ihnen und ihm sowie an die Werte, welche Freundlichkeit gegenüber der Verwandtschaft gebieten. Sie flehten ihn an, er solle zulassen, dass sie wieder Getreide bekämen. Offenbar hatten sie in diesem Moment vergessen, was sie den Muslimen angetan hatten, oder sie wagten es, ihm diese Bitte zu schicken, weil sie blind seiner Güte vertrauten.

Nicht lange nach dem Grabenkrieg zog der Schwiegersohn des Propheten, Abul-As, Zaynabs Mann, mit Handelsgütern der Quraisch nach Asch–Scham.

In der Nähe Medinas stieß er auf eine Truppe Muslime, die in Beschlag nahmen, was die Karawane bei sich trug und die meisten Männer gefangen nahm. Abul-As gelang die Flucht, und er wollte an Medina vorbei nach Mekka in den Süden. Als er aber in der Nähe von Medina war, in der Stadt, wo seine geliebte Frau Zaynab und seine kleine Tochter Umama waren, konnte er nichts anders handeln, als einfach in die Stadt zu Zaynabs Wohnung zu gehen.

Abul-As blieb bei seiner Tochter Umama, während Zaynab in die Moschee ging, um mit den Frauen das Morgengebet zu verrichten. Kurz bevor sie mit dem Gebet begannen, rief Zaynab: „O ihr Menschen, ich habe dem Abul-As Ibn Rabi Schutz gewährt!"

Nachdem der Prophet das Gebet beendet hatte, machte er den Muslimen klar, dass er davon nichts wisse, aber nicht nur seine Tochter, sondern jeder Muslim ein Schutzversprechen geben könne, das für alle Muslime bindend sei. Dann ging er zu Zaynab und bat sie: „Mein Töchterchen, du sollst freundlich zu ihm sein, aber als Ehemann ist er für dich nicht erlaubt."

Zaynab stimmte zu und setzte sich weiter für ihn ein.

„Ich würde mich freuen, wenn ihr diesem Mann Güte zeigt und ihm seine Waren zurückgebt", sagte der Prophet zu den Männern.

Man gab ihm alles zurück.

Einige Muslime schlugen ihm vor, ihm die Handelsgüter der Quraisch zu schenken, wenn er Muslim würde. Er mochte aber sein Versprechen gegenüber den Quraisch nicht brechen und sagte, er wolle seinen Glauben an den Islam nicht mit Veruntreuung beginnen. Sie ließen ihn ziehen.

Er gelangte sicher nach Mekka. Als er seinen Gefährten von den Quraisch alles zurückgegeben hatte, was ihm anvertraut wurde, rief er: „O ihr Quraisch! Hat irgendjemand von euch von dem, was er mir gegeben hatte, etwas nicht zurück erhalten?"

Sie antworteten: „Nein! Allah möge es dir mit Gutem vergelten! Wir haben dich vertrauenswürdig und edel gefunden."

Darauf sprach er: „So bezeuge ich, dass es außer Allah keinen Gott gibt und dass Muhammad sein Diener und sein Gesandter ist. Bei Allah, nichts hinderte mich, als ich bei ihm war, Muslim zu werden, außer der Furcht, ihr könntet sagen, ich hätte euer Geld auffressen wollen; doch da Allah es euch nun zukommen ließ und da ich es los bin, werde ich nun Muslim!"[284]

Nicht nur Zaynab und die kleine Umama freuten sich über die Ankunft von Abul-As, die ganze Familie des Propheten war sehr froh, dass die kleine Familie endlich wieder zusammen war.

Der Prophet mochte Umama sehr. Wenn er betete, trug er sie auf dem Arm. Wenn er sich niederwarf, legte er sie hin, und wenn er aufstand, nahm er sie wieder. Je öfter die Frauen sahen, wie der Prophet Kinder und Frauen behandelte, desto wohler und selbstbewusster fühlten sie sich und wagten, nach ihren Rechten zu fragen. Ehen von Frauen, die ohne Einverständnis hatten heiraten müssen – auch wenn diese Zwangsehen

---

284 Ibn Hischam, S. 315-316; Ar-Rahiq Al-Machtum, S. 285

aus vorislamischen Zeiten stammten – erklärte Muhammad für ungültig, und er gab den Frauen das Recht, sich scheiden zu lassen. Chansa war eine dieser Frauen, deren Ehe der Prophet für nichtig erklärte, weil ihr Vater sie gegen ihren Willen verheiratet hatte.[285] Es wurde zur Voraussetzung einer Heirat, dass der Vertrag in beiderseitigem Einverständnis geschlossen wurde. Immer entschlossener lösten sich auch die neuen Muslime von ihrer Unwissenheit. Deshalb kamen die Frauen zum Propheten und klagten: „Die Männer sind im Vergleich zu uns in der Mehrzahl, so gib uns einen Tag, an dem wir teilhaben an dir, um von dir zu lernen!"

Da setzte er ihnen einen bestimmten Tag fest, an dem er mit ihnen zusammentraf, sie unterrichtete und ihnen Anweisungen gab.

---

285 Ihr vollständiger Name war Chansa Bint Chaddam Bin Chalid Al-Ansariya Al-Ausiyya. (Mawta´ 367, Taqribul Tahthib T 11638)

Aischas Kette

Aus Mitleid hatte der Prophet die Yamama benachrichtigt, dass sie Mekka wieder mit Getreide versorgen dürften, während die Quraisch ihre Verbündeten von der Sippe der Bani Al-Mustaliq drängten, einen Angriff auf Medina zu starten.

Als der Prophet dies erfuhr, zögerte er nicht lange und stand mit seinen Männern plötzlich vor dem Lager der Bani Al-Mustaliq. Ohne viel Widerstand ergaben sie sich.

Im Lager der Muslime gab es einen kleinen Streit an einer Wasserquelle zwischen einem Mann der Helfer und einem Auswanderer. Als der Prophet davon erfuhr, erinnerte er sie daran, dass derlei Zwietracht in die Zeit der Unwissenheit gehöre, von der er sagte, sie sei überwunden.[286]

Männer, die als Heuchler bekannt waren, vor allem Ibn Salul, nutzten diesen Streit aus und versuchten, Zwietracht zu säen.

Als der Prophet durch Zaid davon erfuhr und sah, wie die Stimmung sich verschlechterte, gab er den Befehl, aufzubrechen. Er hielt nur kurz an, damit sie das Gebet verrichten konnten.

Aischa und Umm Salama sowie einige andere Frauen waren dabei. Als Aischa wegen ihrer Kette, die sie unterwegs verloren hatte, zurückblieb, begannen Ibn Salul und einige andere Heuchler, daraus eine Geschichte zu spinnen, die den Propheten dort verletzte, wo es ihn am meisten schmerzte. Sie begannen, Lügen auszustreuen und zu erzählen, Aischa sei mit einem Mann zurückgeblieben. Umar beobachtete diese Sache aufmerksam und begriff, wie gefährlich die Lüge sein kann. Er schlug vor, Ibn Salul zu bestrafen. Doch der Prophet ließ dies nicht zu. Er übte sich in Geduld und sprach: „O Umar, die Leute werden sagen: ‚Muhammad tötet seine Gefährten!'"

Abdullah, der Sohn von Ibn Salul, der gemeinsam mit seiner Schwester Muslim geworden war, erfuhr dies und fragte sich verzweifelt, was er machen sollte, denn er liebte den Propheten über alles.

286 Ar-Rahiq Al-Machtum, S. 289

Unterwegs wehte ein starker Wind, der ihnen das Weiterziehen erschwerte und sich schließlich zum Sturm wurde. Alle fürchteten sich. Der Prophet aber beruhigte seine Gefährten: „Habt keine Angst! Dieser Wind weht wegen des Todes eines großen Verbrechers!"

Als sie in Medina ankamen, erfuhren sie, dass am gleichen Tag ein übler Verbrecher namens Rufaa gestorben war, der ein Unterstützer der Heuchler gewesen war.[287]

Am gleichen Tag kam Abdullah, der Sohn Ibn Saluls, zum Propheten. „O Gesandter Allahs, ich erfuhr, dass du meinen Vater Ibn Salul möglicherweise töten lassen möchtest, wegen dem, was er getan hat. Wenn dem so ist, beauftrage mich, damit ich dir seinen Kopf bringe. Die Chazradsch wissen, dass es keinen Mann unter ihnen gibt, der seinem Vater mehr Güte zeigt als ich. Ich fürchte, dass jemand damit beauftragt wird, ihn zu töten, und ich es nicht ertragen würde, den Mörder meines Vaters zu sehen und ihn dann töten müsste. Doch dafür würde ich ins Höllenfeuer kommen!"

Der Prophet verzieh Ibn Salul und antwortete: „Im Gegenteil, wir werden deinen Vater mit Sanftmut behandeln, solange er unter uns ist." Ab diesem Zeitpunkt tadelten seine Verwandten Ibn Salul immer wieder wegen seiner Taten.[288]

Erst viel später erfuhr Aischa, dass die Heuchler Gerüchte über sie in die Welt gesetzt hatten. Das kränkte sie sehr, weil ihr Charakter und ihre Liebe zum Propheten in ganz Medina bekannt waren. Sie war krank, befand sich bei ihrer Mutter und hatte erwartet, dass der Prophet käme, denn er kannte ja ihre Liebe zu ihm, die so groß war, dass sie das, dessen man sie beschuldigte, nie hätte tun können. Dass der Prophet sie öffentlich von der Kanzel herab verteidigte, wusste sie nicht. Weinend bemühte sie sich um Geduld und sagte: „Ich suchte nach dem Namen Jakobs, konnte ihn mir aber nicht ins Gedächtnis rufen, weshalb ich sagte: ‚Aber ich will wie Josephs Vater sagen: *Mein ist die schöne Geduld und Anrufung Allahs um Hilfe gegen euren Bericht.*'"[289]

---

287 Ibn Hischam, S. 491

288 Ibn Hischam, S. 491. Umar sagte später, dass er gemerkt hatte, dass die Entscheidung des Propheten mehr Segen brachte, als die seine es getan hätte. (Ar-Rahiq Al-Machtum, S. 292)

289 Ibn Hischam, S. 493–496; Ar-Rahiq Al-Machtum, S. 291. Joseph litt unschuldig. Zuerst unter seinen Brüdern, dann unter Potiphars Frau und schließlich im Gefängnis.

168

Der Prophet saß noch bei uns, als eine himmlische Botschaft zu ihm kam und er, wie üblich, von den Schmerzen dieser Offenbarung ergriffen wurde, die ihn zu solchen Zeiten stets heimsuchten. Trotz der Kälte des Winters perlten Schweißtropfen von seiner Stirn. Als der Druck, den er empfand, nachließ, wischte er mit Freude den Schweiß von seiner Stirn und sprach: "O Aischa, Allah hat den Beweis deiner Unschuld herabgesandt.""

Aischa pries Allah, und der Prophet ging zu den Gläubigen und predigte ihnen die herabgesandten Koranverse.[290]

Mistah war einer jener, die nachplapperten, was die anderen Übles über Aischa gesagt hatten. Abu Bakr, der Mistah regelmäßig unterstützte, sagte: „Bei Allah, ich werde nie wieder dem Mistah etwas geben und ihm nie wieder einen Gefallen tun, nachdem er uns und Aischa so etwas angetan hat!" Darüber wurden die Koranverse offenbart: *„Und es sollen diejenigen von euch, die Überfluss und Wohlstand besitzen, nicht schwören, sie würden den Verwandten, den Armen und denjenigen, die auf Allahs Weg ausgewandert sind, nichts mehr geben, sondern sie sollen verzeihen und nachsichtig sein. Liebt ihr es nicht, dass Allah euch vergibt? Und Allah ist Allvergebend und Barmherzig."[291]*

Abu Bakr sagte dazu: „Bestimmt liebe ich es, dass Allah mir vergibt!" Dann rannte er zu Mistah, um ihm zu verzeihen und ihm zu geben, was er immer gab und versprach: „Bei Allah, ich werde es ihm nie mehr verweigern!"[292]

Damit kehrte in Medina wieder Ruhe ein.

290 Ibn Hischam, S. 496. Die herabgesandten Verse sind 24: 11–12; 15–17.
291 Koran 24: 22
292 Ibn Hischam, S. 497

Friedensangebot

ines Nachts träumte der Prophet, dass er mit geschorenem Kopf vor der Kaaba stand, während er ihre Schlüssel in der Hand hielt. Er begriff, dass der Traum ein Hinweis Allahs war, und am nächsten Tag forderte er seine Gefährten auf, sich auf eine Besuchs-Pilgerfahrt nach Mekka vorzubereiten.[293]

Sie kauften siebzig Kamele, um diese für Allah zu opfern und ihr Fleisch an Arme zu verteilen. Vielleicht unternahm Muhammad die Pilgerfahrt auch, weil die derzeitige Schwäche der Quraisch dem Frieden dienen konnte.

Der Prophet wollte keine Gelegenheit ungenutzt lassen, die Menschen einander näher zu bringen.

Die Gefährten wollten ihre Panzer und Schilde anlegen, weil sie fürchteten, dass die Quraisch sie trotz des heiligen Monats angreifen könnten.[294] Der Prophet jedoch sagte ihnen: „Ich will aber unbewaffnet sein." Er machte ihnen klar, dass er nur die Pilgerfahrt vollziehen und in Frieden reisen wollte. So trug er nur zwei ungenähte Tücher; mit dem einen bedeckte er den unteren Teil seines Körpers, und den anderen legte er um die Schulter, um die spirituelle und friedliche Reise bescheiden und demütig anzutreten.

Der Anweisung des Propheten folgend, führten die Muslime nur die Waffen mit, welche für Handelskarawanen üblich waren. Diese Bewaffnung hätte einer Armee nicht standhalten können. Damit signalisierten sie ihre gute Absicht.

Die Mekkaner, die nicht von den friedlichen Absichten der Muslime überzeugt waren, machten sich große Sorgen und waren gespannt, wann sie von ihnen angegriffen würden, nachdem die Muslime nun stärker geworden waren und man in ganz Arabien von ihrer Gerechtigkeit, aber auch von ihrer Tapferkeit

---

293 Ar-Rahiq Al-Machtum, S. 294
294 In den vier heiligen Monaten des islamischen Kalenders waren und sind jegliche Kampfhandlungen rund um die Kaaba verboten.

sprach. Die Quraisch schickten ihnen eine bewaffnete Truppe entgegen.

Bei Asafan[295] begegnete der Prophet einem Muslim namens Bischr Ibn Sufyan Al-Kabi, der ihm sagte: „O Gesandter Allahs! Die Quraisch haben von deinem Kommen erfahren. Bewaffnet haben sie Mekka verlassen und sich nach Dhi-Tuwa[296] begeben, um dir den Eintritt in die Stadt zu verweigern. Chalid Ibn Al-Walid ist schon mit den Reitern der Quraisch nach Kura'l-Ghamim[297] unterwegs."

„Wehe den Quraisch! Ohne Krieg halten sie es nicht aus. Was würde es ihnen ausmachen, wenn sie mich und die restlichen Araber in Ruhe ließen! Wenn diese mir etwas antun, ist das, was die Quraisch wollen!"[298]

Dann fragte er, ob es einen Mann gebe, der sie nach Mekka brächte, ohne dass sie unterwegs auf die Quraisch stoßen würden.

Ein Mann von den Bani Aslam[299] meldete sich. Er führte sie durch das sogenannte Salzgebiet – auf einem Weg, der sie über den Pass von Murar in die Niederung von Hudaibiya unterhalb Mekkas führte. Als die Reiter der Quraisch den aufgewirbelten Staub sahen, erkannten sie, dass die Muslime einen anderen Weg eingeschlagen hatten und ritten nach Mekka zurück. Plötzlich kniete Qaswa, die Kamelstute des Propheten, auf dem Pass von Murar, nieder. Die Muslime wunderten sich und sprachen: „Dein Kamel kniet nieder?"

„Das ist nicht typisch für mein Kamel, aber Allah, Der auch den Elefanten[300] von Mekka abhielt, versperrt ihm den Weg. Deshalb werde ich heute kein Angebot der Quraisch ablehnen, das die Verwandtschaftsbande wieder herstellt", erwiderte der Prophet.[301] Gelassen ließ er die Muslime absteigen, und als sie ihm erklärten, dass es im Tal kein Wasser gäbe, um zu rasten, holte er aus seinem Behälter einen Pfeil heraus und gab ihn einem Gefährten, der ihn in ein ausgetrocknetes Wasserloch steckte.

---

295 Asafan ist eine Gegend zwischen Mekka und Medina.
296 Eines der Täler in der Nähe Mekkas
297 Ein Ort im Süden Asafans
298 Ar-Rahiq Al-Machtum, S. 296
299 Ein Stamm aus Asafan
300 Vgl. den Feldzug Abrahas gegen die Kaaba, als Allah den Elefanten niederknien ließ. (Ar-Rahiq Al-Machtum, S. 295–296)
301 Ibn Hischam, S. 499–500; Ar-Rahiq Al-Machtum, S. 296

Reichlich frisches, klares Wasser sprudelte empor. Menschen und Tiere löschten ihren Durst.

Nach einer Weile kam Budail Ibn Warqa mit einigen Männern vom Stamm Bani Chuza´a aus Mekka zum Propheten und erkundigte sich nach seinem Vorhaben.

Er sagte, er wolle keinen Krieg und sei als Besucher der Kaaba gekommen.

Die Männer waren sehr erstaunt, dass sie statt Rache einen Friedensangebot erwartete.

Sie gingen wieder zu den Quraisch und erklärten ihnen: „Männer von Quraisch! Ihr beeilt euch gegen Muhammad, doch er ist nicht zum Kämpfen, sondern zum Besuch der Kaaba gekommen!"

„Selbst wenn er nicht kämpfen will, wird er sie nicht betreten!" Die Quraisch schickten nun Hulais.[302]

„Dieser Mann verehrt den Herrn der Kaaba. Stellt die Opfertiere vor seinem Gesicht, damit er diese sehen kann!" sagte der Prophet, als er ihn kommen sah.

Hulais sah die vielen Opfertiere und den Zustand der Muslime, weshalb er aus Ehrfurcht nicht weiterzog. Er erkannte, dass die Muslime wirklich als Pilger nach Mekka gekommen waren. Hulais kehrte zu den Quraisch zurück und erzählte ihnen, was er gesehen hatte.

Diese aber sagten nur: „Setz dich! Du bist nur ein Beduine, der nichts weiß!"

Wütend antwortete Hulais: „Ihr Quraisch! Dafür haben wir uns nicht mit euch verbündet! Kann jemandem der Zutritt zum Hause Allahs verweigert werden, der gekommen ist, um es zu ehren? Bei Dem, in Dessen Hand Hulais' Seele ist – ihr werdet Muhammad tun lassen, wofür er gekommen ist, oder ich werde alle Ahabisch abziehen lassen!"

„Lass uns, Hulais, bis wir erreicht haben, was wir an Bedingungen erreichen wollen!"

Die Quraisch wollten Urwa Ibn Mas'ud zum Propheten schicken. Dieser zögerte zunächst, die Aufgabe zu übernehmen, nachdem er gesehen hatte, wie Hulais behandelt wurde.

---

302 Hulais Ibn Alqama gehörte zu den Bani Al-Harith Ibn Abd Manat aus dem Großverband der Kinana und war damals der Führer der Ahabisch. (Ibn Hischam, S. 501; Ar-Rahiq Al-Machtum, S. 96)

Als er beim Propheten war, erklärte er ihm das Gleiche, und auch Urwa konnte sich davon überzeugen, dass Muhammad ohne kriegerische Absichten gekommen war.

Beim Propheten sah Urwa auch, welche Stellung Muhammad unter seinen Gefährten hatte. „Sobald er seine Waschungen vollziehen wollte, brachte man ihm gleich Wasser; wenn ihm ein Haar ausfiel, hoben sie es auf, noch bevor es den Boden erreichte." erzählte er als er wieder in Mekka war und fügte hinzu: „O ihr Männer von Quraisch! Ich war schon als Abgesandter bei Chosrau in seinem Königreich, beim Kaiser von Byzanz in seinem Königreich und beim Negus in seinem Königreich. Bei Allah, ich habe niemals einen König gesehen, der so wie Muhammad mit Liebe und Respekt von seinen Gefährten behandelt wurde! Ich habe ein Volk gesehen, das ihn für nichts aufgeben würde. Er bittet euch um etwas Vernünftiges, nehmt es an!"[303]

Als einige Kampfdurstige der Quraisch merkten, dass der Friede allzu nah war, schlichen sie sich mit etwa siebzig bis achtzig Kriegern nachts ins Lager der Muslime, um das Feuer des Krieges zu entzünden.

Muhammad Ibn Maslama hatte die Führung der Wache übernommen, und es gelang ihm, alle Angreifer schnell festzunehmen. Der hinterhältige Angriff schmälerte den Wunsch des Propheten nach Frieden nicht – er antwortete mit einer weiteren Vergebung und ließ alle wieder frei. Er schickte seinen Schwiegersohn Uthman und Charrasch zu den Führern der Quraisch, und auch diese brachten ihnen die Friedensbotschaft des Propheten.

Als Uthman seinen Auftrag erledigt hatte, boten die Quraisch ihm an, er dürfe die Kaaba umschreiten. Er lehnte das Angebot aber ab und sagte: „Ich werde dies nicht tun, bevor der Gesandte Allahs die Kaaba umschritten hat!"[304]

---

303 Ar-Rahiq Al-Machtum, S. 97

304 Hier gab es noch zwei kleine Zwischenfälle: Als der Prophet den Gefährten Charrasch Ibn Umayya Al-Chuza´i mit einem seiner eigenen Reitkamele, das Thalab genannt wurde, zu den Quraisch schickte, um ihnen die Friedensbotschaft zu überbringen, geschah Folgendes: In Mekka angekommen überfiel Ikrima, der Sohn Abu Dschahls, den Botschafter und schnitt dem Kamel die Kniesehnen durch. Hulais rettete Charraschs Leben und schickte ihn zum Propheten. Ikrima und einigen Quraischiten war dieses Friedensabkommen ein Dorn im Auge, und sie wollten alles tun, um es zu verhindern. Der zweite Zwischenfall: Während Uthman als Botschafter in Mekka war und die Quraisch ihn warten ließen, sprach es sich herum, dass man ihn getötet habe, weshalb der Prophet und seine Gefährten dabei waren, etwas dagegen zu unternehmen. Es dauerte nicht lange und die Nachricht wurde dementiert. (Ibn Hischam, S. 502–503; Ar-Rahiq Al-Machtum, S. 298)

Nun schickten die Quraisch Suhail mit einer neuen Anweisung zum Propheten: „Geh zu Muhammad und schließe mit ihm einen Friedensvertrag, aber nur auf der Basis, dass er in diesem Jahr zurückkehrt, damit die Araber nicht sagen, er habe uns gezwungen, ihm den Eintritt zu gewähren."

Als der Prophet Suhail kommen sah, sagte er: „Die Leute wollen Frieden, deshalb haben sie diesen Mann gesandt."

Sie verhandelten lange; die Gefährten hörten von draußen, wie ihre Stimmen sich hoben und senkten. Endlich hatten sie sich auf einen Friedensvertrag geeinigt. Als nun nur noch eine Urkunde fehlte, sprang Umar auf und suchte nach Abu Bakr: „Abu Bakr! Ist er nicht der Gesandte Allahs?"

„Doch!" sagte Abu Bakr

Umar fragte: „Sind wir nicht Muslime?"

„Doch!"

„Sind sie nicht Götzendiener?"

„Doch!"

„Warum müssen wir unseren Glauben durch diesen Vertrag mit den Götzendienern erniedrigen?"

„O Umar! Folge ihm einfach! Ich bezeuge, dass er der Gesandte Allahs ist", entgegnete Abu Bakr.

„Ich bezeuge es auch, dass er der Gesandte Allahs ist", sagte Umar. Er ging zum Propheten und fragte auch ihn: „O Gesandter Allahs! Bist du der Gesandte Allahs?"

„Ja", sagte der Prophet.

„Sind wir Muslime?"

„Ja."

„Sind sie Götzendiener?"

„Ja."

„Warum müssen wir unseren Glauben durch diesen Vertrag mit den Götzendienern erniedrigen?", fragte Umar.[305]

„Ich bin der Diener und der Gesandte Allahs und werde niemals Seinen Befehl übertreten, und Er wird mich nie im Stich lassen", entgegnete der Prophet.

Er bat Ali, den Friedensvertrag zu schreiben:

---

305 In solchen kontroversen Angelegenheiten war der Prophet pragmatisch und tolerant. Während der Vertrag von Hudaibiya aufgesetzt wurde, diktierte der Prophet zunächst die Worte: „Dies ist von Muhammad, dem Gesandten Allahs." Als die Delegation der Quraisch gegenüber dieser Formulierung Einwände vorbrachte, ließ der Prophet die Formulierung kurzerhand ändern und wies den Schreiber an, einfach zu schreiben „Von Muhammad, dem Sohn Abdullahs."

Auf Folgendes hat Muhammad Ibn Abdullah mit Suhail Ibn Amr einen Friedensvertrag geschlossen: Sie vereinbaren, zehn Jahre auf Krieg zu verzichten, damit sich in dieser Zeit die Menschen sicher fühlen und einander keine Gewalt antun. Muhammad ist verpflichtet, jeden zu den Quraisch zurückzuschicken, der ohne Erlaubnis seines Vormunds zu ihm kommt. Die Quraisch aber sind nicht verpflichtet, solche, die Muhammad verlassen, zurückzuschicken. Keine Feindschaft und keinen Betrug darf es geben. Wer ein Bündnis mit Muhammad schließen möchte oder mit den Quraisch, ist frei, dies zu tun.

Plötzlich meldeten sich die Stammesführer der Chuza'a und erklärten, dass sie ein Bündnis mit dem Propheten eingehen wollten. Sie waren zum Lager gekommen, um die Pilger zu besuchen. Einige Vertreter der Bani Bakr, die mit Suhail gekommen waren, erklärten, dass sie mit den Quraisch in Vertrag stünden. Am Ende des Vertrags stand:
In diesem Jahr wirst du, Muhammad, zurückkehren und Mekka nicht besuchen dürfen. Im nächsten Jahr werden wir Mekka verlassen, sodass du, Muhammad, dort mit deinen Gefährten drei Tage verbringen kannst. Ihr werdet nur die Waffen der Reisenden bei euch tragen dürfen.

Als der Friedensvertrag geschlossen wurde, der als „*Sulhul Hudaibiya*" bekannt wurde, wollte der Prophet die Opfertiere schlachten. Doch die Muslime zögerten und waren sehr traurig darüber, dass sie Mekka nicht betreten durften. Der Prophet zog Umm Salama, die ihn begleitet hatte, zu Rate. Sie riet ihm, er solle einfach mit dem Schlachten der Opfertiere und mit dem Rasieren der Haare beginnen, und so würde jeder Gefährte seinem Beispiel folgen. Der Prophet hörte auf seine Frau und tat dies, er begann die Opfertiere zu schlachten und setzte sich nieder, damit Charrasch ihm den Kopf schor. Als die Gefährten das sahen, sprangen sie gleich auf, schlachteten ihre Opfertiere und rasierten sich die Köpfe. Umm Salama[306] war mit einigen anderen Frauen dabei und sah, dass die Gefährten begannen,

---

306 Nach dem Tod ihres Mannes bat Muhammad Umm Salama um ihre Hand, um sich um sie und ihre Kinder zu kümmern. Doch sie entschuldigte sich wegen ihrer großen Familie und ihres fortgeschrittenen Alters. Sie tat ihm Leid und er ließ nicht nach, bis er sie geheiratet und die Fürsorge für ihre Kinder auf sich genommen hatte.

sich so energisch die Köpfe zu rasieren, dass sie befürchtete, sie könnten einander verletzen.[307]

Auf dem Rückweg wurde dem Propheten zwischen Mekka und Medina eine Sure offenbart, die er Umar rezitierte: *Gewiss, wir haben dir einen deutlichen Sieg verliehen.*[308] Umar fragte, ob die Verse die Befreiung Mekkas voraussagten. Der Prophet bejahte es. Umar war erleichtert, als er das fröhliche Gesicht des Propheten sah.

Nie zuvor war ein Sieg im Islam größer als bei diesem Friedensvertrag. Vorher waren sich die Menschen nur im Kampf begegnet. Die Götzendiener wollten nicht, dass man die Botschaft des Islam hörte, und sie waren es gewesen, die mit dem Kampf begonnen hatten. Nun aber, nachdem der Waffenstillstand besiegelt und der Krieg verhindert worden war, begegneten sich die Menschen offen und in Frieden. Deshalb nahm jeder den Islam an, der angesprochen wurde. In den nächsten zwei Jahren erhöhte sich die Zahl der Muslime kontinuierlich,[309] und eine Delegation nach der anderen kam nach Medina, um ihren Beitritt zum Islam zu verkünden oder Verträge und Friedensabkommen mit dem Propheten zu schließen.[310] Ganze Stämme und Dörfer nahmen die Lehren des Korans an, denn der neue islamische Staat konnte allen Menschen jene Freiheit des Glaubens bieten, wie sie in folgendem Koranvers offenbart ist: *„Es gibt keinen Zwang im Glauben. Besonnenheit ist nunmehr klar unterschieden von Verwirrung. Wer also falsche Götter verleugnet, jedoch an Allah glaubt, der hält sich an der festen Handhabe, bei der es kein Zerreißen gibt."*[311]

Die Menschen lernten die Freiheit noch mehr kennen. Die neuen Muslime in Mekka durften nicht zum Propheten nach Medina auswandern, deshalb wurden sie im Laufe der Zeit ein Problem

---

307 Sahih Buchari 2731, 2732, Musnad Ahmad IV/S. 326, 332; Sahih Muslim 1783-1786, 1409-1413
308 Koran 48: 1
309 Das ist die Aussage von Al-Zuhri über den Friedensvertrag von Hudaibiya. (Ibn Hischam, S. 506)
310 Später sagte Umar immer wieder darüber: „Wegen meines Benehmens dem Propheten gegenüber gebe ich immer noch Almosen, faste, bete und lasse Sklaven frei, wegen meiner Äußerung, von der ich dachte sie wäre die bessere." (Ibn Hischam, S. 503–504; Buchari I/S. 378, 381, II/S. 598; Sahih Muslim II/S. 104–106; Ar-Rahiq Al-Machtum, S. 302)
311 Koran 2: 256. Über die Freiheit der Religion steht in einem anderen Vers: *„Und sag: (Es ist) die Wahrheit von eurem Herrn. Wer nun will, der soll glauben, und wer will, der soll ungläubig sein."* (Koran 18: 29)

für die Quraisch, denn sie bereiteten ihren Handelskarawanen Schwierigkeiten.

Einem Mann namens Abu Busair[312] gelang die Flucht aus der Gefangenschaft der Quraisch. Als er jedoch Medina erreichte, durfte ihn der Prophet, dem Abkommen von Hudaibiya folgend, nicht aufnehmen. Der Prophet sagte zu ihm: „O Abu Busair, wir haben mit ihnen vereinbart, was dir bekannt ist, und unsere Religion verbietet uns den Verrat von Vereinbarungen. Allah wird dir und den anderen Unterdrückten einen Ausweg und eine Rettung gewähren, nun geh zurück zu deinen Leuten!"

Abu Busair erwiderte „O Gesandter Allahs, schickst du mich zu ihnen zurück und gibst ihnen die Möglichkeit, mich von meiner Religion abzubringen?"

Der Prophet antwortete: „O Abu Busair, geh zurück. Allah wird dir und den anderen Unterdrückten einen Ausweg und eine Rettung gewähren!"

Zwei Mekkaner, die gekommen waren, um ihn zu holen, nahmen ihn mit.

Auf dem Weg zurück nach Mekka gelang ihm die Flucht. Er ging zurück zum Propheten und sagte ihm: „O Gesandter Allahs, du hast dein Abkommen eingehalten und mich zurück geschickt. Allah hat mich gerettet!" Doch er verließ Medina, damit der Vertrag nicht gebrochen würde. Er ließ sich an der Küste des Roten Meeres in der Nähe der Karawanenstraße nach Asch-Scham nieder.

Im Laufe der Zeit sammelten sich siebzig Muslime um Abu Busair, die alle das gleiche Schicksal erlitten hatten. Sie waren aus Mekka vor der Unterdrückung der Quraisch geflüchtet und konnten nicht zum Propheten nach Medina. Um sich zu versorgen, begannen sie die Karawanen der Quraisch zu überfallen, denn da sie nicht nach Medina durften, galt die Waffenruhe für sie nicht.

Die Quraisch mussten feststellen, dass sie nicht nehmen konnten, was in den Herzen der Frauen und Männer heimisch geworden

---

312 Sein richtiger Name war Utba Ibn Usayd Ibn Dscharidscha, vom Stamme der Thaqif. Er war ein Verbündeter der Quraisch, die ihn jedoch einsperrten, nachdem er Muslim geworden war.

war. Ihnen wurde klar, dass sie keine Möglichkeit hatten, ihre Töchter und Söhne, die den Islam angenommen hatten, dazu zu zwingen, ihre neue Religion aufzugeben. Jeder der jungen Muslime wartete nur auf eine Gelegenheit, Mekka zu verlassen und sich Abu Busair anzuschließen.

Schließlich sahen sich die Quraisch gezwungen, eine Nachricht zum Propheten zu schicken und ihn darum zu bitten, dass er Abu Busair und die anderen in seiner Gemeinde aufnehmen möge, damit sie die Karawanen der Quraisch nicht länger überfallen würden.

Muhammad nahm Abu Busair und die anderen Muslime um ihn in Medina auf. Damit verzichteten die Quraisch auf das, worauf Suhail Ibn Amr im Vertrag von Hudaibiya bestanden hatte: Das Zurückschicken der quraischitischen Muslime nach Mekka, wenn diese ohne Einwilligung ihrer Familien und Clans zum Propheten überliefen.[313]

Die neue Freiheit ermutigte nicht nur einzelne Personen, sondern ganze Stämme, dem Propheten zu folgen. Das gefiel den Juden in Chaibar ganz und gar nicht...

---

313 Die Ereignisse um Abu Busair finden sich in: Ibn Hischam (Ausgabe des Dar-Al-Ma'rifa-Verlags, Beirut), S. 323–324; Ar-Rahiq Al-Machtum, S. 302.

Geheimnis für drei Tage

Chaibar war eine nördlich von Medina gelegene Oase östlich der Karawanenstraße von Mekka nach Syrien. Hierher waren viele der Bani Qaynuqa und der Bani An-Nadir nach dem Konflikt mit den Muslimen in Medina, gezogen.

Chaibar hatte den Angriff auf Medina bei der Grabenschlacht tatkräftig unterstützt. Dieses Vorhaben war misslungen und die Quraisch hatten nun ein Abkommen mit den Muslimen, das die Kämpfe einstellte. Jetzt versuchte Chaibar, auf eigene Faust Krieg gegen Medina zu führen, um der wachsenden Vormachtstellung der Muslime in der Region Einhalt zu gebieten.

Chaibar unternahm einen Mordanschlag auf den Propheten und versuchte, verschiedene Stämme, unter ihnen die Bani Ghatafan, gegen Medina zu mobilisieren. Im Jahre 628, sieben Jahre nach der Auswanderung, rüstete es zum Angriff auf die Muslime.

Die Muslime kamen Chaibar jedoch zuvor und zogen mit einer Armee von tausendfünfhundert Mann zu den Festungen von Chaibar. Als die Bani Ghatafan hörten, dass der Prophet nach Chaibar unterwegs war, sammelten sie sich und brachen auf, um ihren Verbündeten gegen die Muslime zu helfen.

Währenddessen warteten die Quraisch gespannt auf Nachrichten vom Kriegsgeschehen. Sie hatten erfahren, dass die Muslime nach Chaibar unterwegs waren. Jeden Tag versammelten sie sich und fragten alle Reisenden, die aus dem Norden kamen, ob es Neues gebe. Sie wussten, dass die Festungen von Chaibar schwer zu bezwingen waren, und wie gut man sie mit Waffen und Männern ausgerüstet hatte.

Als sie Hadschadsch Ibn ,Ilatt As-Sulaymi in Mekka ankommen sahen, fragten sie ihn, noch bevor er von seinem Kamel abstieg, ob er etwas Neues wisse.

„Ich habe gute Nachrichten, die euch freuen werden", begann Hadschadsch. Die Götzendiener versammelten sich zu beiden Seiten seines Kamels und fragten ihn aufgeregt, ob das wirklich wahr sei. „Eine Niederlage hat er erlitten, wie ihr sie euch nicht vorstellen könnt! Viele seiner Gefährten sind getötet worden, und Muhammad ist in Gefangenschaft geraten, und sie haben gesagt, sie werden ihn nicht umbringen, sondern den Quraisch ausliefern, damit sie sich an ihm rächen und ihn töten können!"

Die Götzendiener verkündeten nun in ganz Mekka, dass sie Muhammad erwarteten, um ihn zu töten. Dann bat Hadschadsch die Mekkaner, ihm zu helfen, sein Geld zurückzubekommen, denn viele hätten ihre Schulden bei ihm noch nicht bezahlt. Er brauche das Geld, um die erbeuteten Gegenstände, die man Muhammad weggenommen habe, billig kaufen zu können, bevor andere Händler es täten. Dieser Bitte kamen die Quraisch mit Freude nach.

Während er sich im Zelt der Händler aufhielt, kam Abbas Ibn Abdul–Muttalib, stellte sich neben ihn und fragte: „O Hadschadsch, was ist das für eine Nachricht, mit der du gekommen bist?"

„Habe ich auch dir etwas von meinem Besitz anvertraut?", fragte Hadschadsch.

Abbas bejahte es.

„Dann lass es noch bei dir, bis ich dich allein treffe, denn wie du siehst, bin ich dabei, meinen Besitz einzusammeln."

Als Hadschadsch alles, was er in Mekka besaß, an sich genommen hatte, ging er zu Abbas und bat ihn: „Bewahre mein Geheimnis drei Tage lang, o Abbas."

Hadschadsch fuhr fort: „Bei Allah, ich schwöre, dass Chaibar erobert ist und jetzt dem Propheten und seinen Gefährten gehört! Von dort droht keine Gefahr mehr."

„Was sagst du, Hadschadsch?", fragte Abbas.

„Bei Allah, behalte mein Geheimnis für dich! Ich bin Muslim geworden und war nur hier, um an meinen Besitz zu gelangen, der hier verstreut war! Wenn drei Tage vergangen sind, mach es bekannt. Und was dem Propheten angeht, bei Allah, es geht ihm so, wie du es wünschst!" [314]

Als drei Tage vergangen waren, zog Abbas seine besten Kleider an, machte sich zurecht, nahm seinen Stock und ging zur Kaaba,

---

314 Ibn Hischam, s. 518-519, Tabaqat Ibn Saad I/IV, 157-159, Al-Waqidi 702-705 II.
Hadschadsch gehörte zu den Bani Sulaim, einem Stamm, der den Hidschaz und das Nadschd bewohnte. Er hatte sich in Medina niedergelassen und wurde zu ihren Einwohnern gezählt.

um sie zu umschreiten.

Als man ihn in diesem Zustand sah, fragte man ihn, ob er dies aus Trauer täte.

„Im Gegenteil", antwortete Abbas, „Muhammad hat Chaibar besiegt; er und seine Gefährten haben Chaibar unter Kontrolle!"

„Wer hat dir diese Nachricht gebracht?"

„Der Gleiche, der euch die andere brachte! Er ist als Muslim zu euch gekommen, nahm seinen Besitz und ist losgeritten, um Muhammad und seine Gefährten zu erreichen."

„Wenn wir das nur gewusst hätten", stöhnten die Quraisch, „wir hätten ihn nicht entfliehen lassen!"

Es dauerte nicht lange, bis die Nachricht bestätigt wurde.[315]

---

315 Ibn Hischam, S. 518–519

Eine Handvoll Steine

ie Bani Ghatafan waren schon einen Tag unterwegs, um den Chaibar zu Hilfe zu kommen. Da hörten sie eine Stimme, die ihnen sagte, dass mit ihren Herden und Familien etwas geschehen sei. Sie wussten nicht, ob die Stimme aus dem Himmel oder von der Erde zu ihnen gesprochen hatte, aber sie fürchteten, dass ihre Feinde sie in ihrer Abwesenheit angegriffen hatten und eilten deshalb nach Hause zurück. Damit hatten sie dem Propheten den Weg nach Chaibar freigegeben.

Nach harten Kämpfen gelang es den Muslimen, die Festungen der jüdischen Stämme einzunehmen. Das Gebiet von Chaibar wurde unter muslimische Schutzherrschaft gestellt, und nun drohte von dort keine Gefahr mehr.

Während der Belagerung einer Festung kam ein Hirte namens Aswad mit seinen Schafen zum Propheten und sagte ihm, er sei der Hirte eines Juden. Er bat ihn, ihm den Islam zu erklären. Muhammad erklärte ihm geduldig, was er wissen wollte. Die Worte des Propheten berührten den Hirten so tief, dass er Muslim wurde. Daraufhin forderte der Prophet ihn auf, die Schafe, die ihm anvertraut worden waren, ihrem Besitzer zurückzuschicken, indem er eine Handvoll Steinchen nehmen und diese in Richtung der Tiere werfen solle. Als Aswad die Steine warf, sammelten sich die Tiere und gingen zusammen davon, als ob jemand sie führen würde.[316]

Die besiegten jüdischen Stämme von Chaibar baten den Propheten flehend, er möge sie ziehen lassen und sie begnadigen. Der Prophet erfüllte ihnen den Wunsch.

Kurz danach kam Safiya, die Tochter des Hujai, zu ihm. Als der Prophet die Wunde in ihrem Gesicht sah, fragte er, woher sie diese habe.

Safiya erzählte von ihrem Traum und den Schlägen ihres Mannes. Der Prophet bot ihr die Freiheit an und ließ ihr die Wahl, ob sie zu ihren Leuten zurückkehren oder mit den Muslimen

316 Ibn Hischam, S. 517-318

gehen wolle.

Sie hatte ihre Entscheidung längst getroffen. „Ich wähle Allah und seinen Gesandten", antwortete sie.

Safiya hegte schon länger Sympathie für den Islam und den Propheten. Sie war damals enttäuscht gewesen, als sie von ihrem Vater und ihrem Onkel gehört hatte, dass Muhammad der erwartete Prophet sei, sie ihn aber dennoch bekämpfen wollten. [317] Der Prophet heiratete Safiya, sie wurde damit eine der Mütter der Gläubigen.

Nach der Befreiung Chaibars hatte Hadschadsch Ibn 'Ilatt As-Sulaymi den Propheten um die Erlaubnis gebeten, nach Mekka zu reisen, um seinen Besitz, der sich bei den Händlern Mekkas befand, zu holen. Die Mekkaner hatten von seiner Bekehrung zum Islam nichts gewusst, ihm geglaubt, was er ihnen erzählt hatte und ihn sogar dabei geholfen, seinen Besitz einzusammeln.[318]

Ein Jahr war seit dem Friedensvertrag von Hudaibiya vergangen, als die Mekkaner hörten, dass der Prophet und seine zweitausend Gefährten wieder unterwegs seien. Neugierig verließen sie die Stadt, um ihm beim Einzug nach Mekka zuzusehen.

Die Oberhäupter der Quraisch versammelten sich auf dem Hügel Abu Qubays, um von dort aus die Kaaba zu beobachten. Sie sahen die barhäuptigen, weißgewandeten Männer, und sie hörten die alten Pilgerrufe aus der Zeit des Propheten Abraham: „*Labbayk Allahuma labbayk!* Hier bin ich, o Allah, zu deinen Diensten!"

Schnell verbreiteten die Quraisch Gerüchte, dass der Prophet und seine Gefährten an einer schlimmen Krankheit litten und deshalb geschwächt seien.

Bald standen die Mekkaner reihenweise am Rathaus, um den Propheten und seine Gefährten zu sehen. Als er den heiligen Bezirk der Kaaba erreichte, legte er sein Gewand über seine linke Schulter. Seine rechte Schulter bedeckte er nicht. Dann küsste er den Schwarzen Stein und lief mit seinen Gefährten siebenmal um die Kaaba.

317 Ibn Hischam, S. 513
318 Ibn Hischam, S. 518

Danach gingen sie zum Fuße des Hügels Safa und begannen, insgesamt siebenmal zwischen Safa und Marwa hin- und herzulaufen, wie einst Hadschar, die Mutter Ismaels. Einen Teil der Etappen legten sie im schnellen Lauf zurück, so konnte jeder sehen, dass die Muslime stark und gesund waren. Anschließend opferte der Prophet ein Kamel und ließ sich die Haare rasieren. Abbas zeigte sich während der drei Tage öffentlich mit seinem Neffen, und fast alle Mekkaner, die im Geheimen Muslime geworden waren, begegneten in den Nächten ihren Schwestern und Brüdern aus Medina. Der Prophet blieb drei Tage in Mekka.

Auf dem Rückweg nach Medina fragte der Prophet nach Chalid Ibn Al-Walid, weil er sich wunderte, dass dieser trotz seiner Klugheit noch immer nicht zum Islam gefunden hatte.

Als Walid, der jüngere Bruder von Chalid, dies hörte, schickte er einen Brief an seinen Bruder, in dem er schrieb, dass der Prophet ihn erwähnt habe. Seine Mutter und viele Verwandte waren bereits Muslime. Er selbst hatte, auch als er gegen den Propheten gekämpft hatte, ihm gegenüber stets Liebe und Respekt verspürt.

Ein weiterer mächtiger Mann der Quraisch vom Range Chalids war Amr Ibn Al-As, der eine Weile nach der Grabenschlacht einige Männer der Quraisch um sich scharte, die seine Meinung teilten und ihn als Führer annahmen. Er erklärte ihnen, dass die Sache Muhammads inzwischen üble Ausmaße angenommen habe. Er hatte eine Idee und wollte wissen, was sie davon hielten.

„Was ist das für eine Idee?"

„Meine Idee ist, dass wir uns zum Negus nach Abessinien begeben. Wenn Muhammad über unser Volk siegt, bleiben wir dort, und wenn die Quraisch siegen, können wir jederzeit nach Mekka zurückkehren."

„Das ist gut!"

„Dann sammelt Geschenke für den König!"

Als Amr beim Negus ankam, sah er Amro Ibn Umayya, den Boten Muhammads, der gerade das Schloss des Königs verließ. Nachdem Amr die Geschenke überreicht hatte, bat er den König, er möge ihnen den Boten Muhammads übergeben. Das machte den Negus sehr wütend. Amr sagte: „O König, wenn ich wüsste, dass dies dich so verärgert, hätte ich dich nicht darum gebeten." Er sagte: „O Amr, soll ich dir den Boten des Gesandten Allahs geben, damit du ihn tötest – den Boten des Gesandten, zu dem Gabriel kommt, wie er früher zu Moses und Jesus, dem Sohn der Maria, kam?"

Amr berichtete, er habe zu sich gesagt: „Araber und Nichtaraber haben die Wahrheit kennengelernt und ich widersetze mich ihr." Überrascht fragte Amr den Negus: „O König, bezeugst du dies?"

„Ich bezeuge das vor Allah, gehorche mir, Amr, und folge ihm!", antwortete der Negus, „bei Allah, er ist im Recht und wird all diejenigen besiegen, die gegen ihn auftreten, wie Moses Pharao und sein Heer besiegte!"[319]

Amr fragte, ob der König ihm den Treueeid auf den Islam abnehmen könne. Der Negus bejahte und streckte seine Hand aus. Amr schwor den Treueeid und ging zu seinen Gefährten, denen er jedoch verheimlichte, dass er den Islam angenommen hatte. Dann verließ er Abessinien auf einem Schiff.

Auf der anderen Seite angelangt, kaufte er sich ein Reittier, um in Richtung Medina zu reiten. Als er einen Rastplatz erreichte, traf er Chalid und Uthman Ibn Talha. Amr fragte: „Wohin gehst du, o Abu Sulayman?"

„Zu Muhammad!", antwortete Chalid.

„Bei Allah, ich habe die gleiche Absicht!"

Zu dritt reisten sie bis Medina. Chalid erzählte später über diese Begegnung mit dem Propheten: „Der Prophet wartete schon auf mich. Als ich ihn grüßte, erwiderte er meinen Friedensgruß mit einem freundlichen Gesicht."

Chalid trat als erster zum Propheten und sprach: „Ich bezeuge, dass es keinen Gott gibt außer Allah, und du bist der Gesandte Allahs." Der Prophet antwortete: „Gepriesen sei Allah, der dich rechtleitete. Ich wusste, dass du einen Verstand hast, der dich nur zum Guten führen wird."

---

319 Ibn Hischam, S. 277, Al-Waqidi II/S. 742-744; Ar-Rahiq Al-Machtum, S. 302. Die ganze Geschichte erzählt Amr selber, sie wird von Yazid Ibn Abi Habib in Ibn Hischam überliefert.

Dann sagte ich: „O Gesandter Allahs, du hast meine Hartnäk-kigkeit gegen die Wahrheit gesehen. Bitte Allah, dass Er mir verzeiht!"

Der Prophet antwortete: „Die Annahme des Islams tilgt alle vorherigen Sünden." Dann betete er für Chalid, dass Allah ihm vergeben möge.[320]

Danach traten Amr und Uthman zu ihm und schworen den Treueeid. Amr hatte den gleichen Wunsch wie Chalid; dass Allah ihm seine vergangenen Taten vergeben möge.

Der Prophet sagte ihm: „O Amr, der Islam tilgt, was vorher war, und die Auswanderung tilgt ebenfalls, was vorher war."[321]

Über diese Vergebung freuten sich die drei einst mächtigen Männer der Quraisch.

Später erzählte Amr, dass er seine Augen aus Ehrfurcht kaum zum Antlitz des Propheten aufrichten konnte und seitdem sein Rang und der von Chalid beim Propheten so hoch war wie der von Abu Bakr und Umar.[322]

---

320 Al-Waqidi II/S. 745–749

321 Ibn Hischam, Band 2, S. 278; Sahih Muslim, S. 121 in *Bab Al-Iman.* Über die Verzeihung Allahs wurden viele Koranversen offenbart, wie z.B. 39: 53: *Sprich: „O meine Diener, die ihr euch gegen eure eigenen Seelen vergangen habt, zweifelt nicht an Allahs Barmherzigkeit; denn Allah vergibt alle Sünden; Er ist der Allverzeihende, der Barmherzige."* Und in 2: 186: *Und wenn dich Meine Diener über Mich befragen, so bin Ich nahe; Ich höre den Ruf des Rufenden, wenn er Mich ruft. Deshalb sollen sie auf Mich hören und an Mich glauben. Vielleicht werden sie den rechten Weg einschlagen.*

322 Al-Waqidi II/S. 744–745

Friedensboten

Der Prophet schickte Friedensboten in die Welt und lud sie ein, den Islam kennen zu lernen. Um dem Auftrag Allahs gemäß alle Menschen zum Islam einzuladen und um die Universalität seiner Sendung zu verdeutlichen, schickte Muhammad Briefe an den Muqauqis[323], das Oberhaupt Ägyptens, an Chosrau[324], den Kaiser von Persien, an den Negus, den König von Abessinien, an Herakleios[325], den Kaiser von Byzanz, an Al-Mundhir Ibn Sawi, das Oberhaupt von Bahrain, an Hauda, den Statthalter von Yamama und an Al-Harith Ibn Abi Samar Al-Ghassani, den Statthalter des römischen Kaisers in Syrien. In den Briefen lud er die mächtigen Herrscher ein, die neue Religion ohne Zwang kennen zu lernen, getreu den Worten Allahs im Koran: *„Es gibt keinen Zwang im Glauben. Besonnenheit ist nunmehr klar unterschieden von Verwirrung. Wer also falsche Götter verleugnet, jedoch an Allah glaubt, der hält sich an der festen Handhabe, bei der es kein Zerreißen gibt."*[326]

Fünfzehn der Friedensboten des Propheten, die nach Syrien unterwegs waren, wurden ermordet. Ihre freundlichen Grüße wurden mit einem Hagel von Pfeilen beantwortet und alle, bis auf einen, wurden getötet.

Einer der Boten wurde vom Fürsten des Stammes Ghassan überfallen und ermordet. Obwohl es klar war, dass dieser Stamm vom mächtigen kaiserlichen Statthalter unterstützt wurde, wollten die Muslime den Mord nicht unbestraft lassen, denn das Überfallen oder Töten eines Boten kam einer Kriegserklärung gleich.[327] Nachdem die Byzantiner alle vom Propheten gemachten Vorschläge zur Wiedergutmachung zurückgewiesen hatten, zog eine Armee von dreitausend Muslimen nach Syrien.

Bei Mu'ta an der syrischen Grenze kam es zum Kampf gegen eine fünfzigfache Übermacht der Byzantiner und der Ghassan.

---

323 Der Patriarch von Alexandra, der zugleich Statthalter des oströmischen Kaisers war
324 Chosrau II regierte Persien bis 628 n. Chr.
325 Herakleios regierte das Oströmische Reich bis 641 n. Chr.
326 Koran 2: 256
327 Zadul Mi´ad II/S. 155

Wie ein weißer Fleck auf der Haut eines schwarzen Kamels war die Größe der muslimischen Armee gegenüber jener der Byzantiner.

Über diese Schlacht wird berichtet: Der Prophet schickte ein Heer nach Mu'ta. Er hatte es unter den Befehl des Zaid Ibn Haritha gestellt und sagte: „Wenn Zaid fällt, übernimmt Dschaafar Ibn Abi Talib die Führung. Wenn auch er fällt, wird Abdullah Ibn Rawaha der Befehlshaber!"

Der Prophet berichtete in Medina, was in Syrien während der Schlacht geschah, wobei ihm Tränen über das Gesicht liefen. Er schilderte, dass die drei Gefährten gefallen seien. „Dann wurde die Fahne von einem der Schwerter Allahs ergriffen, und Allah öffnete ihnen den Weg."

Die Muslime, dreitausend an der Zahl, konnten das mehr als einhunderttausend Mann starke Heer von Byzanz und den Ghassan in Schach halten, und Chalid gelang durch einen klugen Plan der Rückzug. Er schaffte es, die Muslime mit nur geringen Verlusten nach Hause zu bringen, ohne dass die Feinde ihnen zu folgen wagten.

Nach der Schlacht von Mu'ta kehrten die Muslime unter Chalid Ibn Al Walid zurück – weder als Sieger noch als Besiegte. Ihr Abzug nach dem Tode Zaid Ibn Harithas, Dschaafar Ibn Abu Talibs und Abdullah Ibn Rawahas war dennoch ein Achtungssieg, denn die Byzantiner waren erleichtert über den Abzug der Muslime und dankbar, dass sie nicht länger zu kämpfen brauchten – obwohl ihr Heer einer Überlieferung zufolge 100.000 Mann stark war, während die Zahl der Muslime nur 3000 Mann betrug.[328] Entscheidend war die Entschlossenheit der Muslime beim Kampf. Aber auch die Klugheit und List Chalids, der am zweiten Tag der Schlacht die kleine Armee so geschickt verteilte und sie solchen Lärm machen ließ, dass die Byzantiner dachten, Hilfstruppen aus Medina seien gekommen. In Chalids Hand zerbrachen am Tag von Mu'ta neun Schwerter. Nichts blieb in seiner Hand außer einem kleinen jemenitischen Schwert.[329]

Die arabischen Stämme, die an der Grenze von Asch-Scham leb-

---

328 Einer anderen Überlieferung zufolge soll das römische Heer sogar 200.000 Mann umfasst haben.
329 Sahih Buchari, Hadith-Nummer 4265, Auszüge aus: Gärten der Rechtschaffenen

ten, blickten nun voller Bewunderung auf die Kampfkunst der Muslime.

Eine Folge der Schlacht war, dass der Islam sich unter den Stämmen des Nadschd in der Grenzgegend von Irak und Asch-Scham – wo die Herrschaft der Byzantiner sich auf ihrem Höhepunkt befand – zunehmend verbreitete.

Die christlichen Araber in Syrien und Jordanien litten sehr unter den Byzantinern. Sie waren ihnen tributpflichtig, mussten hohe Steuern zahlen und standen politisch unter ihrem Einfluss. Die Byzantiner begannen, jeden zu verfolgen, der in ihrer Grenzregion die neue Religion angenommen hatte.

Nach dem Rückzug aus Mu'ta, erhielt man in Medina die Nachricht, dass auch die nördlichen Stämme der Bali und Qudaa den jungen islamischen Staat angreifen wollten. Der Prophet reagierte rasch und schickte den neuen Muslim Amr Ibn Al-As mit dreihundert Männern nach Norden.

Nach einem kurzen Pfeilwechsel gelang es Amr, die Macht des Islam an der syrischen Grenze zu erweitern. Amrs Erfolg und die Schlacht von Mu'ta stärkten die Lage der Muslime im Norden bis zu den Grenzen von Syrien und Jordanien und festigten ihre Stärke.

Nicht nur wegen der Einfachheit der Lehren des Islam, sondern auch wegen der Großzügigkeit, Treue und Zuverlässigkeit der Gläubigen wurden die Angehörigen vieler Stämme entweder Muslime oder Bündnispartner.[330] Außerdem hatten viele Menschen den Propheten hautnah erlebt, was keinen Zweifel an seiner Wahrhaftigkeit ließ.

Einige Jahre zuvor hatte Herakleios über die Perser gesiegt, was eine Prophezeiung des Korans erfüllte.[331] In einer Nacht in Jeru-

---

330 In diesen zwei Jahren interessierten sich viele Völker der Region für den Islam. Unter den Delegationen waren auch sechzig Christen aus Nadschran, die ein Bündnis mit dem Propheten schlossen und den Schutz des islamischen Staates genossen. Während ihres Aufenthaltes erlaubte er ihnen, ihre Gebete in der Moschee, nach Osten gewandt, zu verrichten.

331 *Die Byzantiner sind besiegt worden. Im nächstliegenden Land. Aber sie werden nach ihrer Niederlage siegen, in einigen Jahren. Allah steht die Entscheidung zu, vorher wie nachher. Und an jenem Tag werden die Gläubigen froh sein, über Allahs Hilfe. Er hilft wem er will, und Er ist der Allmächtige und Barmherzige.* (Koran 30: 2–5, offenbart zu Mekka) Die Anmerkung in der Übersetzung von Bubenheim und Dr. Nadeem Elyas: *Die Byzantiner (Oströmer) wurden von den Persern geschlagen und verloren Damaskus (613) und Jerusalem (614). Diese Prophezeiung erfüllte sich, als Heraklius einen Feldzug gegen die Perser führte (622–627 n. Ch.), der mit einem großen Sieg bei Ninive endete (627). Die heidnischen Mekkaner sympathisierten mit den Persern, die Muslime*

salem hatte Herakleios einen Traum, in dem ein Beschnittener ihn besiegte. Deshalb wollte er erfahren, welches Volk die Beschneidung ausübt.

Seine Beamten versuchten ihn zu überzeugen, dass außer den Juden kein anderes Volk die Beschneidung vornehme. Sie begannen nach Juden zu suchen und töteten innerhalb kürzester Zeit eine große Zahl von ihnen.

Während er noch in Jerusalem verweilte, bat ein Bote des Statthalters von Busra[332] um Einlass beim Kaiser. Er sprach zu ihm: „O König, dieser Araber berichtet von einem Wunder in seinem Volk!"

Herakleios ließ den Araber befragen. Dieser bestätigte die Aussage des Boten, und sofort befahl Herakleios seinem Armeeoberhaupt, nach einem Mann zu suchen, der aus der gleichen Gegend kam, wie der Prophet.

Sie fanden Abu Sufyan, der zu der Zeit immer noch ein erbitterter Gegner des Propheten war.

Abu Sufyan berichtete später von seinem Treffen mit dem Kaiser: „Ich befand mich zu jener Zeit auf einer Reise, als es zwischen mir und dem Gesandten Allahs noch Feindschaft gab. Während ich mich im Gebiet von Syrien aufhielt, kam ein Bote mit einem Schreiben vom Propheten, das an Herakleios, den römischen Kaiser, gerichtet war. Herakleios fragte: ‚Gibt es in dieser Gegend jemanden, der zu den Leuten dieses Mannes Muhammad gehört?' Nachdem die Leute bejahten, wurde ich mit einigen Leuten aus dem Stamm Quraisch gerufen; anschließend traten wir bei Herakleios ein. Er ließ uns vor sich sitzen und sagte: ‚Wer von euch ist am nächsten verwandt mit jenem, der behauptet, er sei ein Prophet?' Ich sagte: ‚Ich.' Da ließen sie mich vor ihm sitzen und meine Begleiter hinter mir.

Zu meinen Begleitern sprach Herakleios: ‚Ich will ihm Fragen stellen. Sollte er lügen, dann meldet euch!'

Er sagte zu seinem Dolmetscher: ‚Frage ihn: Wie ist seine Herkunft unter euch?' Ich antwortete: ‚Muhammad ist unter uns von edler Abstammung.'

Herakleios fragte: ‚War einer seiner Vorväter ein König?' Ich

332   Busra ist eine Stadt im Südwesten des heutigen Syriens.

sagte: ‚Nein.' Er fragte weiter: ‚Habt ihr ihn der Lüge bezichtigt, bevor er das sagte, was er verkündet hat?' Ich sagte: ‚Nein.'

Herakleios fragte: ‚Folgen ihm die Starken und Mächtigen oder die Schwachen?' Ich sagte: ‚Ihm folgen die Schwachen, die Armen, unterdrückte Sklaven und Frauen.' Er fragte: ‚Nimmt ihre Zahl zu oder ab?' Ich antwortete: ‚Sie nimmt ständig zu.' Er fragte: ‚Trat einer von ihnen von seinem Glauben zurück, nachdem er diesen angenommen hatte, weil er mit ihm unzufrieden war?' Ich sagte: ‚Nein.'

Herakleios fragte weiter: ‚Habt ihr ihn bekämpft?' Ich sagte: ‚Ja.' Er fragte: ‚Wie war euer Kampf gegen ihn?' Ich erwiderte: ‚Der Erfolg war wechselnd – wir gewannen eine Runde, und die andere gewann er.' Er fragte: ‚Brach er je seine Abmachung mit euch?' Ich sagte: ‚Nein! Wir wissen aber nicht, was er zurzeit macht. Wir stehen mit ihm unter einem Friedensvertrag.'

Herakleios fragte: ‚Hat jemand vor ihm behauptet, ein Prophet zu sein?' Ich sagte: ‚Nein.'

Da sprach Herakleios: ‚Ich habe dich über seine Abstammung unter euch befragt, und du gabst an, dass er unter euch von edler Abstammung ist. Genauso sind die Propheten: Diese werden gewöhnlich aus den Edlen ihrer Völker auserwählt.

Ich fragte dich auch, ob es unter seinen Vorvätern einen König gab, und du hast dies verneint. Wäre unter seinen Vorvätern ein König gewesen, so würde ich annehmen, dass er ein Mann sei, der für die Rückgewinnung des Königreichs seiner Vorväter kämpfen wollte.

Ich fragte dich nach seinen Anhängern, ob sie die Elite oder die Schwachen sind, und du sagtest, dass ihm die Schwachen folgen. Diese sind doch stets die Anhänger der Propheten.

Ich fragte dich, ob ihr ihn der Lüge bezichtigt habt, bevor er sagte, was er behauptete, und du hast dies verneint. Ich hielt es nicht für möglich, dass er die Lüge vor den Menschen unterlässt, um dann eine Lüge gegen Allah zu erdichten.

Ich fragte dich, ob jemand von seinen Anhängern von seinem Glauben zurücktrat, nachdem er diesen angenommen hatte, weil er mit ihm nicht zufrieden war, und du hast auch dies verneint. Dies ist doch üblich für den Glauben, wenn er sich im Herzen eines Menschen einnistet. Ich fragte dich, ob die Zahl seiner Anhänger zu- oder abnimmt, und du gabst an, dass diese zunehme.[333]

Dann fragte ich dich, ob ihr ihn bekämpft habt, und du gabst an, dass der Kampf zwischen euch wechselhaft war und dass ihr eine Runde gewonnen habt, und die andere gewann er. Dies ist genau der Fall mit den Gesandten: Sie werden zunächst geprüft; aber am Ende ist der Sieg auf ihrer Seite.

Ich fragte dich, ob er seine Abmachung mit euch bricht und du gabst an, dass er dies nicht tue.

Es ist genauso mit den Gesandten: Sie brechen ihre Abmachung nicht.

Ich fragte dich, ob jemand vor ihm die Behauptung gemacht hätte, ein Prophet zu sein, und du hast dies verneint. Ich sagte zu mir: Hätte es vor ihm einen gegeben, der so etwas behauptet hätte, so hätte ich angenommen, dass er es ihm nachmacht!'

Herakleios fuhr fort: ‚Was befiehlt er euch?' Ich antwortete: ‚Er befiehlt uns, dass wir das Gebet verrichten, die *Zakat*[334] entrichten, die Verwandtschaftsbande pflegen und uns keusch verhalten.' Herakleios sagte: ‚Wenn das, was du über ihn sagst, die Wahrheit ist, so ist er ein Prophet. Ich wusste schon zuvor, dass noch ein Prophet kommen wird, nahm aber nicht an, dass er aus eurer Mitte hervorgehen würde. Wenn ich wüsste, dass ich ihm Folge leisten könnte, so würde ich mich gern auf den langen Weg zu ihm machen. Wenn ich mich bei ihm befände, so würde ich seine Füße waschen. Wahrlich, sein Machtbereich wird den Boden erreichen, den ich hier unter meinen Füßen habe.

Danach ließ er das Schreiben des Propheten vorbringen und verlesen, in dem Folgendes stand:

Im Namen Allahs, des Allerbarmers, des Barmherzigen!

Dieses Schreiben ist von Muhammad, dem Gesandten Allahs, an Herakleios, Herrscher des römischen Reiches! Friede sei mit demjenigen, der der Rechtleitung folgt. Sodann: Ich lade dich ein, den Weg des Is-

---

333 „Sie nimmt immer noch ständig zu" ist die Antwort auf diese Frage während der gesamten 1400 Jahre – bis heute.

334 *Zakat*, die Pflichtabgabe, welche die Wohlhabenden an Arme, Bedürftige und für bestimmte Situationen zu entrichten haben. Sie beträgt 2,5% des Besitzes eines wohlhabenden Menschen, dessen Besitz eine gewisse Grenze überschreitet. Dies ist die dritte der fünf Säulen des Islams. *Zakat* bedeutet „Reinigung" oder „Anwachsen"

lam zu befolgen. Werde Muslim, so rettest du dich, und wenn du Mus-
lim geworden bist, so wird Allah deinen Lohn verdoppeln. Wendest
du dich aber davon ab, so trägst du die Sünde doppelt, sowohl wegen
deiner Herrschaft als auch wegen deiner Untergebenen.

Dann folgten folgende Worte aus dem Koran:
O Volk der Schrift, kommt herbei zu einem gleichen Wort zwischen
uns und euch, dass wir nämlich Allah allein dienen und nichts neben
Ihn stellen, und dass nicht die einen von uns die anderen zu Herren
annehmen außer Allah. (3:64)

Als das Verlesen des Schreibens beendet war, wurden Stimmen
laut. Da wurde der Befehl erteilt, wir sollten hinausgehen. Draußen sagte ich zu meinen Gefährten: ‚Es scheint mir, dass die Sache so weit geht, dass der König der Byzantiner Furcht davor
empfindet.' Ich war davon überzeugt, dass die Angelegenheit
des Gesandten Allahs doch eines Tages siegreich sein werde,
sodass Allah mir den Islam in mein Herz eingab."[335]
Den Brief des Propheten hatte Dihya Al-Kalbi in Busra dem
Gouverneur gegeben, damit dieser ihn zum Kaiser in Jerusalem
schicke. Das Gespräch mit Abu Sufyan und jetzt noch der Brief
waren für den König eine Bestätigung, dass es sich tatsächlich
um den erwarteten Propheten handelte.

---

335 Sahih Buchari I/S. 4; Sahih Muslim II/S. 97–99; Ar-Rahiq Al-Machtum, S. 308–309. Der Kaiser war im
Jahre 629 n. Chr. nach Jerusalem gepilgert, um Gott für den Sieg über die Perser zu danken.

Zurück nach Mekka

Die Quraisch hatten im Geheimen oft zum Ausdruck gebracht, dass sie den Friedensvertrag von Hudaibiya, an den sie gebunden waren, ursprünglich nicht wollten. Unauffällig nutzten sie die Zeit, sich militärisch zu stärken, um erneut gegen die Muslime zu kämpfen.

Infolge des Abkommens von Hudaibiya waren verschiedene Bündnisse zwischen den arabischen Stämmen und den Muslimen beziehungsweise den Quraisch entstanden; so hatten die Muslime ein Bündnis mit den Bani Chuza'a, während die Quraisch eines mit den Bani Bakr hatten.

Das Abkommen von Hudaibiya galt für alle. Es gab unter den Bani Bakr aber welche, die entschlossen waren, ihre alte Fehde mit den Bani Chuza'a fortzuführen.

Mit Hilfe der Quraisch verübten die Bani Bakr einen nächtlichen Überfall auf die Bani Chuza'a. Mehrere Männer von ihnen, wie Ikrima, der Sohn Abu Dschahls, beteiligten sich an den Kämpfen gegen die Chuza´a, bis sie im heiligen Bezirk mehr als zwanzig Männer töteten und damit nicht nur den Friedensvertrag mit dem Propheten verletzten, sondern auch den Heiligen Bezirk entehrten, der ein Ort des Friedens war, wo Blutvergießen ein noch größeres Verbrechen darstellte als es ohnehin schon ist.

Amr Ibn Salim von den Bani Chuza'a setzte sein Pferd eilig in Galopp und ruhte nicht, bis er bei Muhammad in Medina ankam, der in der Moschee unter den Leuten saß. Er erzählte ihm mit einem Gedicht, was sich ereignet hatte und bat ihn um Hilfe.

Der Gesandte Allahs sagte: „Dir wird geholfen, o Amr Ibn Salim."[336]

Kurz nach Amr kam eine Delegation der Chuza'a, die seine Schilderung bestätigte. Nachdem sie dem Propheten berichtet hatten, was geschehen war, kehrten sie zurück nach Mekka.

---

336 Ibn Hischam, S. 540. Auf der gleichen Seite steht das Gedicht von Amr Ibn Salim, das ausführlich über den Mord an den schlafenden Menschen berichtet.

Die Quraisch spürten jetzt auch, dass sie das Abkommen von Hudaibiya brachen.

Der Prophet sprach zu den Muslimen: „Ich glaube, Abu Sufyan wird zu euch kommen, um den Vertrag zu bestätigen oder zu verlängern."

Tatsächlich traf die Delegation der Bani Chuza'a auf ihrem Rückweg auf Abu Sufyan, der inzwischen aus Syrien zurückgekehrt war. Die Quraisch hatten ihn aus Furcht vor den Konsequenzen ihres Verhaltens zum Propheten geschickt, damit er das Abkommen festige und eine Verlängerung der Vertragsdauer erwirke, bevor Muhammad von ihrem Verrat erfahren würde.

Als Abu Sufyan unterwegs die Delegation der Bani Chuza'a sah, war er schockiert und sicher, dass sie bereits mit dem Propheten gesprochen hatten. Abu Sufyan zog trotzdem weiter, denn er wusste, dass die Muslime niemandem etwas antaten, der sie nicht bekämpfte und ihr Leben gefährdete – erst recht nicht, wenn es sich um einen Boten handelte.

In Medina angekommen, begab er sich zunächst zu seiner Tochter Umm Habiba, der Ehefrau des Propheten. Er wollte sich auf die Schlafmatte des Propheten setzen, doch seine Tochter reagierte schnell und faltete die Matte zusammen. Abu Sufyan fragte sie erstaunt: „Mein Töchterchen! Ich weiß nicht, ob du mich oder diese Schlafmatte vorziehst?"

„Das ist die Schlafmatte des Gesandten Allahs, und du bist ein unreiner Götzendiener. Ich mag nicht, dass du auf der Schlafmatte des Propheten Platz nimmst!" Sie hatte ihren Vater schon seit Jahren nicht mehr gesehen. Ihre Liebe zum Propheten und zum Islam war größer als alles andere auf der Welt.

Als er sah, dass auch seine eigene Tochter nicht bereit war, ihm zu helfen, begriff er, dass der Vertrag durch die Verbrechen der Quraisch aufgehoben war.

Ängstlich und unsicher begab sich der mächtigste Herr der Quraisch zum Propheten, von dem er keine Auskunft bekam. Dann bat er Abu Bakr, er möge sich für ihn beim Propheten einsetzen, und mit ihm reden. Abu Bakr erwiderte, dass er dies nicht tun würde. Dann kam er zu Umar, der sagte: „Wie bitte? Ist es dein Ernst, dass ich mich für euch beim Gesandten Allahs einsetzen soll? Bei Allah, selbst wenn ich nichts als eine Ameise

finde, womit ich gegen euch kämpfen könnte, würde ich euch
bekämpfen!"
Schließlich ging Abu Sufyan zu Ali und dessen Frau Fatima, der
Tochter des Propheten. Auch diese beiden konnten und wollten
ihm nicht helfen. Ängstlich bestieg er sein Kamel und verließ
Medina. In Mekka tadelten ihn die Quraisch, dass er nichts erreicht und sich dazu noch lächerlich gemacht hatte.[337]
Nach der Verletzung des Abkommens durch die Quraisch stand
für den Propheten fest, dass nur die Einnahme Mekkas den Frieden garantieren könnte.

Abu Bakr besuchte seine Tochter Aischa, die damit beschäftigt
war, die Ausrüstung des Propheten vorzubereiten. Er fragte sie:
„Meine Tochter, hat der Gesandte Allahs dir gesagt, du sollst
seine Ausrüstung vorbereiten?"
„Ja! Mach du es auch", sagte Aischa.
„Wohin will er, deiner Meinung nach?", fragte ihr Vater.
Sie schwieg, um das Geheimnis ihres Mannes nicht zu verraten.
Der Prophet befahl den Leuten, sich gut vorzubereiten, verriet
ihnen aber nicht das Ziel. Er wollte seine Absicht verbergen, damit die Mekkaner sich nicht vorbereiteten. Er betete: „O Allah,
enthalte den Quraisch die Sicht und die Nachrichten vor, bis wir
sie in ihrem Land überraschen!"
Nach diesem Bittgebet erfuhr der Prophet durch Gabriel, dass
ein Muslim namens Hatib einen Brief mit einer Frau, die nach
Mekka reiste, an die Quraisch schickte, um sie zu warnen. Der
Prophet schickte ihr seine Gefährten Ali und Zubair hinterher.
Als sie ihr Gepäck durchsuchten und nichts fanden, schwor Ali
bei Allah, dass der Prophet nie gelogen hatte und drohte, sie zu
durchsuchen, wenn sie den Brief nicht freiwillig übergab. Als
sie sah, wie sicher sie sich waren, holte sie den Brief heraus, den
sie in ihren Haaren versteckt hatte. Sie brachten Hatib und den
Brief zum Propheten und fragten Hatib nach seinem Beweg-
grund. Er sagte: „Weder habe ich meinen Glauben verlassen
noch bin ich ein Heuchler geworden, o Gesandter Allahs. Aber
bei den Mekkanern leben noch meine Frau und meine Kinder,

---

337 Vgl. Ibn Hischam, S. 541

für die ich die Gunst der Quraisch gewinnen wollte, damit diese ihnen nichts antun, weil sie niemanden dort haben."

Umar rief: „O Gesandter Allahs, lass mich den Kopf dieses Mannes abschlagen, denn er ist ein Heuchler geworden!" Der Prophet erwiderte jedoch: „O Umar, was ist, wenn Allah auf die Kämpfer von Badr schaut und sagt: Tut, was ihr wollt, denn Ich vergebe euch." Er wollte seine guten Seiten nicht vergessen und verzieh ihm. Umars Augen wurden feucht, und er sagte: „Allah und Sein Gesandter wissen es besser."[338]

Die Muslime brachen auf, und unterwegs trafen sie auf Abbas und seine Frau Ummul Fadl mit ihren Kindern, die sich endlich entschieden hatten, nach Medina auszuwandern. Nun schlossen sie sich dem Propheten an.

Den Muslimen wurde schnell klar, in welche Richtung sie gingen, und es dauerte nicht lange, bis sie - fast zehntausend an der Zahl - vor Mekka standen.

Neben Abbas ritten die Vettern des Propheten, Abu Sufyan Ibn Al Harith Ibn Abdul Muttalib[339] und der Halbbruder von Umm Salama, Abdullah Ibn Abu Umayya. Beide erreichten das Heer der Muslime, als diese zwischen Medina und Mekka rasteten und baten Umm Salama um Erlaubnis, zum Propheten zu gehen. Als seine Frau Umm Salama ihn danach fragte, verweigerte er es ihnen zunächst, wegen ihrer schlimmen Vergangenheit.

Als Abu Sufyan Ibn Al-Harith dies erfuhr, sagte er: „Bei Allah, entweder bekomme ich die Erlaubnis, oder ich werde die Hand meines Sohnes nehmen und mit ihm in die Wüste ziehen, bis wir vor Durst und Hunger sterben!"

Da empfand Muhammad Mitleid und gab ihnen die Erlaubnis. Sie traten bei ihm ein und nahmen den Islam an.[340]

---

338 Ibn Hischam, S. 542-543, Sahih Buchari I/S. 422; II/S. 612; Ar-Rahiq Al-Machtum, S. 343
339 Nicht zu verwechseln mit Abu Sufyan Ibn Harb, dem Anführer der Quraisch.
340 Ibn Hischam, S. 543, überliefert von Al-Hakim in Al-Mustadrak III/S. 43–44. In Ar-Rahiq Al-Machtum, S. 344, wird weiter erwähnt, dass Ali dem Abu Sufyan Ibn Alharith empfahl, zum Propheten zu gehen und ihm zu sagen, was Josephs Brüder zu Joseph gesagt hatten, wie es im Koran steht, nämlich: *Sie sprachen: Bei Allah! Allah hat dich vor uns ausgezeichnet. Wir aber waren wahrlich Sünder.* Abu Sufyan Ibn Al-Harith tat dies, und tatsächlich, der Prophet antwortete, wie es im Koran steht: *Er sprach: ‚Kein Tadel treffe euch heute! Allah möge euch verzeihen. Er ist ja der Barmherzigste der Erbarmer.'* (Koran 12: 91–92)

Unterwegs zwischen *Ardsch und Tulub*[341] sah der Prophet eine Hündin liegen, die ihre Jungen säugte. Er ließ Dschuail Bin Suraqa bei ihr, um auf sie aufzupassen, bis alle Männer an ihr und ihren Jungen vorbeigezogen waren.[342]

Während der Prophet in Marr Adhahran gegenüber Mekka lagerte, bat er die Muslime, sobald es dunkel wurde, überall Lagerfeuer zu entzünden.

Die Quraisch entdeckten die zahlreichen Lagefeuer und glaubten, es liege eine gewaltige Streitmacht vor der Stadt. Abu Sufyan, Hakim[343] und Budail[344] verließen Mekka reitend und sahen den atemberaubenden Anblick.

Abbas berichtete: „Ich war unterwegs und wollte einen Holzsammler oder Melker oder irgendjemanden, der nach Mekka unterwegs war, suchen, um ihn zu beauftragen, den Mekkanern zu sagen, wo der Prophet sich befand, damit sie kämen und ihn um Sicherheit bäten, sodass er nicht mit Gewalt in die Stadt eintreten müsse.

Während ich mich umschaute, hörte ich Abu Sufyans Stimme, der mit Budail sprach. Abu Sufyan sagte gerade: ‚Solches Feuer und solche Streitkräfte wie die, die ich heute Nacht sehe, habe ich noch nie zuvor gesehen!' ‚Das sind ganz bestimmt die Feuer der Bani Chuza'a, die sich nun im Kriegszustand befinden', sagte Budail. Abu Sufyan rief: ‚Die Bani Chuza'a sind viel weniger und zu gering, als dass diese ihre Feuer und ihre Armee sein könnten.' Ich rief: ‚Abu Sufyan, dies ist der Gesandte Allahs.'

Abu Sufyan fragte: ‚Was sollen wir tun?' Ich antwortete: ‚Wenn man dich trifft, wird es dein Ende sein! Reite mit mir und ich bringe dich zum Gesandten Allahs, damit ich ihn für dich um Schutz bitten kann!'

Wir ritten weiter, bis wir an Umars Lagerfeuer vorbeikamen. Er wollte sehen, wer wir waren. Als er Abu Sufyan hinter mir sah, rief er: ‚Abu Sufyan, der Feind Allahs! Gepriesen sei Allah, Der dich ohne Vertrag und ohne Versprechen gefasst hat!' Er lief schnell zum Propheten."

341 Tulub ist eine Wasserquelle zwischen Medina und Mekka, siehe Fußnote Al-Waqidi, S. 804.
342 Al-Waqidi II/S. 804
343 Hakim Ibn Hizam war Chadidschas Neffe, der seinerzeit alles versucht hatte, die Quraisch zu überzeugen, nicht zu kämpfen, um die Schlacht von Badr zu verhindern (Ibn Hischam, S. 297 f.)
344 Budail Ibn Warqa' gehörte zur Delegation der Chuza'a, die dem Propheten vom Angriff der Bani Bakr auf die Chuza'a berichtete. Er war einer der Anführer der Bani Chuza'a.

Abbas setzte sein Tier in Galopp und kam vor Umar dort an. Gleichzeitig kam auch Umar beim Propheten an und sprach: „O Gesandter Allahs, Allah hat uns Abu Sufyan ohne Vertrag übergeben!"

Abbas bat den Propheten, Abu Sufyan beschützen zu dürfen. Der Gesandte Allahs erlaubte ihm, Abu Sufyan zu seiner Lagerstelle mitzunehmen und morgen früh wieder zu ihm zu kommen.

Abu Sufyan übernachtete bei Abbas und nach Sonnenaufgang gingen beide zum Propheten. Der Prophet fragte freundlich: "Siehe, Abu Sufyan! Ist die Zeit nicht gekommen zu bezeugen, dass kein Gott existiert außer Allah?"

"Du, der wertvoller bist als mein Vater und meine Mutter, wie milde, wie großzügig und wie liebenswürdig bist du! Wäre da ein anderer Gott außer Allah, hätte er mich nicht im Stich gelassen."

Abas bat den Propheten, etwas für Abu Sufyans Ansehen zu tun. Da sagte der Prophet: "Ja! Wer sich in das Haus Abu Sufyans begibt, ist sicher! Und jeder, der in seinem eigenen Haus bleibt, ist sicher! Und jeder, der sich bei der Kaaba aufhält, ist sicher!"

Als Abu Sufyan gehen wollte, bat der Gesandte seinen Onkel Abbas, Abu Sufyan an jener engen Stelle des Tals aufzuhalten, damit er die Armee Allahs sähe. Er tat es, und als die Stämme mit ihren Bannern an ihnen vorbeizogen, fragte Abu Sufyan nach den jeweiligen Namen dieser Stämme.

Als der Prophet mit seiner grünen Abteilung vorbeiritt, fragte Abu Sufyan erneut: "Gepriesen sei Allah, o Abbas, wer sind diese?" "Dies ist der Gesandte Allahs mit den Auswanderern und den Helfern", antwortete Abbas.

"Niemand hat die Macht, diese zu besiegen! Bei Allah, o Abbas, das Königreich deines Neffen ist heute mächtig geworden!"

"Das ist die Prophetenschaft, o Abu Sufyan", antwortete Abbas. Abu Sufyan sagte: „Das ist wahr!"[345] Der Anblick war atemberaubend.

Das Banner der Helfer trug Saad Ibn Ubada. Als er an Abu Sufyan vorbeiritt, rief er: "O Abu Sufyan, dies ist der Tag der

---

345 Ibn Hischam, S. 545; Ar-Rahiq Al-Machtum, S. 346

Schlacht! An diesem Tag demütigt Allah die Quraisch!" Als der Prophet Abu Sufyans Nähe erreichte, rief dieser: "O Gesandter Allahs, hast du befohlen, dein Volk zu töten?" Und er wiederholte, was Saad gesagt hatte.

Auch Uthman und Abdurrahman Ibn Auf waren besorgt: "O Gesandter Allahs, wir vertrauen Saad nicht!"

"Dies ist der Tag der Barmherzigkeit, der Tag, an dem Allah die Quraisch erhöht", sagte der Prophet und schickte einen Boten zu Saad, der ihm sagen solle, dass er seinem Sohn Qays das Banner aushändigen solle.[346]

Nachdem der Prophet an Abu Sufyan vorbeigezogen war, riet ihm Abbas, rasch zu den Quraisch zu gehen.

Dort angekommen, rief Abu Sufyan ganz laut: „Ihr Quraisch! Muhammad ist mit einer Armee gekommen, gegen die ihr hilflos seid! Wer sich in Abu Sufyans Haus begibt, dem passiert nichts!"

Seine Frau Hind zog ihn am Schnurrbart und rief: „Tötet ihn, diesen Fettsack! Hässlich soll so ein Beschützer seiner Leute sein!"

„Wehe euch! Diese Frau darf euch nicht anstiften, denn gegen Muhammads Armee habt ihr keine Macht. Wer sich in Abu Sufyans Haus begibt, dem passiert nicht!"

„Allah soll dich töten! Wem wird dein Haus reichen?"

Dann sagte er: „Wer in seinem Haus bleibt, ist sicher, und wer sich bei der Kaaba aufhält, ist auch sicher."

Die Menschen gingen in ihre Häuser oder zur Kaaba. Die Muslime marschierten in Mekka ein.

Plötzlich hielt der Prophet auf seinem Reittier an und verbeugte sich im Angesicht des Sieges von Allah. Er senkte Seinen Kopf bescheiden und in Demut vor Allah nach unten, bis sein Bart seinen Sattel erreichte.[347]

Als der Prophet das Blitzen der Schwerter von Chalid und seiner Truppe sah, rief er: „Habe ich das Kämpfen nicht verboten?"[348]

Denn er hatte seine Heerführer verpflichtet, beim Eintritt nach Mekka nur gegen solche zu kämpfen, die sie angriffen.

346 Ar-Rahiq Al-Machtum, S. 346; Al-Waqidi II/S. 820-823
347 Ibn Hischam, S. 545; Ar-Rahiq Al-Machtum, S. 347, überliefert von Al-Hakim in Mustadrak III/S. 47, Al-Waqidi II/S. 823-824
348 Al-Waqidi II/S. 826, 838-839

Da sagte man ihm, dass Ikrima, Safwan und Suhayl einige Männer der Quraisch und ihrer Verbündeten um sich geschart und Chalid den Weg versperrt hatten. Chalid bat Ikrima, den Weg freizumachen, denn der Prophet habe ihm befohlen, nicht zu kämpfen. Trotzdem wurde Chalid angegriffen. Nachdem dreißig Götzendiener getötet worden waren, flüchteten sie zur Küste.

Fatima, Umm Salama und Maymuna waren bereits vor dem Propheten in dem Zelt angekommen, das Abu Rafi bei der Kaaba errichtet hatte.

Auch Umm Hani war zu den Frauen gekommen, denn zwei Männer, die gegen Chalid gekämpft hatten, waren in ihr Haus geflüchtet. Ihr Bruder Ali wollte sie begrüßen und sah die Flüchtigen bei ihr, die sie schützte.

Als der Prophet das Zelt erreichte, begrüßte er seine Cousine herzlich. Sie berichtete ihm von denen, die sie schützte, und er antwortete: „Wem du Sicherheit gibst, dem geben wir Sicherheit."[349] Damit bekräftigte er die hohe Stellung der Frau im Islam erneut. Denn ein solcher Schutz wäre in der Zeit der Unwissenheit für die meisten Frauen undenkbar gewesen.

Nachdem der Prophet in Mekka angekommen war und die Lage etwas ruhiger wurde, begab er sich zur Kaaba und ritt siebenmal um sie herum, wobei er mit einem Stab in der Hand den Schwarzen Stein berührte. Jedes Mal, wenn er die Kaaba umschritt, richtete er ihn auf einen Götzen, worauf dieser zu Boden fiel, bis alle dreihundertsechzig Götzenbilder gefallen waren. Dabei sprach er den Vers der Offenbarung: *Die Wahrheit ist gekommen, und das Falsche geht dahin; das Falsche ist ja dazu bestimmt, dahinzugehen.*[350]

Die Götzendiener hatten ihr falsches Handeln oft mit dem Willen der Götzen gerechtfertigt, die das Töten ihrer Kinder, vor allem das lebendige Begraben ihrer Töchter, erlaubt haben sollen. Sogar den Verzehr bestimmter Feldfrüchte und des Fleisches bestimmter Tiere hatten sie verboten.[351] Als die Mekkaner sa-

---

349 Ibn Hischam, S. 549; Tabaqat Ibn Saad II/S. 144 f

350 Koran 17: 81; Ibn Hischam, S. 551; At-Tirmidhi, Nr. 3137

351 Sie sahen derartige Verbote als Teil ihrer Religion an und führten sie auf Allahs angeblichen Befehl zurück. Im Koran weist Allah ihre Behauptungen zurück: „*Und sie sagten: ,Dieses Vieh und diese Feldfrüchte sind unantastbar; niemand soll davon essen, außer dem, dem wir es erlauben', wie sie meinten, und es gibt Tiere, deren Rücken [zum Reiten] verboten ist, und Tiere, über die sie nicht den Namen Allahs aussprechen und so eine*

hen, dass ihre Götzen hilflos zu Boden stürzten, gab es keinen
mehr unter ihnen, der nicht begriff, dass Muhammad ihr Bestes
wollte. Sie sollten ihre Kinder und Frauen lieben, statt lebloser
Steine, weil Steine weder nützen noch schaden – es waren keine
Götter, sondern nur Steine. Allah ist der einzige Schöpfer und
Bewahrer aller Dinge. Zuvor waren sie der Meinung, der Prophet habe die Religion ihrer Väter beleidigt. Hubal, der größte
Götze und ein Symbol der Unterdrückung, war Bestandteil der
alten Religion. Nun hatten sie gesehen, dass weder Hubal noch
die anderen dreihundertneunundfünfzig Götzen etwas ausrichten konnten.

Was sollte nun aus den Steinen und Hölzern werden? Der Prophet rief Uthman Ibn Talha und ließ sich von ihm den Schlüssel
zur Kaaba geben. Das Heiligtum wurde ihm geöffnet und als
er eintrat, fand er einige Statuen, die er alle mit seiner eigenen
Hand zersplitterte.

Die Menschen sammelten sich um ihn und er begann zu sprechen: „Es gibt keinen Anbetungswürdigen außer Allah allein.
Er hat keinen Partner. Er hat Sein Versprechen verwirklicht
und Seinem Diener zum Sieg verholfen. Er alleine besiegte die
Verbündeten. Jede Blut- und Zinsschuld ist unter meinen Füßen außer dem Recht auf die Bewachung der Kaaba und dem
zur Tränkung der Pilger. O ihr Quraisch, Allah entfernte von
euch die Großtuerei der Zeit der Unwissenheit und den Stolz
auf die Stammesväter! Die Menschen stammen von Adam ab,
und Adam wurde aus Staub erschaffen!"

Um die Gleichheit der Menschen zu bekräftigen, trug er den
Koranvers vor, der die Gleichwertigkeit von Mann und Frau
beschreibt: *O ihr Menschen, Wir haben euch aus Mann und Frau
erschaffen und euch zu Völkern und Stämmen gemacht, auf dass ihr
einander erkennen möget. Wahrlich, vor Allah ist von euch der Ange-
sehenste, welcher der Gottesfürchtigste ist. Gewiss, Allah ist Allwissend, Allkundig.* [352]

Lüge gegen Allah erfinden. Bald wird Er ihnen vergelten, was sie erdichteten" (Koran 6: 138). Darüber hinaus
hat der Koran auch das Irregehen derjenigen offen gelegt, die für erlaubt erklären, was verboten sein
sollte und für verboten erklären, was erlaubt sein sollte: *Den Schaden tragen wahrlich jene, die ihre Kinder aus
törichter Unwissenheit töten und das für verboten erklären, was Allah ihnen gegeben hat und so eine Lüge gegen
Allah erfinden* (Koran 6: 140).
352 Koran 49: 13. Mann und Frau sind vor Allah sowohl in religiöser als auch geistiger Hinsicht gleichwertig.
Rechte und Pflichten von Mann und Frau sind in Koran und Sunna offenbart: Und die gläubigen Männer
und Frauen sind untereinander Freunde. Sie gebieten, was Recht ist und verbieten, was verwerflich ist,

Der Prophet rief: „Ihr Quraisch! Was glaubt ihr, was ich mit euch tun werde?"

Gespannt, aber hoffnungsvoll antworteten sie: „Gutes! Ein edler Bruder, der Sohn eines edlen Bruders bist du!".

Und er sprach mit den Worten der Verzeihung, die laut Koran auch der Prophet Joseph zu seinen Brüdern gesagt hatte: „Siehe, ich spreche zu euch, wie mein Bruder Joseph: ‚Kein Tadel treffe euch heute! Allah möge euch verzeihen. Er ist ja der Barmherzigste der Erbarmer.'[353] Geht eures Weges! Ihr seid frei!"[354] Dann setzte sich der Gesandte Allahs in die Moschee.

Da kam Ali mit dem Schlüssel der Kaaba in der Hand und bat ihn: „O Gesandter Allahs! Übertrage uns die Aufgabe des Bewachens der Kaaba und des Tränkens der Pilger!"

Der Prophet aber fragte, wo Uthman Ibn Talha sei, der bis dahin den Dienst an der Kaaba innegehabt hatte. Als Uthman kam, sagte der Prophet: „Dies ist dein Schlüssel, Uthman. Heute ist der Tag der Güte und Treue." Er vergab ihm unter anderem den Tag, als Uthman dem Propheten den Eintritt in die Kaaba verweigert hatte.

Der Prophet hatte nun seine Feinde und Gegner in seiner Gewalt. Die Quraisch und ihre Verbündeten hatten die Muslime enteignet, verstoßen, eingesperrt, gefoltert, gequält und getötet. Doch er vergab ihnen und gab damit ein Vorbild dafür, dass Rache nie zu Frieden und Erfolg führen kann.

Nachdem Abu Bakr seinen blinden Vater besucht hatte, kam er mit diesem in die Moschee zum Propheten. Als Muhammad dies sah, sagte er: „Du hättest den alten Mann zu Hause lassen sollen und ich hätte ihn besuchen können."

„Gesandter Allahs, er soll zu dir kommen und nicht umgekehrt."

Der Prophet gab ihm seine Hand und nahm seinen Beitritt zum Islam an.[355]

---

verrichten das Gebet, geben die Zakat und gehorchen Allah und seinem Gesandten. Ihrer wird sich Allah erbarmen. (Koran 9:71)
353 Koran 12: 91–92; Ar-Rahiq Al-Machtum, S. 348, Al-Waqidi II/S. 835
354 Ibn Hischam, S. 549; Ahmad in Musnad II/S.11; Ar-Rahiq Al-Machtum, S. 348
355 Ibn Hischam, S. 546, überliefert von Haithamy in Madschma´ Az-Zawai´d VI/S. 173

Als es Mittag wurde, bat der Prophet Bilal, auf das Dach der Kaaba zu steigen.

Bilal kletterte hinauf und rief mit seiner klaren Stimme den Ruf des Islam, der die alleinige Existenz Allahs beschwor und Muhammad als dessen Gesandten.

Der ehemalige Sklave, der wegen seines Glaubens gefoltert worden war, stand nun auf dem Heiligtum, einem Platz der sonst nur den Edelsten der Quraisch vorbehalten war. Es gab keine Unterschiede mehr aufgrund von Hautfarbe oder Abstammung. Fortan sollten alleine gute Taten, die Gottesfurcht und die Liebe zum Schöpfer zählen.

Männer und Frauen kamen zu Hunderten zu Muhammad, der sich auf dem nahe gelegenen Hügel Safa befand.

Mit anderen Frauen kam auch Hind, die Frau des Abu Sufyan - verschleiert, weil sie Angst hatte, der Prophet könne sie wegen ihrer verbrecherischen Vergangenheit zum Tode verurteilen. Sie sprach: „Gesandter Allahs, Preis sei Allah, Der die Religion siegen ließ, die ich nun für mich selbst gewählt habe." Danach zeigte sie ihr Gesicht und sagte: „Hind Bint Utba."

„Du bist willkommen", sagte der Prophet.

Sie lobte Muhammad für seine Verzeihung, und als sie zu Hause angekommen war, zerstückelte sie die Götzenfiguren, die sie zu Hause aufbewahrt hatte. [356]

Nachdem Hind den Islam angenommen hatte, kam auch Umm Hakim, Ikrimas Ehefrau, zum Propheten und bat um Gnade für ihren Mann, der in Richtung Jemen auf der Flucht war. Der Prophet gab ihr die Sicherheit.

Umm Hakim brach mit einem Begleiter auf, um ihn zurückzuholen, bevor er ein Schiff bestieg.

Auch Safwan Ibn Umayya war geflüchtet und wollte in Dschidda ins Meer springen, um sich umzubringen. Sein Freund Umayr Ibn Wahb, mit dem er einst einen Anschlag auf den Propheten geplant hatte, kam zum Propheten und bat um Sicherheit für Safwan, die ihm auch gewährt wurde.

Safwan aber hatte noch Bedenken und konnte kaum glauben,

---

356 Al-Waqidi II/S. 850

dass der Prophet ihm verzeihen würde. Er bat Umayr um ein Zeichen des Propheten.

Umayr ritt erneut nach Mekka und erzählte von der Unsicherheit Safwans. Umayr bekam den Turban des Propheten als Zeichen der Sicherheit, was Safwan beruhigte. Beim Propheten angekommen fragte er, ob er ihm Sicherheit gewähre. Der Prophet bestätigte es, doch Safwan wurde erst drei Monate später Muslim, nachdem er genug Zeit gehabt hatte, es sich zu überlegen.[357]

Einer der drei größten Götzen, Al-Uzza, war in Nachla. Als der Wächter des dortigen Tempels erfuhr, dass Chalid ihn zerstören würde, ließ er dem Götzen ein Schwert und sprach: „Verteidige dich und töte Chalid oder werde ein Muslim!"[358]

Umm Hakim beeilte sich, ihren Mann zu treffen, bevor sie ihn für immer verlor. Doch er war schon an der Küste von Tihama angekommen und wollte gerade ein Schiff besteigen. Auf dem Schiff forderte ihn der Kapitän auf: „Sprich: *La ilaha illa Allah*, es gibt keinen Anbetungswürdigen außer Allah!"

„Ich bin aber vor nichts anders als *la ilaha illa Allah* geflüchtet[359]!", sagte Ikrima. Rechtzeitig traf seine Frau ein und flehte ihn an, zurückzukehren und sich dies nicht anzutun, denn sie komme von einem Mann, der für seine Güte und Milde beispiellos sei und bei dem er sicher sein werde.

Sie kehrten zusammen zurück. Der Prophet hatte dies bereits geahnt und sprach zu seinen Gefährten: „Ikrima, Abu Dschahls Sohn kommt als ein Gläubiger und Auswanderer zu euch. Schmäht nicht seinen Vater, denn die Schmähung der Toten erreicht die Toten nicht, trifft aber die Lebenden!"

Chalid und seiner Truppe gelang es inzwischen, den Götzen Al-Uzza zu zerstören. Die Götzendiener wunderten sich, dass der Stein, dem sie im Laufe der Jahre so viel Geld und Opfertiere

---

357 Ibn Hischam, S. 552; Al-Waqidi II/S. 853-855
358 Al-Waqidi III/S. 874
359 Al-Waqidi II/S. 851-852. Mit diesem schlichten Glaubensbekenntnis erklärte Muhammad, dass der Gott des Himmels und der Erde keinen Vermittler braucht, sondern von jedermann direkt angerufen werden kann. Damit waren die Götterbilder im Heiligtum, ja das Heiligtum selbst als Wohnsitz der Götter überflüssig.

gebracht hatten, sich nicht zu wehren vermochte. Chalid tat sein Vater Leid, der früher so viele Tiere für diese Steine geopfert hatte, die weder hören noch sprechen konnten.[360]

Ikrima ging zum Propheten, als er in Mekka ankam und setzte sich mit seiner Frau zu ihm. Der Prophet lächelte ihn freundlich an und sagte: „Heute werde ich dir keinen Wunsch abschlagen."

„Dann bitte Allah, dass Er mir meine Gegnerschaft dir gegenüber vergibt und alles, was ich dir angetan und zu dir gesagt habe!", bat ihn Ikrima.

Der Prophet verzieh ihm und bat Allah um Verzeihung für ihn. Dann rief Ikrima aus: „Was das Geld angeht, das ich ausgegeben, und die Kriege, die ich geführt habe, um die Menschen davon abzuhalten, der Wahrheit und dem Licht zu folgen, so werde ich auf dem Wege Allahs das Doppelte ausgeben, und für all die Kämpfe, die ich geführt habe, um den Weg Allahs zu versperren, werde ich doppelt soviel auf dem Wege Allahs kämpfen!"[361] Er hielt sein Wort und fing als erstes gleich an, die vielen Götzen, die er zu Hause hatte, zu zerstören.[362]

---

360 Al-Waqidi II/S. 850, III/S. 874

361 Ab diesem Tag war Ikrima auf der ganzen Welt niemand lieber als Muhammad. Die offenbarten Verse aus dem Koran zeigten den Muslimen, wie sie ihre Gegner behandeln sollen, auch nachdem sie Macht über sie gewannen: *„Nicht gleich sind die gute Tat und die schlechte Tat. Wehre mit einer Tat, die besser ist, (die schlechte) ab, dann wird derjenige, zwischen dem und dir Feindschaft besteht, so, als wäre er ein warmherziger Freund."* Koran 41:34

362 Al-Waqidi II/S. 850–853, III/S. 870–871.
Ikrima hielt sich bis zu seinem Tode an sein Versprechen: Als die Muslime bei der Schlacht von Yarmuk gegen die Byzantiner in eine schwierige Situation gerieten, sagte er: „Überall hatte ich den Gesandten Allahs bekämpft, soll ich jetzt, wo ich Muslim bin, fliehen?" Er kämpfte weiter, bis er fiel. (Tabari IV, S. 36; Nadwi, S. 43)

Aus Feinden werden Brüder

Nachdem die Quraisch den Islam angenommen hatte, fühlten sich einige andere Stämme stark genug, um die Rolle der Quraisch als Hüter der alten Götzen-Religion zu übernehmen. Der mächtige Stamm der Hawazin[363] rüstete sich, um Mekka anzugreifen.

Die Quraisch standen nun auf der Seite des Propheten und des Islam. Es ging darum, den Islam und Mekka zu verteidigen.

König der Hawazin war Malik Ibn Auf.[364] Er zwang seine Soldaten, ihre Frauen, ihre Kinder und ihr Vermögen auf den Feldzug mitzunehmen. Dies sollte ihren Kampfeswillen steigern und sie davon abhalten, vom Kampfplatz zu flüchten.

Die muslimische Armee zählte zwölftausend Mann; unter ihnen waren einige, die erst neu zum Islam konvertiert waren. So kam es, dass einige der neuen Muslime dachten, dass eine solch große Streitmacht nicht besiegt werden könne.

Dem Propheten missfiel diese Art zu denken, er hoffte auch auf die Unterstützung Allahs, denn er wusste, dass die Größe einer Armee allein nicht ausschlaggebend ist. Er sollte recht behalten.[365]

Beide Armeen marschierten aufeinander zu, Hawazin und Thaqif von Taif kommend, die Muslime aus Mekka.

Maliks Plan war es, die Truppen aus Mekka im Tal von Hunayn[366] in einen Hinterhalt zu locken. Er hatte vor, seine Truppen in den Schluchten und auf den Bergen um das Tal zu postieren, bevor die Muslime angekommen waren, um sie so in der Schlucht einkesseln zu können. Er trieb seine Truppen an, damit er das Tal vor den Muslimen erreichen würde, was ihm auch gelang. Nun warteten die Hawazin auf die Muslime, die sich in Richtung Hunayn bewegten.

---

363 Ein Stammesverbund, zu dem unter anderen die Stämme Bani Thaqif, Bani Saad und Bani Ghazia gehörten. Die Hawazin waren ursprünglich aus dem Jemen gekommen und waren Nomaden. Sie bewohnten Taif und deren Umgebung.
364 Malik Ibn Auf war damals dreißig Jahre alt. Er war sehr ehrgeizig und sah für seinen Stamm, die Hawazin, die Möglichkeit, die Vormachtstellung in Arabien zu gewinnen.
365 Ar-Rahiq Al-Machtum, S. 357
366 Das Tal von Hunayn liegt in der Nähe von Taif, auf dem Weg nach Mekka.

Die muslimischen Truppen drangen in das Tal vor, ohne die Hawazin zu bemerken. Malik gab seinen Bogenschützen, die auf den Bergen positioniert waren, den Befehl zu schießen. Die Pfeile prasselten auf die Muslime nieder, es brach Panik aus. Malik befahl seinen Truppen, von allen Seiten anzugreifen. Von diesem Angriff überrascht, begann das Heer der Muslime zu fliehen. Eine Niederlage stand kurz bevor.

Muhammad flüchtete jedoch nicht. Er wich nicht zurück, sondern positionierte sich an der rechten Seite des Tales und rief: „Eilt zu mir, ihr Leute, ich bin der Gesandte Allahs, ich bin Muhammad, der Sohn Abdullahs!" An seiner Seite waren noch achtzig der Auswanderer und der Helfer. Hier ritt der Prophet für alle sichtbar vor die Truppen der Hawazin und rief: „Ich bin der Prophet, dies ist keine Lüge. Ich bin der Sohn Abdul-Muttalibs! O Allah, sende deinen Sieg herab!"

Die wenigen Männer waren ihm gefolgt und griffen mit ihm das ihnen zahlenmäßig überlegene Heer der Hawazin an.

Der Prophet wies Abbas an, die Gefährten zu rufen. Abbas rief, so laut er konnte „O ihr Auswanderer! O Ihr Helfer!" Dieser Ruf blieb nicht ungehört, immer mehr der flüchtenden Muslime machten kehrt und schlossen sich der Truppe um den Propheten an, welche die Hawazin immer mehr unter Druck setzte, bis sie diese zurückschlugen.

Die Hawazin sahen sich den Muslimen nicht mehr gewachsen und flüchteten; die meisten von ihnen verschanzten sich bei ihren Stammesbrüdern von den Thaqif in Taif. Der Besitz der Hawazin und ihre Familien waren in die Hände der Muslime gefallen. Maliks Plan war gescheitert.

Einige der neuen Muslime von den Quraisch hatten schon am Propheten gezweifelt, nun sahen sie mit eigenen Augen seinen Mut und den seiner Anhänger.

Die muslimischen Truppen marschierten nun nach Taif und belagerten die Stadt. Die Hawazin und die Thaqif bewarfen die Muslime von den Mauern Taifs aus mit Steinen und Feuer; dies führte zu einigen Opfern unter den Muslimen. Daraufhin bauten die Muslime Katapulte auf, mit denen sie die Stadt beschossen.[367]

---

367 Zur Schlacht von Hunayn und der Belagerung Taifs siehe: Ar-Rahiq Al-Machtum, S. 356 - 363; Ibn

Um den Druck auf Taif zu erhöhen, ließ der Prophet verkünden, dass jeder der die Festung verließe, frei sein würde.

Es gelang dreiundzwanzig Sklaven[368] aus Taif, vor den Götzendienern zu fliehen und zum Propheten zu gelangen. Sie bekamen so ihre Freiheit. Die Hawazin und die Thaqif wurden sich der Aussichtslosigkeit ihrer Situation bewusst. Sie wussten, dass der Sieg des Propheten nun nicht mehr rückgängig zu machen war.

Um seine Gefährten vor den Angriffen aus der Stadt zu schützen, lockerte der Prophet die Belagerung und zog seine Truppen nach Dschirana[369] zurück und verweilte dort in Erwartung der Thaqif und Hawazin. Er wusste, sie würden auch ohne Belagerung aufgeben und kommen.

Einige Gefährten des Propheten baten ihn, er solle die Thaqif in Taif verfluchen. Doch dies tat er nicht, denn er wollte, dass sie freiwillig kämen. Er erhob seine Hände gen Himmel und betete zu Allah, dass er die Thaqif rechtleite.[370]

Als die Thaqif, wie er es erbeten hatte, freiwillig zu ihm kamen und ihren Beitritt zum Islam verkündeten, fragten einige von ihnen nach ihren Sklaven. Der Prophet gab sie ihnen nicht zurück, sondern sagte: „Nein, sie sind Freigelassene Allahs!"[371] Und er ermutigte die Muslime, ihre noch verbliebenen Sklaven freizugeben oder Sklaven zu kaufen, um ihnen die Freiheit zu schenken.

Inzwischen nahm auch Wahschi, der Mörder von Hamza, Kontakt mit dem Propheten auf, obwohl er sich nicht vorstellen konnte, dass Muhammad ihm vergeben würde. Doch der Prophet vergab ihm, und Wahschi wurde Muslim.

Auch Malik Ibn Auf, der König der Hawazin, kam nach einigem Zögern zum Propheten nach Dschirana. Dieser gab ihm seine Familie und sein Vermögen zurück. Auch andere Familien, die in Gefangenschaft geraten waren, ließ er frei und gab ihnen ih-

Hischam (Ausgabe des Dar-Al-Ma'rifa-Verlags, Beirut), Band 2, S. 437 - 500
368 Sahih Buchari II/S. 620; Ar-Rahiq Al-Machtum, S. 360; Ibn Hischam, Band 2, S. 485
369 Ein Ort nahe Mekka, von dem aus man in den Ihram (Weihezustand) geht, um die Umra oder die Hadsch durchzuführen. Beim Beginn des Ihram wird die Pilgerkleidung angelegt und die Absicht zur Umra oder zur Hadsch gefasst.
370 Ar-Rahiq Al-Machtum, S. 361; Ibn Hischam, S. 586; At-Tirmidhi Nr. 4034
371 Ibn Hischam (Ausgabe des Dar-Al-Ma'rifa-Verlags, Beirut), Band 2, S. 485

ren Besitz – bis auf das, was man schon auf die Quraisch und die anderen Stämme verteilt hatte. Nachdem sich der Prophet für die Hawazin eingesetzt hatte, gaben die meisten der Quraisch den Besitz, den sie bekommen hatten, wieder her.

Der Prophet hatte neuen Muslimen wie Abu Sufyan, Safwan und einigen Beduinenstämmen viele Geschenke gemacht, um ihre Herzen für den Frieden zu gewinnen.

Die Auswanderer und die Helfer aus Medina aber bekamen nichts. Einige von den Helfern flüsterten darüber und sagten: „Der Gesandte Allahs hat sich mit seinem Volk vereint!"

Saad ging zum Propheten und erzählte ihm, was über ihn gesprochen wurde. Der Prophet veranlasste Saad, alle Helfer zu sammeln. Als die Auswanderer auch dazukamen, ließ er dies zu, wenn aber andere sich an dieser Versammlung beteiligen wollten, hielt man sie davon ab.

Dann begab sich der Prophet zu ihnen, pries Allah und hielt eine kurze Rede: „O ihr *Ansar*! Welch ein Gerede höre ich von euch, und welche Abneigung, die ihr mir gegenüber empfindet? Bin ich nicht zu euch gekommen, als ihr irregeleitet wart, und Allah leitete euch auf den rechten Weg? Wart ihr nicht arm, und Allah machte euch reich? Seid ihr nicht miteinander verfeindet gewesen, und Allah einigte eure Herzen?"

„Ja, in der Tat! Allah und Sein Gesandter sind gnädig und gütig!"

„Wollt ihr mir denn nichts entgegnen, o ihr Helfer?", fragte der Prophet.

„Was könnten wir entgegnen? Bei Allah und Seinem Propheten sind Gnade und Güte!"

„Bei Allah, ihr könnt es mir vorhalten, und ihr hättet recht und jeder würde es glauben: ‚Du kamst zu uns, als man dich der Lüge bezichtigte, und wir haben dir geglaubt; du wurdest im Stich gelassen, und wir halfen dir; du wurdest vertrieben, und wir haben dich aufgenommen; du warst arm, und wir haben mit dir unseren Besitz geteilt.' Seid ihr mir wirklich böse, o ihr Helfer, wegen weltlicher Sachen, mit denen ich die Herzen der Menschen versöhne, damit sie sich Allah ergeben, während ich euch jedoch den Islam anvertraut habe? Seid ihr nicht zufrieden, o ihr Helfer, dass diese Leute mit Schafen und Kamelen nach

Hause gehen, ihr aber mit dem Gesandten Allahs nach Hause geht? Bei Dem, in Dessen Hand Muhammads Seele liegt – wenn es nicht wegen der Auswanderung wäre, wäre ich einer von euch.

Wenn die Leute einen Weg einschlagen und die Helfer einen anderen, würde ich mir den Weg der Ansar wählen. O Allah, sei gnädig den *Ansar* sowie ihren Kindern und Kindeskindern!"

Die Leute weinten so sehr, bis die Tränen an ihren Bärten herunterliefen und riefen: „Wir sind glücklich, dass der Gesandte Allahs unser Anteil und unser Glück ist!"

Der Prophet ging fort, und sie zerstreuten sich.[372]

Nachdem sich der Prophet von Dschirana aus zur Umra, einer kleinen Pilgerfahrt, nach Mekka begeben hatte, kehrte er am Ende des Monats nach Medina zurück. Zwischen Mekka, Medina und den arabischen Stämmen herrschte nun Frieden, und alle konnten in Sicherheit leben.

Aus den einstigen Feinden waren Brüder geworden.[373]

Der Prophet zog noch einmal gegen die Byzantiner und ihre Verbündeten, nachdem er erfahren hatte, dass sie sich versammelt hatten, um im Norden der Arabischen Halbinsel einzufallen. Er führte einen Feldzug nach Norden an. Dieser Feldzug, der im Sommer bei großer Hitze und unter schweren Bedingungen für die Muslime stattfand, wurde „Feldzug von Tabuk"[374] genannt. Die Byzantiner und ihre Verbündeten verloren ihren Kampfesmut, als sie die muslimischen Truppen erblickten. So kam es, dass der Prophet Abkommen mit den Verbündeten der Byzantiner schloss, die den Frieden im Norden vorerst sicherten. Der Prophet konnte ohne Kampf nach Medina zurückkehren. Allah hatte den Muslimen das Kämpfen erspart.[375]

372 Ibn Hischam, S. 591-592; Sahih Buchari II/S. 620, 621; Ar-Rahiq Al-Machtum, S. 362
373 Muhammad war nun Herrscher über sämtliche Stämme Arabiens und hätte sich jeden Luxus erlauben können. Reichtümer interessierten ihn nicht, es sei denn, um sie zu verschenken, einen Menschen damit glücklich zu machen oder um damit Frieden herstellen. Er betrachtete sich selbst ausschließlich als bescheidenen Diener Allahs. In seinem Zimmers gab es nur eine einfache Schlafmatte und ein Schaffell. Die wenigen Kleider und Schuhe, die er brauchte, stellte er selbst her. Er kümmerte sich weiterhin selbst um die Versorgung seiner Familie, so wie er es immer getan hatte. Allen Menschen begegnete er mit Liebe und Fürsorge. Wie früher schon, legte er sich nie schlafen, bevor er nicht seinen letzten Dinar an die Armen verteilt hatte. Oft hungerte er, denn häufig war jemand da, der dringend etwas zu Essen benötigte.
374 Tabuk ist eine Stadt im Norden des heutigen Saudi-Arabiens.
375 Zu den Details des Feldzugs nach Tabuk siehe Ar-Rahiq Al-Machtum, S. 368 – 375 und Ibn Hischam, S. 597-602

Der Abschied

Im zehnten Jahr nach der Auswanderung, nachdem das Fasten im Ramadan zu Ende ging, vertraute der Prophet seiner Tochter Fatima etwas an, das sie niemandem erzählen sollte: „Jedes Jahr im Ramadan rezitiert Gabriel mir einmal den Koran, und jedes Jahr rezitiere ich ihn einmal. Aber in diesem Jahr hat er ihn mir zweimal rezitiert. Das lässt mich glauben, dass meine Zeit gekommen ist."[376] Weiter sprach er zu Fatima: „Neben der Jungfrau Maria, der Tochter des Imran, gehörst du zu den am höchsten angesehenen Frauen des Paradieses."[377] Fatima war die letzte seiner Töchter, die noch am Leben war. Zaynab war zwei Jahre zuvor gestorben. Sie hatte sich nie ganz von den Verletzungen und der Fehlgeburt erholt, die sie erlitten hatte, als sie beim Verlassen Mekkas aufgehalten wurde, und so starb sie letztlich an den Folgen von Habbars Angriff. Nach ihrem Tod blieb Muhammad nur Fatima, nachdem Umm Kulthum und Ruqayya schon vor Zaynab gestorben waren. Muhammad war sehr traurig darüber, auch Zaynab verloren zu haben.
Einen Monat später verkündete der Prophet, dass er selber die große Pilgerfahrt leiten werde. Mehr als dreißigtausend[378] Frauen und Männer mit ihren Familien waren glücklich, ihn begleiten zu dürfen. Dieses Jahr waren alle Pilger endlich Verehrer des Einen Gottes; Götzendiener gab es keine mehr unter ihnen. Unterwegs bekam Aischa ihre Monatsblutung und war deshalb sehr betrübt, denn sie dachte, sie dürfe in diesem Zustand die Pilgerfahrt nicht vollziehen. Als der Prophet den Grund für ihr Weinen erfuhr, sagte er zu ihr, dass sie alle Pilgerriten, außer dem Umschreiten der Kaaba, verrichten dürfe.

Nachdem der Prophet die Kaaba siebenmal umrundet hatte, begab er sich zu der Ebene von Arafat. Dort stieg er auf einen Hü-

---

376 Sahih Buchari
377 Musnad Ahmad Ibn Hanbal V/S. 391, Schuayb Al-Arnaut: Überlieferung authentisch
378 Einige Berichte sprechen von 100.000 Menschen, die an dieser Pilgerfahrt teilnahmen, ein Ereignis, welches sich fortan ohne den Propheten jährlich wiederholen und beständig vergrößern sollte. Heute beteiligen sich daran bis zu fünf Mio. Frauen und Männer pro Jahr, und von vielen wird es als die größte jährliche internationale Friedensversammlung betrachtet.

212

gel, lobpreiste Allah und verkündete die Unantastbarkeit des Lebens und des Besitzes jedes Menschen.

„Ihr Menschen, hört mir gut zu, denn es kann sein, das ich nicht noch einmal zu euch an diesen Ort zurückkomme! O ihr Menschen, euer Blut und euer Besitz ist für euch unantastbar, bis ihr euren Herrn trefft...

Vergesst nicht, dass ihr eines Tages eurem Herrn gegenübertreten werdet, Der euch nach euren Taten fragen wird. Dann müsst ihr für alles, was ihr in eurem Leben getan habt, die Verantwortung übernehmen. Wenn einer von euch ein anvertrautes Gut hat, so soll er es dem zurückgeben, der es ihm anvertraut hat. Ich habe es verkündet!

Zinsen sind aufgehoben, aber euch gehört euer Vermögen. Ihr sollt nicht ungerecht behandelt werden und sollt auch selbst niemanden ungerecht behandeln. Allah hat beschlossen, dass es keinen Zins geben darf, und die Zinsen von Abbas Ibn Abdul-Muttalib sind alle aufgehoben. Betrügt euch nicht gegenseitig und handelt nie ungerecht.[379] Nehmt nie etwas von einem anderen Menschen, das euch nicht gerne gegeben wurde. Behandelt eure Frauen freundlich und kümmert euch gut um alle diejenigen, die euch anvertraut sind. Ich hinterlasse euch eine klare Richtschnur, das Buch Allahs und die Sunna seines Propheten, was ich euch gelehrt habe. Wenn ihr danach handelt, werdet ihr nicht in die Irre gehen. Hört auf meine Worte und versteht! Allah ist mein Zeuge, dass ich euch die Botschaft des Islams überbracht habe."[380]

Dann rezitierte er den zuletzt offenbarten Vers, der den Koran vervollständigte: *„Heute habe Ich euren Glauben für euch vollendet und habe Meine Gnade an euch erfüllt und es ist Mein Wille, dass der Islam euer Glaube ist."*[381]

---

379 Die Abschiedspredigt ging wie folgt weiter: „Jeder Wucher/Zins ist ungültig, doch steht euch euer Kapital zu, ohne dass ihr Unrecht tut oder euch Unrecht getan wird. Allah entschied, dass es keinen Wucher geben soll, und aller Wucher seitens Abbas Ibn Abdul Muttalib ist ungültig. Alle Blutrache aus der vorislamischen Zeit der Unwissenheit ist ungültig, und die erste Blutrache, die ich für ungültig erkläre, ist die Blutrache für Ibn Rabi´a Ibn Al Harith Ibn Abdul Muttalib." Im Zuge seiner Gerechtigkeit machte Muhammad zuerst die Blutrache und den Wucher seiner eigenen Verwandten ungültig und verkündete nach dem koranischen Motto *Und wir haben ja die Kinder Adams geehrt* die Unantastbarkeit der menschlichen Würde. Vor dem Islam waren alle Stämme verfeindet, er vereinte ihre Herzen und beseitigte die Tradition der Rache und setzte Grundsteine für die menschliche Zivilisation. (...) *Und keine beladene Seele trägt die Last einer anderen Seele* (kein Mensch trägt die Schuld eines anderen Menschen) (Koran 17:15).
380 Ibn Hischam, S. 641; Sahih Muslim I/III, S. 97
381 Koran 5: 3. Der gesamte von Allah offenbarte Text des Korans war nun vollständig, und seine Verse sind von den Muslimen aufgenommen und niedergeschrieben worden, noch während der Prophet

Diese Wallfahrt wurde zu einer Abschiedswallfahrt, auf der Muhammad die islamischen Werte bekräftigte und die Gläubigen die richtige Art der Pilgerfahrt lehrte, wie sie einst Abraham gelehrt hatte. Er zeigte, wie man den spirituellen Teil des Glaubens, der die Pilger zu friedlichen Menschen machte, die während der Pilgerfahrt nicht einmal eine Pflanze herausrissen, vollzog. Nachdem sie Satan symbolisch gesteinigt und Tiere geopfert hatten, ließ der Prophet sein Kopfhaar rasieren.

Chalid war heute ein ganz anderer als sonst, und so trat er an den Propheten heran: „O Gesandter Allahs, deine Stirnlocke! Gib sie keinem anderen außer mir! Mein Vater und meine Mutter sollen dir Opfer sein!"[382] Als er sie bekam, legte er sie an seine Augen und Lippen.

Zwei Monate nach der Abschiedswallfahrt erkrankte der Prophet. Die ersten elf Tage fühlte er sich noch kräftig genug, zu jedem Gebet in die Moschee zu gehen und es als Imam zu leiten. Er rief die Menschen noch einmal zu sich und legte ihnen das tägliche Gebet und den Koran ans Herz. Er bat sie, sich zu melden, wenn er ihnen irgendetwas schuldete.

Einmal sprach er während dieser Tage von der Kanzel: „Unter den Dienern Allahs gibt es einen, den Allah zwischen dieser Welt und der Welt, die bei Ihm ist, wählen ließ, und dieser Diener hat die Welt, die bei Allah ist, gewählt."

Wahrscheinlich wollte er die Menschen nicht beunruhigen. Abu Bakr aber verstand die Botschaft, und seine Augen füllten sich mit Tränen. Als der Prophet ihn weinen sah, bat er ihn aufzuhören und sagte: „Diese Türen, die zur Moschee führen, sollen alle geschlossen werden, außer der Abu Bakrs. Denn ich kenne keinen, mit der ich eine bessere Freundschaft hatte als er.[383] Hätte ich einen Freund unter allen Menschen der Welt auswählen müssen, von dem man sich nie trennt, hätte ich Abu Bakr gewählt. Aber wir sind Gefährten und Glaubensbrüder, bis Allah uns bei sich wieder vereint."[384]

Muhammad lebte. Es handelt sich um eine sehr präzise Aufnahme: Nicht eine Silbe oder ein Laut, ob kurz oder lang gesprochen, ist je geändert worden, geschweige denn ein Buchstabe.

382 Al-Waqidi, III/S. 1108-1109

383 Ibn Hischam, S. 664-665; At-Tirmidhi in Al-Manaqib Nr. 3735; Ar-Rahiq Al-Machtum, S. 400; Sahih Buchari I/S. 516

384 Ibn Hischam, S. 665; Ar-Rahiq Al-Machtum, S. 400

Seine letzten Tage musste der Prophet liegen und bekam von seinen Frauen die Erlaubnis, diese Zeit bei Aischa zu verbringen, wo die anderen ihn besuchten. Seine Tochter Fatima kam ebenfalls oft zu ihm; einmal küsste sie ihn, und Aischa sah, wie er seiner Tochter etwas ins Ohr flüsterte und sie zu weinen begann. Dann flüsterte er ihr noch einmal etwas zu, und sie lächelte durch ihre Tränen. Als Aischa sie später danach fragte, erklärte sie: „Der Prophet hatte mir erklärt, dass er an dieser Krankheit sterben würde, und deshalb weinte ich. Dann jedoch sagte er mir, dass ich die erste unter den Menschen seines Hauses sein werde, die ihm ins Jenseits folgen wird, deshalb lächelte ich."[385]

Bei einem weiteren Besuch ihres Vaters weinte sie und sagte: „O Vater, welch Schmerz!"
Er lächelte und sprach zu ihr: „Deinen Vater trifft nach diesem Tag kein Schmerz mehr."
Er ließ seine Enkel Hassan und Hussain zu sich kommen und verabschiedete sich von ihnen. Auch seine Frauen versammelte er noch einmal zum Abschied um sich.
Am Samstag sank sein Fieber, und er wollte trotz seiner Schwäche zur Moschee, wo er die Gläubigen im Mittagsgebet antraf. Die Freude der Menschen war so groß, dass sie sie beinahe vom Beten ablenkte.
Während das Gesicht des Propheten vor Freude strahlte, als er ihre friedliche und spirituelle Haltung sah, setzte er seinen Weg durch die Reihen fort. Dabei wurde er von seinem Cousin Fadl und Thauban, einem freigelassenen Sklaven, gestützt. Abu Bakr, der das Gebet leitete, sah den Propheten kommen und trat einen Schritt zurück, ohne den Kopf zu wenden, aber der Prophet legte ihm die Hand auf seine Schulter und schob ihn wieder vor die Versammelten, damit er mit dem Gebet fortfuhr, während er selbst sich zu seiner Rechten niederließ und sitzend betete.[386]
Die Freude der muslimischen Frauen und Männer in der Moschee war groß, als sie sahen, dass es dem Propheten wieder besser ging.

385 Sahih Buchari
386 Sahih Buchari mit Fath Al-Bari II/S. 195, 238f.; Hadith, S. 683, 712, 713; Ar-Rahiq Al-Machtum, S. 402

Dann half man dem Propheten, in Aischas Wohnung zurückzukehren, wo er sie anwies, die einzigen sechs oder sieben Dirham,
die sich in seinem Besitz befanden, den Armen zu spenden.
Am nächsten Tag, als er den Gebetsruf zum Morgengebet hörte,
ließ der Prophet sich zum letzten Mal zur Tür seiner Wohnung
helfen, die nur durch einen Vorhang von der Moschee getrennt
war. Er beobachtete die Gläubigen, die sich in der Verrichtung
des Morgengebets befanden und lächelte glücklich. Die Gläubigen freuten sich, während er ihnen andeutete, fortzufahren.
Anas erzählte später: „Noch nie hatte ich das Gesicht des Propheten so schön gesehen wie in jenem Moment."

Dann ließ er den Vorhang wieder fallen.[387] Er war sehr schwach,
und sein Kopf lag an Aischas Brust, als ihr Bruder Abdurrahman mit einem Zahnholz in der Hand in das Zimmer kam.
Aischa merkte, wie der Prophet das Zahnholz ansah, und sie
wusste, dass er es gerne hätte. Sie nahm es von ihrem Bruder
und begann es zu kauen, bis es weich war. Dann gab sie es dem
Propheten, der sich damit die Zähne so energisch putzte wie
nie zuvor. Es dauerte nicht lange, und seine Augen blickten zur
Zimmerdecke. Aischa hatte oft gehört, dass der Gesandte Allahs
sagte: „Allah wird keinen Propheten zu sich nehmen, bevor er
ihn zwischen dem Leben und dem Tod nicht wählen ließ."

Sie ging davon aus, dass dies jetzt geschehen würde und sagte:
„Bei Dem, Der dich mit der Wahrheit sandte, du wurdest vor
die Wahl gestellt und du hast gewählt!"
Dann hörte sie ihn sagen: „Mit denen Du gnädig warst, mit den
Propheten, Rechtschaffenen, Märtyrern und den Gerechten, in
der höchsten Vereinigung vom Paradies."[388]
Den letzten Satz wiederholte er insgesamt dreimal, während
sein Blick zur Decke wanderte und seine Hand herabsank.[389]

Die anwesenden Frauen begannen zu weinen. Am Montag, dem
8. Juni 632 n.Chr., im dreiundzwanzigsten Jahr seiner Sendung,

387 Sahih Buchari mit Fath Al-Bari II/S. 193; Hadith, S. 680, 681, 754, 1205, 4448; Ar-Rahiq Al-Machtum, S. 402; Ibn Hischam, S. 666-667
388 Sahih Buchari II/S. 638-641; Sahih Muslim 2191, Tabari III/S. 199; Ar-Rahiq Al-Machtum, S. 403
389 Ar-Rahiq Al-Machtum, S. 403

im elften Jahr nach der Auswanderung, dem Beginn der islamischen Zeitrechnung, starb der Prophet Muhammad.

Die ungeheure Nachricht drang nach draußen. Die Menschen konnten es nicht fassen und waren verzweifelt.

Selbst der starke Umar schien von der Schwere der Kunde benommen zu sein. Er erklärte den Leuten in der Moschee, Muhammad sei zu seinem Herrn nur in der Weise gegangen, wie einst Moses auf den Berg gegangen war, und er werde wiederkommen und die Heuchler, die diese Nachricht verbreiteten, zur Rechenschaft ziehen.

Während er dies noch sprach, erschien Abu Bakr. Er betrat sofort das Zimmer seiner Tochter Aischa und sah die Wahrheit mit eigenen Augen. Weinend betrachtete er das Gesicht des Propheten und küsste ihn auf die Stirn. Er sprach: „Du bist mir lieber als mein Vater und meine Mutter, du hast den Tod erlebt, den Allah für dich geschrieben hat, aber danach wirst du nie mehr einen Tod erleben." Respektvoll legte er den Mantel auf das Gesicht des Propheten und begab sich in die Moschee, wo Umar immer noch sprach.
„Beruhige dich, Umar und höre zu!", rief Abu Bakr. Doch Umar wollte nicht schweigen.
Erst als Abu Bakr zu sprechen begann und Allahs Einzigkeit pries, drehten sich die Menschen zu Abu Bakr und hörten ihm zu.
Abu Bakr sagte: „O ihr Menschen, wer Muhammad verehrt hat: Muhammad ist nun gestorben; und wer auch immer Allah gedient hat, Allah ist lebendig und stirbt nicht!"
Dann rezitierte er eine Stelle aus dem Koran: *Und Muhammad ist doch nur ein Gesandter, vor dem schon Gesandte vorübergegangen sind. Wenn er nun stirbt oder getötet wird, werdet ihr euch dann auf den Fersen umkehren? Und wer sich auf den Fersen umkehrt, wird Allah keinerlei Schaden zufügen. Aber Allah wird es den Dankbaren vergelten.*[390]

---

[390] Koran 3:144

Den Menschen war, als hätten sie diesen Vers zum ersten Mal gehört. Umar berichtete später: „Bei Allah! Als Abu Bakr diesen Vers rezitierte, war mir klar, dass es stimmte. Meine Beine wurden schwach, und ich ging zu Boden."
Die Trauer unter den Frauen, Kindern und Männern war unbeschreiblich.

Währenddessen lag der Körper des Propheten auf seinem Sterbebett. Seine nahen Verwandten hatten sich um ihn versammelt und berieten, wie sie ihn bestatten sollten. Doch sie konnten sich nicht entscheiden.
Aber auch die anderen Bewohner Medinas waren sich uneinig, wohin man den Propheten bringen sollte.
Nach einigen Vorschlägen kam Abu Bakr hinzu, der sagte: „Ich hörte den Gesandten Allahs sagen: "Kein Prophet stirbt, ohne dass er an der Stelle bestattet wird, wo er gestorben ist!"[391]
Darauf wurde entschieden, dass an dem Ort der Lagerstatt, auf der er starb, ein Grab ausgehoben werde.

Die engsten Verwandten des Propheten übernahmen seine Waschung, darunter an erster Stelle Ali, Abbas und dessen Söhne Al Fadl und Qutham. Usama und Schukran, der Freigelassene des Propheten, gossen das Wasser über ihn, und Ali wusch ihn, wobei ihm sein knielanges Hemd gelassen wurde. Währenddessen nahmen sie einen ganz besonderen Duft an ihm wahr, sodass Ali ausrief: „Du bist mir wie Vater und Mutter! Wie wohlriechend bist du sowohl lebendig als auch tot!"
Als sie mit der Waschung fertig waren, hüllten sie ihn in drei Leichentücher.

Dann wurde den Muslimen die Tür geöffnet, um von der Moschee her einzutreten und einen letzten Blick auf ihn zu werfen sowie für ihn um Segen zu bitten.
Das Zimmer war voll, als Abu Bakr und Umar eintraten und mit den Muslimen beteten, wobei ihnen in diesem Gebet keiner vorbetete.

---

391 Ibn Hischam, S. 672; Ar-Rahiq Al-Machtum, S. 405

Als die Männer mit ihrem Gebet fertig waren, wurden die Frauen eingelassen und nach ihnen die Kinder. Ihrer aller Herzen erbebten, und die Trauer über das Hinscheiden des Gesandten Allahs, des Siegels der Propheten, schien sie zu zerreißen.

Die Bestattung fand in der Nacht zum Mittwoch statt, zwei Tage, nachdem er gestorben war.[392]

Anas Ibn Malik sagte über den Todestag des Propheten Muhammad: „Ich habe keinen helleren und schöneren Tag erlebt, als jenen seiner Ankunft in Medina und keinen dunkleren und traurigeren, als den, an dem er starb."[393]

Fatima folgte ihrem Vater, wie er es ihr gesagt hatte, wenige Monate später; sie war das einzige seiner Kinder, das ihn überlebte.

---

392 Ar-Rahiq Al-Machtum, S. 405

393 Ad-Darimi überliefert, Mischkatul Masabih II/S. 547; Dschami´At-Tirmidhi V/S. 588; Ar-Rahiq Al-Machtum, S. 404

Nachwort

Der Prophet Muhammad verbrachte die letzten dreiundzwanzig Jahre seines Leben mit unermüdlicher Arbeit an der Aufgabe, mit der Allah ihn betraut hatte. Er kam in dieser Zeit nicht zur Ruhe und wurde von allem Leid geprüft, das ein Mensch tragen kann. Er wurde durch den Verlust derer geprüft, die er liebte - seine Mutter, seine Frau Chadidscha und die meisten seiner Kinder. Er musste Entbehrung, Spott, Feindschaft, Bedrohungen ertragen. Er wurde mehr als einmal schwer verletzt und mit dem Tode bedroht. Er ertrug all dies mit Toleranz und Zuversicht, in der Hoffnung, der Menschheit die Rechtleitung ihres Schöpfers zu bringen. Dies gelang ihm mit Allahs Unterstützung auch. Als das Blatt sich wandte und der Sieg und die Macht auf seiner Seite waren, vergab er all jenen, die ihm so viel Leid angetan hatten. Er baute auf Versöhnung und Frieden mit seinen ehemaligen Feinden.

Allah rief ihn zu sich, als seine Aufgabe erfüllt war. So erlebte er nicht mehr, dass sich der Islam auf der ganzen Welt verbreitete. Es gibt heute keine Region der Erde, wo keine Muslime leben.

Wenn der Muslim heute die Pilgerfahrt nach Mekka vollzieht, trifft er auf Millionen von Menschen, die trotz der Vielfalt ihrer Hautfarben und Sprachen alle Schwestern und Brüder sind und die durch die Liebe zu ihrem Schöpfer miteinander verbunden sind. Man sieht dort die vielen Gesichter aus allen Ländern der Erde friedlich, als Erben Abrahams, ihren Gottesdienst verrichten und erinnert sich, dass alles mit einem Mann begann: Muhammad.

Über dieses Buch

Das vorliegende Buch möchte den deutschsprachigen Leser in das Leben und die Sendung des Propheten Muhammad einführen. Es stellt sich nicht in die Reihe trockener, rein wissenschaftlicher oder historischer Biografien, wie sie inzwischen in zahlreicher Form vorliegen, sondern wählt bewusst die populäre Form des Romans, der Erzählung. Dennoch stützt sich die Darstellung, wie die zahlreichen Fußnoten belegen, ausschließlich auf authentische Quellen und Überlieferungen, die sich der Autor in jahrelanger Recherchearbeit erschlossen hat. Dabei wurden vor allem die Arbeiten von Ibn Hischam[394] und Mubarakpuri verwendet. Von den Werken des großen Historikers Waqidi und seinem Schüler Ibn Saad wurde zwar auch Gebrauch gemacht, jedoch mit Vorsicht, da die Gelehrten einige ihrer Angaben als schwach eingestuft haben. Die Aussprüche des Propheten und die Angaben zu den Ereignissen wurden mit Quellenangaben versehen.

In dem Text, wie er sich nun darstellt, spricht das Leben und die Sendung Muhammads in direkter, persönlicher Form zu uns. Der deutschsprachige Leser, dessen kulturelle Prägung vielleicht eine andere ist als die eines gebürtigen Muslim, kann den Islam hier als eine Religion der Toleranz, des Friedens und der verstehenden Menschenliebe kennen lernen. Ich wünsche dieser Arbeit, dass sie zahlreiche aufgeschlossene, interessierte und am Ende begeisterte Leser findet.

Jotiar Bamarni

Im Frühjahr 2010

---

394 Die Gelehrten sind sich einig, dass Ibn Ishaqs Werk, das von Ibn Hischam überarbeitet und herausgegeben wurde, zu den wichtigsten Quellen der Prophetenbiografie zählt, wenn auch einige Angaben als nicht authentisch eingestuft wurden, auf die wir hier verzichtet haben, um uns ausschließlich auf authentische Überlieferungen zu stützen

Quellen

- *Der edle Qur'an*, aus dem Arabischen übersetzt von A. As-Samit Frank Bubenheim und Dr. Nadeem Elyas 2002, überprüfter Nachdruck 2006, König-Fahd-Komplex, Medina
- *Sah'h Buchari*, Darul Kitab Al-Arabi, Beirut, Libanon 2007
- *Sah'h Muslim*, Darul Kitab Al-Arabi, Beirut, Libanon 2008
- *Sah'h Muslim*, deutsche Übersetzung von Jotiar Bamarni, Schreibfeder Verlag
- *Sunan Ad-Darimi*, von M. A. Ibn Bahram Ad-Darimi, Al-Asriya Verlag, Libanon 2008
– *Der Koran*, aus dem Arabischen übersetzt von Max Henning, überarbeitet von Dr. Murad Hofmann, 1. Auflage, Çagri-Verlag, Istanbul
– *As-Sira An-Nabawiya* (die Biografie des Propheten) von Ibn Hischam: Sie basiert auf dem Werk von Ibn Ishaq (mehr als 1300 Jahre altes Werk) und wurde von Ibn Hischam ergänzt und neu veröffentlicht. Sie ist ein Standardwerk zum Leben des Propheten, für dieses Buch wurden die folgenden Auflagen benutzt:
- Ausgabe des Dar-Ibn-Hazm-Verlags in einem Band, 1. Auflage 2001, Beirut, Libanon
- Ausgabe des As-Safa-Verlags, 2 Bände, 1. Auflage 2006, Kairo, Ägypten.
- Ausgabe des Dar-Al-Ma'rifa-Verlags, 2 Bände, Auflage ohne Jahresangabe, Beirut, Libanon
- *Der islam als Alternative* von Murad Hofmann, 4. Auflage, München 1999
- *As-Sira An-Nabawiya* (die Biografie des Gesandten) von Ibn Kathir, Ausgabe des As-Safa-Verlags, 2 Bände, 1. Auflage 2006, Kairo, Ägypten
- *Sahihu As-Sira An-Nabawiya* (Authentisches in der Biografie des Gesandten) von Ibn Kathir, überarbeitet von M. Nasraddin Albani, 1. Auflage, Islamische Bibliothek, Amman, Jordanien
- *Qisas Al-Anbiya'* (Prophetengeschichten) von Ibn Kathir, Auflage des As-Safa-Verlags in einem Band, 1. Auflage 2005, Kairo, Ägypten
- *Ar-Rahiq Al-Machtum* von Safi-ur-Rahman Al-Mubarakpuri, Dar-Al-Wafaa-Verlag, 17. Auflage 2005, Mansura, Ägypten
– *Muhammad, Prophet der Barmherzigkeit*, von Abu-r-Rida M. Rassoul, IB-Verlag, Köln 1999
- *At-Tabaqat Al-Kubra* von Ibn Saad aus der arabischen Internetseite www.al-eman.com bzw. Maktabat Al-Khanaji, Kairo 2001
- *Tarikh Ar-Rusul wa-l-Muluk*, (Geschichte der Propheten und Könige) von Tabari, *15 Bände, aus der Internetseite www.majles.alukah.net*
- *Sunan At-Tirmidhi*, von Abu Issa At-Tirmidhi, Al-Fikr Verlag Libanon 2005
– *Kitabul Maghazi* von Al-Waqidi, Marsden Jones, Beiraut Alam Al-Kutub
– Geografische Angaben zur Arabischen Halbinsel und den Stämmen stammen von der arabischsprachigen Internetseite
www.al-islam.com/arab/
- *Mukh'asar Riyadus Salihin* - Auszüge aus: Die Gärten der Rechtschaffenen, Imam An-Nawawi, Übersetzung: Jotiar Bamarni, Schreibfeder Verlag, Berlin, 2009

Wörterbücher
- Lisanul 'Arab, Sadir Verlag, Beirut, Libanon
- Arabisches Wörterbuch für die Schriftsprache der Gegenwart Arabisch – Deutsch, Hans Wehr, Harrassowitz; 1985
- Synchron-Wörterbuch der drei Sprachen, Bamarni Verlag, Jotiar Bamarni, 1. Auflage 2001
- DUDEN, die deutsche Rechtschreibung, 24. Auflage, 2006

Dank

Vor allem danken möchte ich Dr. Murad Hofmann, Monear Swais, Sara Madani, Aisha Chaouki, Dr. M. Kahf, Neil Bin Radhan, Dr. Nadim Mazarweh, Abu Bakr Salzmann, Kaiser Shad, Ahmad von Denffer, Ingeborg Djouad und Melek Stevens für ihre kritischen Bemerkungen und Verbesserungen. Ferner danke ich Ghassan El–Bathich, Nina Mühe, Reza Begas, Ibrahim R. Gustafson, Rüstü Alsandur und Imran Schröter. Meinen Testleserinnen und Testlesern Omar Maximilian Bentheim, Amr Younis, Bischang Maryam Bamarni und Tobias Knust danke ich sehr für die Korrekturen, auf die ich auf keinen Fall verzichten wollte.

Von dem Autor bereits erschienen:

Auszüge aus dem Sahih Muslim

مُخْتَصَرُ صَحِيحِ مُسْلم

Sammlung authentischer Hadithe
des Propheten Muhammad ﷺ

Aus dem Arabischen übersetzt von
Abu Abdullah Jotiar Muhammad Bamarni

Band 1

608 Seiten,, Hardcover, 15,- €

المُجَلَّدْ الأَوَّلْ

:تَرْجَمَهُ إلى اللُّغَة الأَلمانِيَّة وَخَرَّجَ أحادِيثَهُ

أبو عَبْدالله جُوتْيار مُحَمَّد بامَرْني

Folgende Bücher sind in Planung:

Auszüge aus:

- Sahih Muslim

-Sunan At-Tirmidhi (Jami´ At-Tirmidhi)

-Sunan Abu Dawud

-Sunan Ibn Madscha

-Sunan An-Nasa´i

-Al-lu´lu´walmardschan fimat tafaqa alaihisch schaichan
Perlen und Korallen

- Moderne Kunst und Handwerk
der Schriftsteller
Das große ABC für Autoren

Bezug: Schreibfeder Verlag, besuchen Sie uns im Internet:
www.die-schreibfeder.de

**Tausend Exemplare dieses Buches können für nur
tausend Euro bestellt werden von:**

تباع كل الف نسخة من هذه السيرة النبوية بسعر خيري قدره الف يورو من:

1000 adet bu kitabtan siparis verene, tanesi 1€ ´dan verilecek

bamarni@gmx.de

الترقيم الدولي: 4–3-9803633-3-978 ISBN